Komplexe Systeme

Neue Ansätze und zahlreiche Beispiele

von
Prof. Dr. Frank Brand

Oldenbourg Verlag München

Bibliografische Information der Deutschen Nationalbibliothek

Die Deutsche Nationalbibliothek verzeichnet diese Publikation in der Deutschen
Nationalbibliografie; detaillierte bibliografische Daten sind im Internet über
http://dnb.d-nb.de abrufbar.

© 2013 Oldenbourg Wissenschaftsverlag GmbH
Rosenheimer Straße 145, D-81671 München
Telefon: (089) 45051-0
www.oldenbourg-verlag.de

Lektorat: Dr. Stefan Giesen
Herstellung: Tina Bonertz
Titelbild: thinkstockphotos.de
Einbandgestaltung: hauser lacour
Gesamtherstellung: Grafik & Druck GmbH, München

Dieses Papier ist alterungsbeständig nach DIN/ISO 9706.

ISBN   978-3-486-58391-5
eISBN   978-3-486-71846-1

Vorwort

Die Idee, dieses Buch zu schreiben, geht zurück auf das Jahr 2002. Frederic Vester hatte gerade sein Buch *Die Kunst vernetzt zu denken – Ideen und Werkzeuge für einen neuen Umgang mit Komplexität* veröffentlicht. Das Computeralgebrasystem *Mathematica* kam mit einer neuen Version auf den Markt. Es offerierte die Möglichkeit, symbolische und numerische Berechnungen auf sehr hohem Niveau durchzuführen. Gleichzeitig konnten komplexe Zusammenhänge visualisiert werden und es stand eine umfangreiche und mächtige Programmiersprache zur Verfügung. Nach der Lektüre von Vesters Buch habe ich als theoretischer Physiker verstanden, dass wir in der Physik im Prinzip relativ einfache Probleme bearbeiten. Es wurde mir auch klar, dass uns nur systemisches Denken bei der Behandlung und Lösung komplizierter Fragestellungen weiterhilft. Ich habe es als eine Herausforderung verstanden, die verschiedenen Ideen, Konzepte und Werkzeuge zusammenzuführen und die Bearbeitung von Problemen, die als komplexes System modelliert werden können, in einer einheitlichen Art und Weise zu behandeln.

Auf dem Weg, das Buch in der vorliegenden Form zu schreiben, waren viele Hürden zu meistern. In *Mathematica* gab und gibt es (Stand 2012) keine vorgefertigten Programmteile (engl. Packages), die eine komplette Systemanalyse im Vesterschen Sinn erlauben würden. In *Die Kunst vernetzt zu denken* gibt es keine einzige Formel. Diese Tatsache ist für Leser mit einer gewissen Aversion bzgl. mathematischer Formalismen vielleicht ein zusätzlicher Grund, das Buch zu kaufen. Besteht die Intention des Lesers aber darin, alle Analysen ein komplexes System betreffend formal korrekt und vollständig in ein Programmsystem zu bringen, dann ist der zu leistende Aufwand bei Verwendung eines solchen Buches beträchtlich. Denn die verbalen Beschreibungen sind in mathematische Formalismen umzusetzen und an Beispielen zu testen. Genau diesem Weg bin ich gefolgt. Herausgekommen ist eine Sammlung von Programmen, die quasi auf Knopfdruck eine automatisierte Analyse eines komplexen Systems erlauben – inklusive aller Möglichkeiten der Visualisierung, die *Mathematica* bietet.

Dieses Buch ist für Personen geschrieben, die das Interesse haben zu verstehen, was ein komplexes System ausmacht und wie es (auch mathematisch) beschrieben werden kann. Zudem kann man durch diesen Text lernen, dass schon mit wenig Mathematik ein tiefes

Verständnis für komplexe Zusammenhänge hergestellt werden kann, wie dies bisher in der Mathematik kaum möglich schien. Dabei kommt der grafischen Aufbereitung der Vernetzungsstruktur eines Systems große Bedeutung zu. Beim Leser werden nur Grundkenntnisse in Mathematik etwa auf Abiturniveau vorausgesetzt, um dem Text durchgängig folgen zu können.

Dieses Buch hätte ohne tatkräftige Hilfe und Unterstützung nicht konzipiert und geschrieben werden können – viele Freunde, Kollegen und Studierende haben (zum Teil gar unwissentlich) zur nun vorliegenden Darstellung beigetragen. Ganz besonders bedanken möchte ich mich bei Christina Schaefer und Frank Witte sowie bei Patricia Koch, Kerstin Müller, Rainer Stachuletz, Hansjörg Herr und Michael Heine, die mir im Laufe der letzten Jahre oder mindestens in der Konzeptionsphase für dieses Buch unentbehrliche Gesprächspartner waren und es zum Teil auch heute noch sind.

Bedanken möchte ich mich auch bei den zahlreichen Studierenden an meiner Heimathochschule, besonders bei Daniel Fainberg für das Korrekturlesen aller Kapitel. Diese Studierenden haben das Thema *Komplexe Systeme* (z. B. im Rahmen einer Vorlesung im Studium Generale) nicht nur bereitwillig aufgenommen, sondern darin sofort eine Möglichkeit gesehen, lineares und monokausales Denken hinter sich zu lassen.

Ebenso möchte ich die zahlreichen Hörer verschiedener Vorlesungen in Medellín, Kolumbien (Universidad Nacional de Colombia, Faculty of Sciences) und Hanoi, Vietnam (Hanoi University of Technology) erwähnen, die ich im Rahmen einiger DAAD-Kurzzeitdozenturen während der letzten Jahre kennenlernen durfte. Sie haben mir durch ihren anderen kulturellen Blick auf viele Beispiele sehr geholfen, Argumentationen und Darstellungen präziser zu formulieren. Vielen Kollegen von Wolfram Research Inc., dem Hersteller von *Mathematica* in Champaign, Illinois in den USA bin ich zu großem Dank verpflichtet für ihre unermüdliche Bereitschaft zu Diskussionen und Hilfestellungen jeglicher Art. Ganz besonders möchte ich Michael Trott danken für das permanente Angebot, sein Wissen über das Programm *Mathematica* zu teilen. Unterstützung habe ich auch erfahren von Larry Adelston und Andre Kuzniarek ebenso wie von Maryka Baraka. Sie haben mir geholfen, dieses Buch lesbarer zu machen und Fehler auszumerzen.

Alle verbliebenen Ungenauigkeiten und Fehler gehen natürlich zu meinen Lasten. Leser, die mir Anregungen mitteilen und mich auf verbliebene Fehler hinweisen möchten, können dies unter frank.brand@t-online.de gerne tun.

Mein herzlicher Dank geht auch an die Hochschule für Wirtschaft und Recht für die Bewilligung einer Deputatsermäßigung und eines Forschungssemesters. In diesem Semester ohne Vorlesungsverpflichtungen wurden wesentliche Arbeiten für dieses Buch geleistet. Schlussendlich möchte ich mich sehr herzlich beim Oldenbourg-Verlag für die Aufnahme dieses Buches in ihr Verlagsprogramm bedanken - insbesondere bei Herrn Dr. Giesen für seine Geduld bezüglich der Fertigstellung des Buches.

Berlin, Juni 2012   Frank Brand

Inhaltsverzeichnis

Teil I

Theoretische Grundlagen

1 Einführung

1.1 Problemstellung

In den letzten Jahrzehnten haben sich verschiedene Forschungszweige herausgebildet, die für sich in Anspruch nehmen, komplexe dynamische Systeme zu beschreiben. Ebenso wird versucht, solche Systeme zu steuern. Gebiete, in denen komplexe Zusammenhänge zu finden sind, können u.a. sein:

- Ökonomie,
- Bank- und Finanzwesen,
- Soziologie,
- Medizin,
- Management,
- Qualitätssicherung,
- Verkehrs- und Strukturentwicklung.

Konkrete Fragestellungen, die sich durch stark vernetzte Komponenten auszeichnen, sind beispielhaft:

- Modelle funktionaler bzw. dysfunktionaler nationaler Ökonomien,
- Kapitalverflechtungen in Deutschland in zeitlicher Entwicklung,
- Komplexe Krankheitsverläufe bei Mensch und Tier (Multifaktorielle Krankheiten),
- Katastrophenmanagement,
- Stadt- und Regionalplanung,
- Sicherheits- und Risikoanalysen.

Alle Beispiele zeichnen sich durch eine hohe Zahl von Komponenten mit einer Vernetzung der Komponenten untereinander aus, wobei die Komponenten wiederum Subsysteme haben können. Man denke etwa an Organe bei Mensch und Tier. Natürlich ist ein U-Bahn-Plan mit Verbindungen von Bahnhöfen auch ein Beispiel für ein komplexes System.

Dieses Buch zielt darauf ab, komplex vernetzte Systeme möglichst präzise zu beschreiben und die geschlossenen Regelkreise herauszuarbeiten, da sie für das Verständnis des Verhal-

tens eine enorme Wichtigkeit besitzen. Ebenso wird herausgearbeitet, wie und auf welchen
Wegen Variablen von anderen Variablen aus erreicht und beeinflusst werden können. Dieses
Wissen erleichtet die Einschätzung, ob und ggf. wie eine Variable durch andere verändert
werden kann. Insgesamt sollen so viele Eigenschaften wie möglich aus der begrenzten Menge von Inputgrößen generiert werden.

Am Anfang der Beschäftigung mit dem Thema *Komplexe Systeme* stand die Motivation, von
einer meist qualitativen Beschreibung wegzukommen und stattdessen die vorhandenen Informationen und Beschreibungen zu nutzen, um quantitative Aussagen abzuleiten. Dabei wurde
angestrebt, eine Integration aller systemrelevanten Informationen in einem Programmsystem
vorzunehmen.

Die diese Arbeit motivierende Ausgangsfrage war: Ist es möglich, die systemrelevanten Informationen so in *Mathematica* einzubinden, dass dann sozusagen auf Knopfdruck nach
Eingabe der Eingangsdaten alle Analysen automatisch generiert werden? Zusätzlich stand
die Frage im Raum, ob auf Basis der normalerweise vorhandenen Daten eine Simulation
durchgeführt werden kann. Hierbei war sicherzustellen, die oftmals mit einem System ge-
lieferten qualitativen Informationen in einer quantitativeren Art und Weise zu repräsentieren.

Bei der Bearbeitung des Themas stellte sich heraus, dass viele Simulationen nicht wirklich
dem Anspruch gerecht werden, aussagekräftige Resultate zu generieren, von denen man sich
in der Praxis abhängig machen möchte. Aus diesem Grunde wurde dieses Teilthema letzt-
endlich nicht weiter verfolgt (Dörner, 1989).

Insgesamt ist ein Buch entstanden, das eine leicht verständliche Einführung in die Beschreibung und Darstellung komplexer Systeme bietet. Ebenso erfährt der Leser, welche Informationen mindestens zur Verfügung stehen müssen, um von einer ausreichenden Datenbasis für
die Analyse sprechen zu können. Auf dieser Grundlage lassen sich dann vielfältige Aussagen
generieren, deren Herleitung detailliert erklärt wird. Ebenso werden die Resultate interpretiert. Damit wird der Leser in die Lage versetzt, das ihn interessierende System zu beschreiben, zu analysieren und seine Wirkungsweise insgesamt besser zu verstehen.

1.2   Geschichte und Stand der Forschung

Die existierenden Ansätze, komplexe Systeme zu beschreiben und zu analysieren, lassen
sich grob in drei Klassen einteilen. Die qualitativen Ansätze (Vester, Probst/Gomez, Senge),
Komplexes Problemlösen (Dörner) und System Dynamics / Systems Thinking (Forrester).

Vester ist wohl der bekannteste deutsche Vertreter der qualitativen Ansätze, der als Referenz
für seine Methode biologische Systeme verwendet, die als Beispiel von stark vernetzten Systemen gelten (Vester, 2002). Er fokussiert insbesondere die praktische Steuerung von Systemen und orientiert sich an acht seiner Meinung nach wichtigen Prinzipien der Natur, die das
Überleben eines Systems garantieren sollen.

Probst/Gomez haben in ihren frühen Arbeiten die typischen Denkfehler des Problemlösens in komplexen Situationen herausgearbeitet. Ihnen stellen sie die Bausteine einer Methodik des ganzheitlichen Problemlösens gegenüber (Probst/Gomez, 1991). Diesen Autoren gemeinsam ist das Herausarbeiten von Systembeziehungen, also die Darstellung der Gesamtvernetzung eines Systems in einem (in mathematischer Sprache) Graphen, der zumeist als Wirkungsdiagramm bezeichnet wird. Zudem wird unterschieden zwischen positiven (verstärkenden bzw. eskalierenden) und negativen (stabilisierenden bzw. dämpfenden) Rückkopplungskreisen. Neben der Untersuchung, an welchen Stellen im System man überhaupt sinnvoll eingreifen kann, sehen sie die Möglichkeit des Durchspielens verschiedener möglicher Entwicklungsszenarien in Form von Simulationen vor. Besonderes Augenmerk legen sie auf die Identifikation derjenigen Variablen im System, mit Hilfe derer sich das System aktiv steuern lässt.

Der Kognitionspsychologe Dörner hat unter dem Schlagwort „Komplexes Problemlösen" mittels computersimulierter Szenarien versucht, das menschliche Bearbeiten von komplexen Situationen und das Handeln darin zu verstehen (Dörner, 1989). Er kommt nach über zehnjähriger Forschung in seinem Lohhausen-Projekt zu der Erkenntnis, dass es keine isolierbaren und damit benennbaren kognitiven Eigenschaften zu geben scheint, die Menschen zu guten Problemlösern machen.

Quantitative Simulationsmodelle wurden von Forrester vorgestellt (Forrester, 1968). Im Mittelpunkt seiner Analysen stehen so genannte Bestandsgrößen, die sich durch Zu- und Abflüsse im Laufe der Zeit ändern. Zudem gelingt es mit diesem Vorgehen, zeitliche Verzögerungen zu modellieren. Diese haben bei der Untersuchung realer Gegebenheiten einen entscheidenden Einfluss auf das Systemverhalten.

Der aktuelle wissenschaftliche Diskussionsstand stellt sich folgenrmaßen dar:

Als Nachteil der Ansätze in Vesters Arbeiten lässt sich festhalten, dass viele von ihm formulierte Prinzipien und Folgerungen Schlagwortcharakter aufweisen. Zudem zeigen sie wenige quantitative Aspekte, so dass von modernen Simulations- und Optimierungsansätzen und -programmen kein Gebrauch gemacht werden konnte.

Die Methoden von Probst/Gomez stellen zwar einen praxisorientierten Ansatz dar, sind aber in der Beschreibung von Systemen überwiegend auf rein qualitative Aspekte beschränkt.

Forresters Arbeiten sind die am stärksten quantitativ orientierten; gleichwohl sind sie zu einer Zeit entstanden, in der die Möglichkeiten mathematischer Modellierung mit geeigneten IT-Lösungen noch nicht existierte. Außerdem wurde zu der Zeit weder von der Darstellung eines komplex vernetzten Systems in Form eines mathematischen Graphen noch von den sich ergebenden mathematischen Methoden Gebrauch gemacht.

Welche neuen Ansätze gibt es nun?

Vor nunmehr zwanzig Jahren kamen mit Computeralgebrasystemen wie z. B. *Mathematica* Mathematikprogramme auf den Markt, die es erlauben, mathematische Ausdrücke zu erzeugen, zu manipulieren und weiter zu verarbeiten, die weit über das hinausgehen, was ein Mensch zu leisten imstande wäre. Formeln von 1000 DIN-A4 Seiten Länge können mit solch einem System problemlos bearbeitet werden. Zudem stellen sie die umfassendste Sammlung mathematischen Wissens dar, welches zur Zeit verfügbar ist.

Die Vorteile liegen auf der Hand! Alle mathematischen Teilgebiete, insbesondere auch die Graphentheorie, haben in solchen Computeralgebrasystemen ihren festen Platz. Damit steht in einer integrierten Umgebung ein Werkzeug zur Verfügung, welches genauso für die symbolische und numerische Verarbeitung von mathematisch modellierbaren Frage-stellungen wie für die Visualisierung geeignet ist. Ebenso existiert eine moderne Pro-grammiersprache, die wegen ihrer Listenorientierung sehr effektiv ist. Bei der Modellierung, Analyse und Steuerung komplexer dynamischer Systeme kann nun also erstmals ein Pro-gramm verwendet werden, welches eine flexible Modellierung erlaubt. Der Kern der Be-schreibung eines solchen Systems besteht in der korrekten Verknüpfung von jeweils auf-einander wirkenden Variablen.

1.3   Vorgehensweise

Die Beschreibung eines komplexen Systems und die damit mögliche Auswertung wird im ersten Teil des Buches anhand eines paradigmatischen Beispieles vorgenommen, nämlich anhand des Modells einer nationalen Ökonomie. Die Erarbeitung dieses Beispiels geht zurück auf intensive Diskussionen mit den beiden Ökonomie-Kollegen Hansjörg Herr und Michael Heine, die bereitwillig ihren ökonomischen Sachverstand eingebracht haben, um sowohl die Variablenliste als auch die Vernetzung der Variablen zu diskutieren und fest-zulegen.

Sie benötigen als Leser dieses Buches neben einem mathematischen Grundverständnis auf Abiturniveau die Bereitschaft, sich mit Matrizen zu beschäftigen. Dies sind quadratisch oder rechteckig angeordnete Zahlenschemata, mit denen man die wesentlichen Eigenschaften von Systemen kompakt darstellen kann.

Der Fokus dieses Buches liegt nicht auf Sätzen und deren Beweisen, wie man das oft in der Mathematik kennt, sondern vielmehr auf den Methoden und Werkzeugen, um die Kompe-tenz des mathematischen Modellierens und Problemlösens zu stärken.

Kenntnisse im Umgang mit dem Mathematikprogramm *Mathematica* werden nicht voraus-gesetzt. Sollten Sie zumindest über Grundkenntnisse im Arbeiten mit anderen Mathematik-programmen verfügen, können Sie aber im Prinzip alle Rechnungen am eigenen Computer selber durchführen.

Welche Fähigkeiten hat *Mathematica*?

Im Unterschied zu anderen Büchern ist dieses Buch vollumfänglich nicht nur in *Mathema-*

Welche Fähigkeiten hat *Mathematica*?

Im Unterschied zu anderen Büchern ist dieses Buch vollumfänglich nicht nur in *Mathematica* geschrieben worden (und *Mathematica* damit also auch als Textsystem verwendet worden), sondern es sind auch alle Analysen mit diesem Computeralgebrasystem entwickelt worden.

Stellen Sie sich eine Mathematik-Software vor, die Nullstellen von (fast) beliebigen Funktionen berechnet, große Gleichungssysteme löst etc. *Mathematica* visualisiert mathematische Zusammenhänge und sie stellt eine umfangreiche Programmiersprache zur Verfügung. Zudem lassen sich in der gleichen Arbeitsumgebung Bücher wie dieses schreiben. Die Bezeichnungen für die verschiedenen Aufgaben, die man mit solch einem Programmsystem bearbeiten kann, lauten *Symbolische* Mathematik, *Numerische* Mathematik, *Visualisierung* und *Programmierung*.

An dieser Stelle wird für die folgenden Teilgebiete, die *Mathematica* abdeckt, jeweils ein prototypisches Beispiel gegeben.

Symbolische Mathematik

Wir berechnen eine binomische Formel.

Input: **Expand$\left[\,(\mathbf{a} + \mathbf{b})^{\mathbf{15}}\,\right]$**

Output:

$$a^{15} + 15\,a^{14}\,b + 105\,a^{13}\,b^2 + 455\,a^{12}\,b^3 + 1365\,a^{11}\,b^4 +$$
$$3003\,a^{10}\,b^5 + 5005\,a^9\,b^6 + 6435\,a^8\,b^7 + 6435\,a^7\,b^8 + 5005\,a^6\,b^9 +$$
$$3003\,a^5\,b^{10} + 1365\,a^4\,b^{11} + 455\,a^3\,b^{12} + 105\,a^2\,b^{13} + 15\,a\,b^{14} + b^{15}$$

Numerische Mathematik

Wir stellen die beiden Funktionen Sin(x) und e^x gemeinsam in einer Abbildung dar und registrieren, dass sie einen Schnittpunkt in dem Intervall [-1, -0.5] haben. Wir bestimmen dann die x-Koordinate dieses Schnittpunktes.

Input: **Plot[{Sin[x], -Exp[x]}, {x, -1.5, 1.5},**
       ImageSize → 200, PlotRange → {-2, 2}] // Framed

Output:

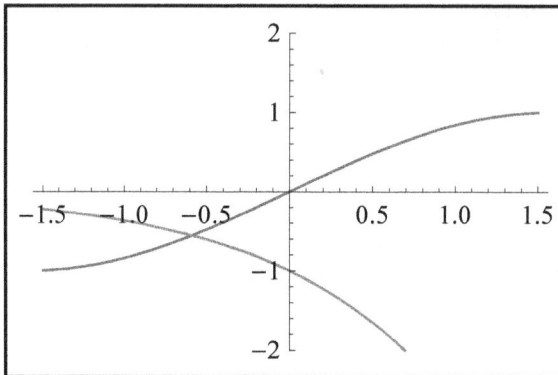

Input: **FindRoot[Sin[x] + Exp[x], {x, 0}]**

Output: x → -0.588533

Visualisierung

Wir wollen die Funktion $\frac{\sin(x)+\cos(y)}{x^2+y^2}$ im dreidimensionalen Raum grafisch darstellen – das lässt sich mit dem Befehl Plot3D einfach bewerkstelligen:

Input: **Plot3D$\left[\frac{Sin[x]+Cos[y]}{x^2+y^2}\right.$, {x, -5, 5}, {y, -5, 5},**

ColorFunction → GrayLevel, ImageSize → 200$\left.\right]$ // Framed

Output:

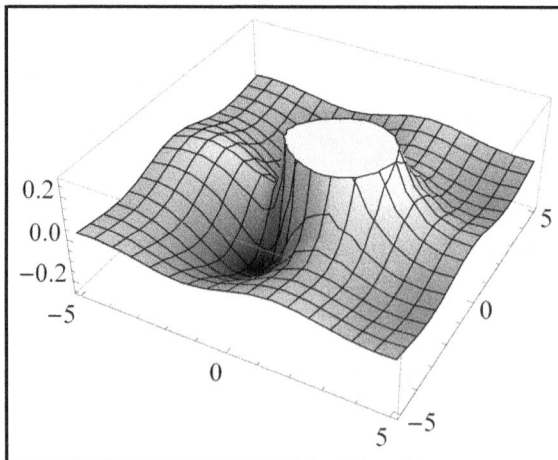

Programmiersprache

In *Mathematica* lassen sich Programmieraufgaben auf sehr unterschiedliche Art und Weisen bearbeiten. Neben funktionaler und prozeduraler Programmierung lassen sich viele Probleme mit dem Konzept der listenbasierten Programmierung oftmals effektiver lösen.

Wir definieren eine Struktur, die als Inputgröße eine Funktion aufnimmt und neben der Ausgabe dieser Funktion sowohl die ersten drei Ableitungen berechnet und formelmäßig ausgibt, als auch die gegebene Funktion zusammen mit ihren Ableitungen in einer Abbildung grafisch darstellt. Als Bespiel wählen wir die Funktion $f(x) = e^x \left(-x^2 + 3\,x - 1\right)$.

Input 1:

```
FunctionAnalysis[f_] := Block[{},
   Print["Gegebene Funktion: ", f];
   Print["1. Abl.: ", FullSimplify[D[f, {x, 1}]]];
   Print["2. Abl.: ", FullSimplify[D[f, {x, 2}]]];
   Print["3. Abl.: ", FullSimplify[D[f, {x, 3}]]];
   Plot[Evaluate[{f, D[f, {x, 1}], D[f, {x, 2}],
       D[f, {x, 3}]}], {x, -2, 2}, ImageSize → 200,
     PlotRange → {-10, 10}, GridLines → Automatic] //
   Framed
]
```

Input 2: $\texttt{FunctionAnalysis}\left[\texttt{e}^{\texttt{x}} * \left(-\texttt{x}^2 + 3 * \texttt{x} - 1\right)\right]$

Output:

Gegebene Funktion: $e^x \left(-1 + 3\,x - x^2\right)$

1. Abl.: $e^x \left(2 + x - x^2\right)$

2. Abl.: $-e^x \left(-3 + x + x^2\right)$

3. Abl.: $e^x \left(2 - x \left(3 + x\right)\right)$

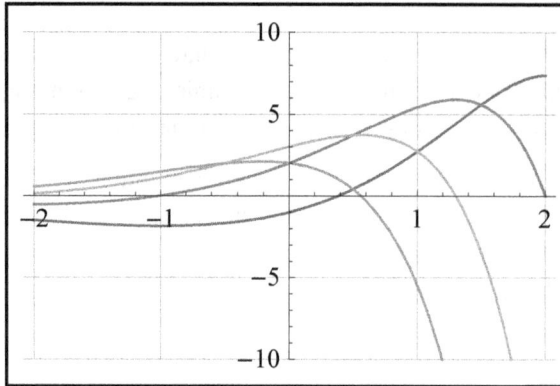

1.4   Zielsetzung

Die zentrale Fragestellung dieses Buches lautet: Wie lassen sich komplexes Systeme beschreiben und analysieren?

Was findet man in diesem Buch?

Neben der korrekten Beschreibung von hochgradig vernetzten Systemen bzgl. der Struktur, der Wirkung und der zeitlichen Verzögerungen bei der Wirkung einer Variablen auf eine andere wird in diesem Buch das Zusammenwirken dieser Eingangsgrößen und der daraus folgende Informationsgewinn über das zugrunde liegende System dargestellt.

Es beschreibt die Verknüpfung der in der Literatur gefundenen qualitativen Ansätze mit quantitativen Methoden unter Verwendung von *Mathematica*. Dieses Buch will auch hinführen auf Verfahren, mit denen man einerseits komplexe Systeme darstellen und andererseits die Komponenten von Systemen in ihrem Zusammenhang mit anderen sie umgebenden Komponenten analysieren kann.

Ziel dieser Arbeit ist es, Methoden zur Verfügung zu stellen, mit denen wir allgemeine Fragestellungen bzgl. komplexer Systeme bzw. Netzwerke darstellen können. Zudem wird den folgenden Fragen genauer nachgegangen:

- Lassen sich allgemeine Gesetzmäßigkeiten bei der Beschreibung und der Analyse über die Grenzen von Anwendungsgebieten hinweg finden und benennen?
- Lassen sich Mechanismen identifizieren, komplexe Systeme von außen oder innen zu steuern?

Was wird man in diesem Buch vergeblich suchen?

- Eine vergleichende Untersuchung der Ansätze systemischen Denkens. Hier wird auf die einschlägige Literatur verwiesen.

- Eine Behandlung der Methode, wie man die wichtigen ein System beschreibenden Variablen findet, inklusive der Vernetzung, z. B. mittels Expertenrunden. Es wird hier davon ausgegangen, dass die komplette Variablenliste und die Vernetzung in Form eines Graphen (oder in Form der sog. Adjazenzmatrix) bekannt sind.

- Eine Einführung in das Computeralgebrasystem *Mathematica*. Lesern, die sich in dieses Programm einarbeiten möchten, seien die hervorragenden Bücher von Michael Trott empfohlen.

Nach der Lektüre werden Sie, lieber Leser, verstanden haben, was ganz allgemein ein komplexes System ist und welche Rolle die ein System beschreibenden Variablen spielen. Zudem sollte klar werden, warum die Vernetzung der Variablen die Struktur des Systems beschreibt und weshalb ohne ein Verständnis des Themas Zeitverzögerung komplexe Systeme nicht wirklich verstanden werden können. Sie werden sehen, dass die Verwendung von Matrizen zur Beschreibung von Systemeigenschaften sehr nützlich ist. Neben dem Verständnis dafür, was die für Variablen berechenbaren Aktiv- und Passivsummen sowie die daraus gewonnenen Produkte und Quotienten bedeuten, werden Sie verstehen, was ein geschlossener Regelkreis ist und wie man eine Variable von einer anderen aus erreichen und somit möglicherweise beeinflussen kann.

1.5 Struktur des Buches

Das Buch gliedert sich in zwei Teile. Der erste stellt die notwendigen Konzepte, Methoden und Verfahrensweisen zur Verfügung, um komplexe Systeme zu beschreiben und zu analysieren. Im zweiten Teil werden die so erarbeiteten Routinen dann verwendet, um ganz verschiedenartige Fragestellungen zu bearbeiten.

Im ersten Teil findet der Leser nach der Einführung Kapitel mit Ausführungen zu den folgenden Themen:

- Graphentheorie

Hier werden die wesentlichen Darstellungen und Eigenschaften für ungerichtete und gerichtete Graphen über die Adjazenz-, Inzidenz- und Gradmatrix beschrieben. Die Verknüpfung dieser Matrizen wird anhand von Beispielen deutlich gemacht.

- Regelkreise und Erreichbarkeit von Knoten

Regelkreise stellen geschlossenen Verbindungen von Kanten in einem Graphen dar. Diskutiert wird die Schwierigkeit, diese sog. Hamilton-Kreise zu bestimmen. Es wird auch untersucht, auf wie vielen verschiedenen und welchen Wegen genau zwei Knoten miteinander verknüpft sein können.

- Analyse eines komplexen Systems

Als paradigmatisches Beispiel, welches in diesem Kapitel des ersten Teils zur Veranschaulichung herangezogen wird, will ich die Modellierung einer nationalen Ökonomie verwenden. Aufbauend auf der Adjazenz- und Einflussmatrix sowie der Zeitverzögerungsmatrix werden Aktiv- und Passivsummen sowie daraus abzuleitende Analysen vorgestellt. Diese Informationen werden mit den generierten Hamiltonkreisen bzw. allgemein vorhandenen Wegen verknüpft und interpretiert.

Der zweite Teil des Buches enthält Beispiele aus verschiedenen Gebieten, die als komplexes System aufgefasst, modelliert und analysiert werden. Die Struktur jedes Kapitels orientiert sich an der Gliederung des Kapitels *Analyse eines komplexen Systems* im ersten Teil.

Mathematica bietet mit seiner einmaligen Verknüpfung zwischen einem Mathematikprogramm, einem Textverarbeitungssystem und einer Präsentationsumgebung ein Werkzeug, mit dem sich eben auch Bücher wie dieses schreiben lassen.

Erwähnenswert ist u.a. auch die Plattformunabhängigkeit. D.h., ein auf einem Windows-System erzeugtes *Mathematica*-File (Notebook genannt) kann ohne weitere Bearbeitung oder Konvertierung auf einem Mac-System oder einem Großrechner verwendet werden. Dies gelingt dadurch, dass alle *Mathematica*-Files als 7-Bit-Textfiles gespeichert werden.

Zudem kann jedes Notebook auch in einem völlig neuen Format, dem sog. CDF-Format gespeichert werden. Dabei steht CDF für das von der Firma Wolfram Research Inc. geschaffene *Computable Document Format*. Dieses erlaubt das Speichern von vollständig interaktiven Files, für deren Betrachtung und Manipulation *Mathematica* nicht mehr benötigt wird.

Damit ist es nun möglich, für Sie als Leser wirklich interaktive Zusatzmaterialien bereitzustellen, die Sie genau so verwenden können, als verfügten Sie über eine eigene *Mathematica*-Lizenz. Die CDF-Files lassen sich in praktisch jedem Browser in ein leeres Fenster ziehen. Eventuell muss vor der Verwendung noch ein kostenloser Plug-in von der Wolfram Webseite (http://www.wolfram.com/cdf-player/) heruntergeladen werden.

1.6   Beschreibung der Zusatzmaterialien

Die Zusatzmaterialien können von der Webseite *www.oldenbourg.de* des Oldenbourg-Verlages bezogen werden. Sie enthalten für das Beispiel in Kapitel vier *Analyse eines komplexen Systems* im ersten Teil und für alle im zweiten Teil des Buches besprochenen Beispiele vollständige Abbildungen und Tabellen, die im Buch aus Platzgründen nicht oder nur teilweise wiedergegeben werden konnten. Im Text werden vorhandene Zusatzmaterialien mit dem Symbol Ⓦ gekennzeichnet. Die PDF- und CDF-Files haben die folgenden zusätzlichen Eigenschaften im Vergleich zu den Buchkapiteln:

- Alle Tabellen und Listen von Abbildungen sind vollständig, auch wenn sie möglicherweise Hunderte oder Tausende von Einträgen besitzen. Dadurch können die Files einen großen Umfang haben.

- Die Abbildungen sind überwiegend farbig wiedergegeben.

- An manchen Stellen sind Animationen eingefügt, die vom Leser interaktiv bedient werden können.

1.7   Literatur

Einführende Literatur

Dörner, Dietrich, Die Logik des Mißlingens. Strategisches Denken in komplexen Situationen, Rowohlt, Reinbek, 1989

Forrester, Jay Wright, Principles of Systems, Pegasus Communications, 2000

Ossimitz, Günther, Entwicklung systemischen Denkens, Profil Verlag, München, 2000

Probst, Gilbert J. B. und Peter Gomez, Vernetztes Denken: ganzheitliches Führen in der Praxis, 2. erw. Aufl., Gabler, Wiesbaden, 1991

Senge, Peter M., Die fünfte Disziplin, Klett-Cotta, Stuttgart, 1990

Vester, Frederic, Die Kunst vernetzt zu denken. Ideen und Werkzeuge für einen neuen Umgang mit Komplexität, dtv, München, 2002

Weiterführende Literatur

Albert, Réka und Albert-László Barabási, Statistical Mechanics of Complex Networks, Reviews of Modern Physics 74, 2002, S. 47-97

Bardmann, Theodor M. und Alexander Lamprecht, Systemtheorie verstehen, VS Verlag für Sozialwissenschaften, Wiesbaden, 1999

Bertalanffy, Ludwig von, General System Theory. Foundations, Development, Applications, George Braziller, New York, 1969

Dieckmann, Johann, Einführung in die Systemtheorie, Wilhelm Fink Verlag, 2005

Rapoport, Anatol, Allgemeine Systemtheorie, Verlag Darmstädter Blätter, Darmstadt, 1988

Trott, Michael, The *Mathematica* Guidebook for Graphics, Springer, New York, 2004

Trott, Michael, The *Mathematica* Guidebook for Programming, Springer, New York, 2004

Trott, Michael, The *Mathematica* Guidebook for Symbolics, Springer, New York, 2005

Trott, Michael, The *Mathematica* Guidebook for Numerics, Springer, New York, 2006

2   Graphentheorie

2.1   Einführung

Im Allgemeinen besteht ein Graph aus Knoten (engl. vertex, vertices) und Kanten (engl. edge, edges), wobei die Kanten die Verbindungen zwischen den Knoten darstellen. Im folgenden Abschnitt werden wir zwischen ungerichteten (Abb. 2.1) und gerichteten (Abb. 2.2) Graphen unterscheiden. Die Beschreibungen insbesondere für ungerichtete Graphen in diesem Kapitel folgen zu großen Teilen dem Buch von Tittmann (2011).

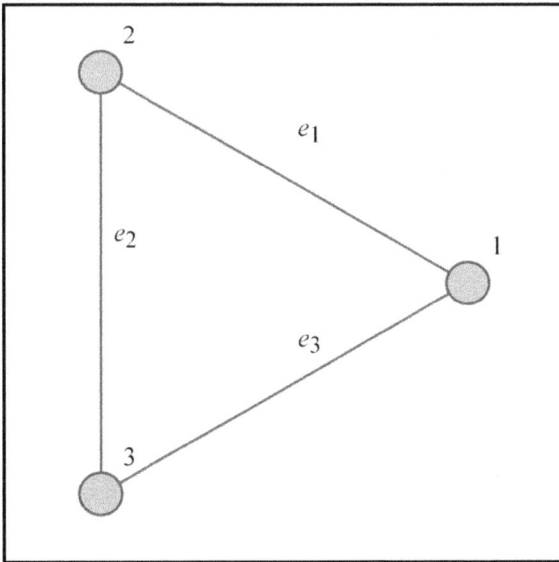

Abb. 2.1:   Ungerichteter Graph mit drei Knoten und drei Kanten.

Eine Kante $e = (u, v)$ ist die Verbindung von einem Knoten u zu einem Knoten v. Wir nennen den Knoten v inzident zur Kante e, wenn v ein Endknoten zu e ist. Eine Schlinge (engl. loop) ist dadurch gekennzeichnet, dass die Kante e den Knoten u mit sich selbst gemäß $e = (u, u)$ verbindet. Entsprechend sind zwei Kanten e und f als parallele Kanten zu bezeichnen, wenn die Kanten am gleichen Knoten u starten und am davon verschiedenen gleichen Knoten v enden (s. Abb. 2.3). Die Beschreibungen lauten dann e = (u, v) sowie f = (u, v).

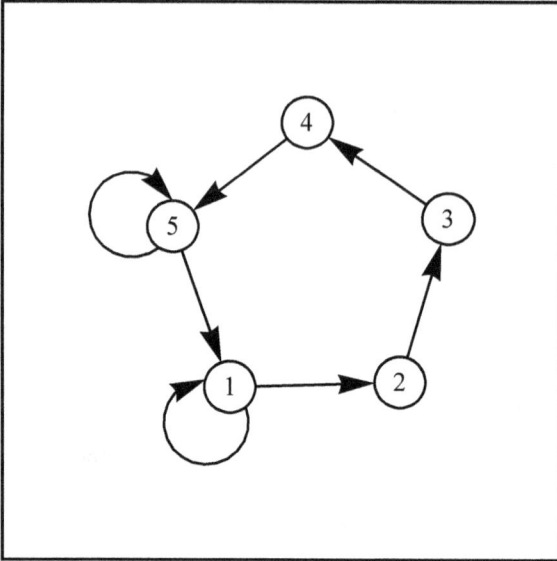

Abb. 2.2:   Gerichteter Graph mit fünf Knoten und sieben Kanten.

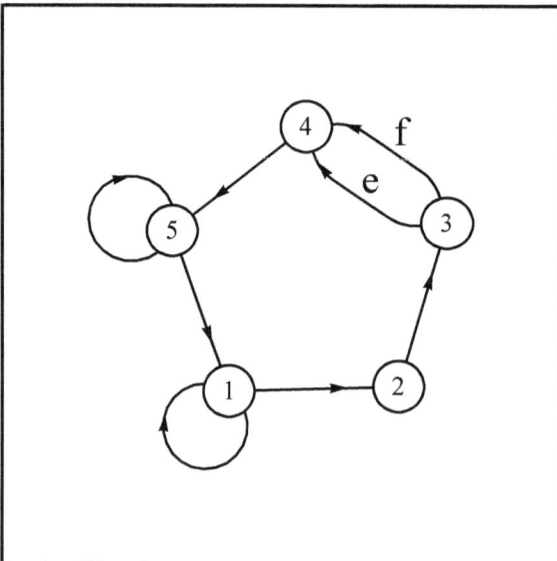

Abb. 2.3:   Gerichteter Graph mit zwei parallelen Kanten e und f.

2.2   Ungerichtete Graphen

2.2.1   Grundlegende Begriffe

Es sei ein <u>ungerichteter</u> Graph G gegeben mit dem Aussehen entsprechend Abbildung 2.4.

Der Graph G kann dargestellt werden durch die Knotenmenge V und Kantenmenge E über

$$G = \{ V, E \}$$

mit

$$V = \{1, 2, 3, 4, 5\}$$

$$E = \{a, b, c, d, e, f\}$$

und

$$a = \{1, 2\}, b = \{1, 3\}, c = \{2, 3\}, d = \{2, 3\}, e = \{2, 4\}, f = \{4, 5\}.$$

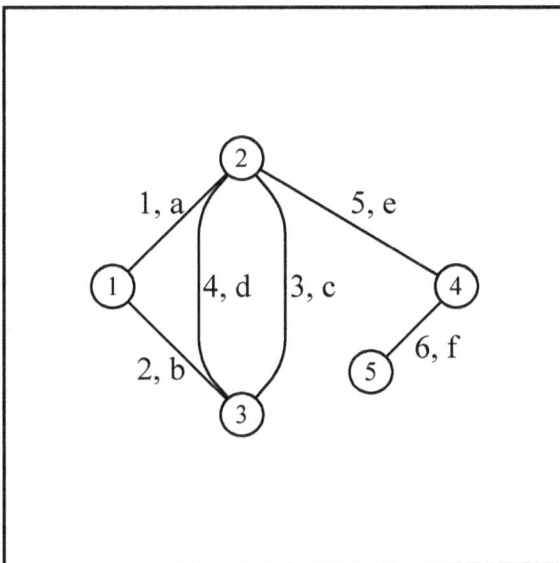

Abb. 2.4:   Ungerichteter Graph mit fünf Knoten und sechs Kanten. Die Kanten sind sowohl durch Zahlen als auch durch Buchstaben gekennzeichnet.

2.2.2   Die Adjazenzmatrix **A**

Die Komponenten $a_{i,j}$ der Adjazenzmatrix A geben die Anzahl der Kanten zwischen den Knoten i und j an. Zu berücksichtigen ist, dass Schlingen je nach Anwendung einfach oder doppelt gezählt werden. **A** ist immer eine quadratische Matrix mit $A_{n\times n}$.

Für den obigen Graphen G lautet die Adjazenzmatrix

$$A = \begin{pmatrix} 0 & 1 & 1 & 0 & 0 \\ 1 & 0 & 2 & 1 & 0 \\ 1 & 2 & 0 & 0 & 0 \\ 0 & 1 & 0 & 0 & 1 \\ 0 & 0 & 0 & 1 & 0 \end{pmatrix}.$$

Die Darstellung

$$A = \begin{pmatrix} & 1 & 2 & 3 & 4 & 5 \\ 1 & 0 & 1 & 1 & 0 & 0 \\ 2 & 1 & 0 & 2 & 1 & 0 \\ 3 & 1 & 2 & 0 & 0 & 0 \\ 4 & 0 & 1 & 0 & 0 & 1 \\ 5 & 0 & 0 & 0 & 1 & 0 \end{pmatrix}$$

erlaubt eine bessere Übersicht über die Position der einzelnen Komponenten.

In der folgenden Darstellung für **A** sind an den von Null verschiedenen Einträgen noch rechts oben die Bezeichnungen der Kanten wiedergegeben (korrespondierend zur Abb. 2.4).

$$A = \begin{pmatrix} & 1 & 2 & 3 & 4 & 5 \\ 1 & 0 & 1^a & 1^b & 0 & 0 \\ 2 & 1^a & 0 & 2^{c,d} & 1^e & 0 \\ 3 & 1^b & 2^{c,d} & 0 & 0 & 0 \\ 4 & 0 & 1^e & 0 & 0 & 1^f \\ 5 & 0 & 0 & 0 & 1^f & 0 \end{pmatrix}$$

Wir bemerken noch, dass die Adjazenzmatrix **A** für ungerichtete Graphen symmetrisch ist, da offenbar gilt

$$A = A^T. \tag{2.1}$$

A ist also mit ihrer Transponierten identisch. Ferner werden wir sehen (s. Abschn. 2.2.5 und 2.3.4), dass die Summe der Elemente einer Spalte oder Zeile gleich dem Knotengrad ist entsprechend

$$\sum_{i=1}^{n} a_{ik} = \sum_{j=1}^{n} a_{kj} = \deg k.$$

Es sei noch erwähnt, dass n die Ordnung der Matrix ist und identisch mit der Anzahl der Knoten im zugehörigen Graphen. Ein schlichter Graph (ein Graph, der weder Schlingen noch parallele Kanten enthält) mit m Kanten führt deshalb zu einer Adjazenzmatrix mit genau $2 \cdot m$ Einsen.

2.2.3   Die Potenzen p der Adjazenzmatrix $\mathbf{A}$

Die Komponenten der Potenzen von A haben eine spezielle Bedeutung; berechnet werden sie über

$$a_{ij}^{p} = \sum_{k=1}^{n} a_{ik} \cdot a_{kj}.$$

Die Zahl a_{ij}^{p} ist die (i, j)-te Komponente der p-ten Potenz der Matrix $\mathbf{A}$ und zeigt die Anzahl von Wegen der Länge p (d.h. genau p Kanten sind involviert) vom Knoten i zum Knoten j.

Für den obigen Graphen G lauten die Matrixpotenzen

$$A^1 = \begin{pmatrix} 0 & 1 & 1 & 0 & 0 \\ 1 & 0 & 2 & 1 & 0 \\ 1 & 2 & 0 & 0 & 0 \\ 0 & 1 & 0 & 0 & 1 \\ 0 & 0 & 0 & 1 & 0 \end{pmatrix} = \mathbf{A}$$

$$A^2 = \begin{pmatrix} 2 & 2 & 2 & 1 & 0 \\ 2 & 6 & 1 & 0 & 1 \\ 2 & 1 & 5 & 2 & 0 \\ 1 & 0 & 2 & 2 & 0 \\ 0 & 1 & 0 & 0 & 1 \end{pmatrix}$$

$$A^3 = \begin{pmatrix} 4 & 7 & 6 & 2 & 1 \\ 7 & 4 & 14 & 7 & 0 \\ 6 & 14 & 4 & 1 & 2 \\ 2 & 7 & 1 & 0 & 2 \\ 1 & 0 & 2 & 2 & 0 \end{pmatrix}$$

$$A^4 = \begin{pmatrix} 13 & 18 & 18 & 8 & 2 \\ 18 & 42 & 15 & 4 & 7 \\ 18 & 15 & 34 & 16 & 1 \\ 8 & 4 & 16 & 9 & 0 \\ 2 & 7 & 1 & 0 & 2 \end{pmatrix}$$

$$A^5 = \begin{pmatrix} 36 & 57 & 49 & 20 & 8 \\ 57 & 52 & 102 & 49 & 4 \\ 49 & 102 & 48 & 16 & 16 \\ 20 & 49 & 16 & 4 & 9 \\ 8 & 4 & 16 & 9 & 0 \end{pmatrix}$$

Konkret wollen wir uns nun die Bedeutung der Komponenten der Potenzen von **A** veranschaulichen. Für den Fall p = 2 erhalten wir

$$A^2 = \begin{pmatrix} & 1 & 2 & 3 & 4 & 5 \\ \hline 1 & 2 & 2 & \mathbf{2} & 1 & 0 \\ 2 & 2 & \mathbf{6} & 1 & 0 & 1 \\ 3 & 2 & 1 & 5 & 2 & 0 \\ 4 & 1 & 0 & 2 & 2 & 0 \\ 5 & 0 & 1 & 0 & 0 & 1 \end{pmatrix}.$$

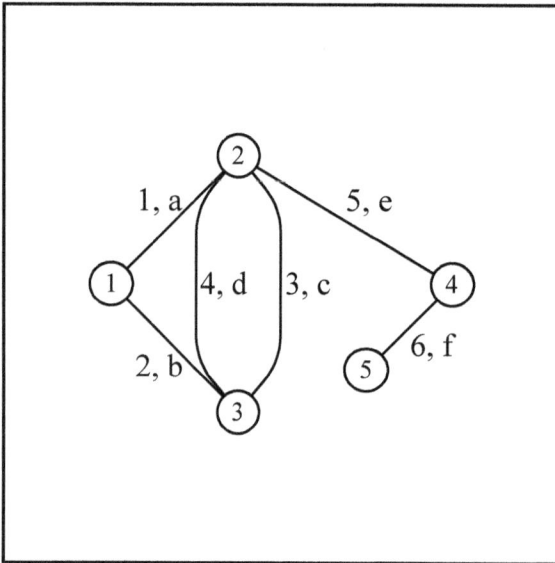

Abb. 2.5:   Mögliche Wege von einem Knoten i zu einem Knoten j.

So existieren z. B. zwei Wege über zwei Kanten von Knoten 1 zu Knoten 3 (Kantenfolgen (a, c), (a, d) und sechs Wege von Knoten 2 zu sich selbst (Kantenfolgen (a, a), (d, d), (c, c), (e, e), (d, c), (c, d), wie wir in Abb. 2.5 leicht sehen können.

2.2.4   Die Inzidenzmatrix **I**

Mit der Knotenmenge $V = \{v_1, ..., v_n\}$ und der Kantenmenge $E = \{e_1, ..., e_m\}$ ist eine Komponente der Inzidenzmatrix $I_{n \times m}$ dann 1, falls der Knoten i und die Kante j inzident sind. Dies führt für den obigen Graphen (mit den dort angegebenen Bezeichnungen der Kanten entspr. Abb. 2.5) zu

$$I_1 = \begin{pmatrix} & 1 & 2 & 3 & 4 & 5 & 6 \\ \hline 1 & 1 & 1 & 0 & 0 & 0 & 0 \\ 2 & 1 & 0 & 1 & 1 & 1 & 0 \\ 3 & 0 & 1 & 1 & 1 & 0 & 0 \\ 4 & 0 & 0 & 0 & 0 & 1 & 1 \\ 5 & 0 & 0 & 0 & 0 & 0 & 1 \end{pmatrix}.$$

Für eine andere als die oben gewählte Nummerierung der Kanten ergibt sich natürlich eine von I_1 verschiedene Inzidenzmatrix, was an folgendem Beispiel deutlich wird.

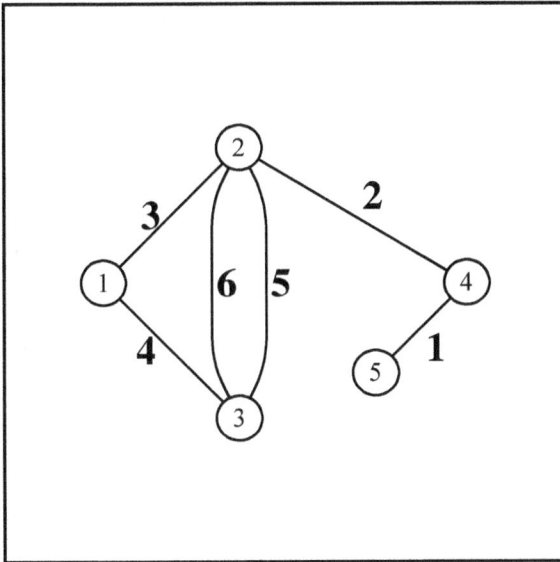

Abb.2.6:   Eine Umnummerierung der Kanten führt zu einer Inzidenzmatrix $I_2 \neq I_1$.

$$I_2 = \begin{pmatrix} & 1 & 2 & 3 & 4 & 5 & 6 \\ \hline 1 & 0 & 0 & 1 & 1 & 0 & 0 \\ 2 & 0 & 1 & 1 & 0 & 1 & 1 \\ 3 & 0 & 0 & 0 & 1 & 1 & 1 \\ 4 & 1 & 1 & 0 & 0 & 0 & 0 \\ 5 & 1 & 0 & 0 & 0 & 0 & 0 \end{pmatrix}$$

mit der Nummerierung der Kanten in Abb. 2.6.

Es gilt aber die Beziehung

$$I_1 \cdot I_1^T \overset{!}{=} I_2 \cdot I_2^T .$$ (2.2)

d.h. das Produkt aus Inzidenzmatrix und der Transponierten dieser Matrix ist unabhängig von der Nummerierung der Kanten und damit eine Invariante.

2.2.5   Die Gradmatrix G

Unter dem Grad deg(k) eines Knotens k versteht man die Anzahl der von k ausgehenden Kanten. So wird die Gradmatrix G für den eingangs gegebenen Graphen (s. Abb. 2.4)

$$G = \begin{pmatrix} & 1 & 2 & 3 & 4 & 5 \\ \hline 1 & \mathbf{2} & 0 & 0 & 0 & 0 \\ 2 & 0 & \mathbf{4} & 0 & 0 & 0 \\ 3 & 0 & 0 & \mathbf{3} & 0 & 0 \\ 4 & 0 & 0 & 0 & \mathbf{2} & 0 \\ 5 & 0 & 0 & 0 & 0 & \mathbf{1} \end{pmatrix} .$$

2.2.6   Die Verknüpfung der Matrizen A, I und G

Die Matrizen **A**, **I** und **G** existieren nicht unabhängig voneinander, sondern genügen der folgenden Beziehung:

$$I \cdot I^T = A + G.$$ (2.3)

Wir prüfen dies nach mittels

$$\begin{pmatrix} 1 & 1 & 0 & 0 & 0 & 0 \\ 1 & 0 & 1 & 1 & 1 & 0 \\ 0 & 1 & 1 & 1 & 0 & 0 \\ 0 & 0 & 0 & 0 & 1 & 1 \\ 0 & 0 & 0 & 0 & 0 & 1 \end{pmatrix} \star \begin{pmatrix} 1 & 1 & 0 & 0 & 0 \\ 1 & 0 & 1 & 0 & 0 \\ 0 & 1 & 1 & 0 & 0 \\ 0 & 1 & 1 & 0 & 0 \\ 0 & 1 & 0 & 1 & 0 \\ 0 & 0 & 0 & 1 & 1 \end{pmatrix} = \begin{pmatrix} 2 & 1 & 1 & 0 & 0 \\ 1 & 4 & 2 & 1 & 0 \\ 1 & 2 & 3 & 0 & 0 \\ 0 & 1 & 0 & 2 & 1 \\ 0 & 0 & 0 & 1 & 1 \end{pmatrix}$$

$$= \begin{pmatrix} 0 & 1 & 1 & 0 & 0 \\ 1 & 0 & 2 & 1 & 0 \\ 1 & 2 & 0 & 0 & 0 \\ 0 & 1 & 0 & 0 & 1 \\ 0 & 0 & 0 & 1 & 0 \end{pmatrix} + \begin{pmatrix} 2 & 0 & 0 & 0 & 0 \\ 0 & 4 & 0 & 0 & 0 \\ 0 & 0 & 3 & 0 & 0 \\ 0 & 0 & 0 & 2 & 0 \\ 0 & 0 & 0 & 0 & 1 \end{pmatrix} = \begin{pmatrix} 2 & 1 & 1 & 0 & 0 \\ 1 & 4 & 2 & 1 & 0 \\ 1 & 2 & 3 & 0 & 0 \\ 0 & 1 & 0 & 2 & 1 \\ 0 & 0 & 0 & 1 & 1 \end{pmatrix}$$

2.3   Gerichtete Graphen

2.3.1   Grundlegende Begriffe

Sei G nun ein <u>gerichteter</u> Graph mit dem Aussehen entspr. Abb. 2.7.

Die drei Matrizen zur Beschreibung der Graphen in diesem Kapitel **A**, **I** und **G** werden mit einem Index „g" versehen, um sie von den Matrizen im ungerichteten Fall zu unterscheiden. Kommen die gleichen Matrizen sowohl für den gerichteten als auch den ungerichteten Fall in einer Gleichung vor, so tragen die dem ungerichteten Fall zugeordneten Matrizen den Index „u".

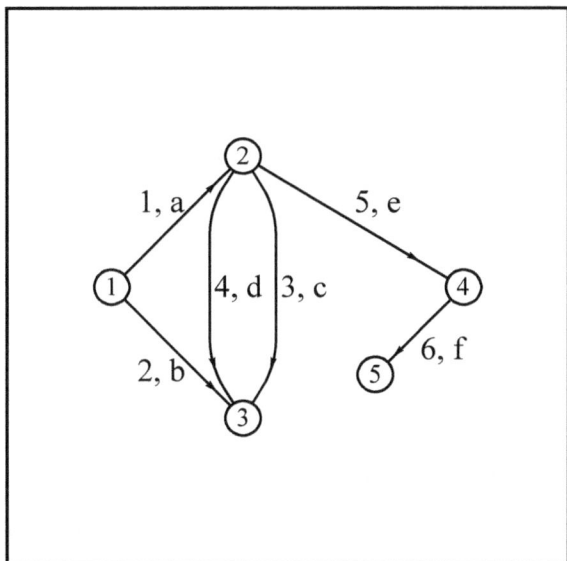

Abb. 2.7:   Gerichteter Graph mit fünf Knoten und sechs Kanten.

Wie im Fall des ungerichteten Graphen kann der Graph G auch in diesem Fall dargestellt werden durch die Knotenmenge V und Kantenmenge E über

$$G = \{ \, V, E \, \}$$

mit

$$V = \{1, 2, 3, 4, 5\}$$

$$E = \{a, b, c, d, e, f\}$$

und

$$a = \{1, 2\}, \, b = \{1, 3\}, \, c = \{2, 3\}, \, d = \{2, 3\}, \, e = \{2, 4\}, \, f = \{4, 5\}.$$

Die im Folgenden einzuführenden Matrizen tragen den Index g, um sie von den entsprechenden Matrizen im ungerichteten Fall zu unterscheiden.

2.3.2 Die Adjazenzmatrix $\mathbf{A}$

Die Komponenten $a_{i,j}$ der Adjazenzmatrix A_g geben wiederum die Anzahl der Kanten zwischen den Knoten i und j an. A_g ist weiterhin eine quadratische Matrix mit $A_{n \times n}$.

Für den obigen Graphen G (Abb. 2.7) lautet nun die Adjazenzmatrix A_g

$$A_g = \begin{pmatrix} 0 & 1 & 1 & 0 & 0 \\ 0 & 0 & 1 & 1 & 0 \\ 0 & 1 & 0 & 0 & 0 \\ 0 & 0 & 0 & 0 & 1 \\ 0 & 0 & 0 & 0 & 0 \end{pmatrix}$$

Die Darstellung

$$A_g = \begin{pmatrix} & 1 & 2 & 3 & 4 & 5 \\ 1 & 0 & 1 & 1 & 0 & 0 \\ 2 & 0 & 0 & 1 & 1 & 0 \\ 3 & 0 & 1 & 0 & 0 & 0 \\ 4 & 0 & 0 & 0 & 0 & 1 \\ 5 & 0 & 0 & 0 & 0 & 0 \end{pmatrix}$$

erlaubt wiederum eine bessere Übersicht über die Position der Komponenten.

In der folgenden Darstellung für A_g sind an den von Null verschiedenen Einträgen noch rechts oben die Bezeichnungen der Kanten wiedergegeben (korrespondierend zur Abb. 2.7).

$$A_g = \begin{pmatrix} & 1 & 2 & 3 & 4 & 5 \\ 1 & 0 & 1^a & 1^b & 0 & 0 \\ 2 & 0 & 0 & 1^d & 1^e & 0 \\ 3 & 0 & 1^c & 0 & 0 & 0 \\ 4 & 0 & 0 & 0 & 0 & 1^f \\ 5 & 0 & 0 & 0 & 0 & 0 \end{pmatrix}$$

Wir registrieren, dass die Adjazenzmatrix A_g für gerichtete Graphen nicht mehr symmetrisch ist, denn es gilt nun

$$A_g \neq A_g^T. \tag{2.4}$$

Im Vergleich zu den ungerichteten Graphen müssen wir bei gerichteten Graphen zwischen
den in einen Knoten einlaufenden und von einem Knoten ausgehenden Kanten unterscheiden (s. Abb. 2.8). Die Informationen über die In- und Out-Grade entnimmt man der
Tabelle 2.1.

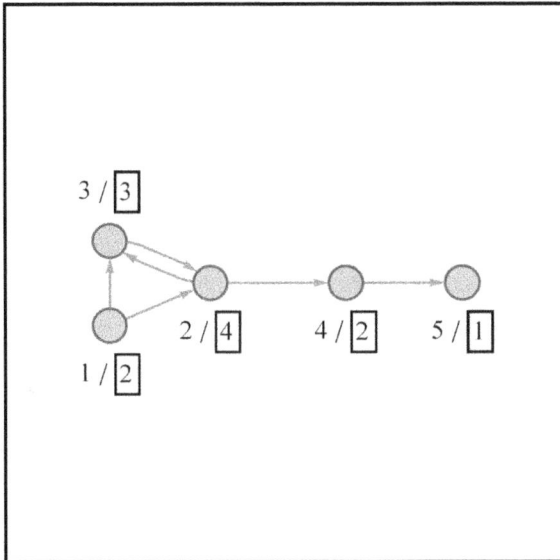

Abb. 2.8:   Der gerichtete Graph aus Abb. 2.7 mit Gradinformationen für jeden Knoten. Die Beschreibung 2/4
             zeigt an, dass der Knoten 2 den Knotengrad 4 besitzt.

Tab. 2.1:   Zusammenhang zwischen In-Grad, Out-Grad und allgemeinem Knotengrad.

Knotennummer	In-Grad	Out-Grad	Grad
1	0	2	2
2	2	2	4
3	2	1	3
4	1	1	2
5	1	0	1

Die Gradzahl eines Knoten ist also die Summe aus In-Grad und Out-Grad für diesen Knoten
(s. Abschn. 2.3.4). Dieser Zusammenhang ist mit *Mathematica* leicht zu verrifizieren über

```
MyEdgeList = {1 → 2, 1 → 3, 3 → 2, 2 → 3, 2 → 4, 4 → 5};

g = Graph[MyEdgeList];
```

```
MatrixForm[
  Transpose[{VertexInDegree[g], VertexOutDegree[g],
    VertexDegree[g]}],
  TableHeadings → {Automatic, {"In", "Out", "Grad"}}]
```

$$
\begin{pmatrix}
 & \text{In} & \text{Out} & \text{Grad} \\
\hline
1 & 0 & 2 & 2 \\
2 & 2 & 2 & 4 \\
3 & 2 & 1 & 3 \\
4 & 1 & 1 & 2 \\
5 & 1 & 0 & 1
\end{pmatrix}
$$

```
VertexDegree[g] ==
  VertexInDegree[g] + VertexOutDegree[g]
```

```
True
```

Es gibt also eine Beziehung zwischen den Adjazenzmatrizen für den ungerichteten und gerichteten Fall der folgenden Art:

$$A_u = A_g + A_g^T \tag{2.5}$$

Ausgeschrieben lautet diese Beziehung für unser Beispiel

$$
\begin{pmatrix}
0 & 1 & 1 & 0 & 0 \\
1 & 0 & 2 & 1 & 0 \\
1 & 2 & 0 & 0 & 0 \\
0 & 1 & 0 & 0 & 1 \\
0 & 0 & 0 & 1 & 0
\end{pmatrix}
=
\begin{pmatrix}
0 & 1 & 1 & 0 & 0 \\
0 & 0 & 1 & 1 & 0 \\
0 & 1 & 0 & 0 & 0 \\
0 & 0 & 0 & 0 & 1 \\
0 & 0 & 0 & 0 & 0
\end{pmatrix}
+
\begin{pmatrix}
0 & 0 & 0 & 0 & 0 \\
1 & 0 & 1 & 0 & 0 \\
1 & 1 & 0 & 0 & 0 \\
0 & 1 & 0 & 0 & 0 \\
0 & 0 & 0 & 1 & 0
\end{pmatrix}.
$$

2.3.3   Die Inzidenzmatrix $\mathbf{I}$

Mit der Knotenmenge $V = \{1, ..., n\}$ und der Kantenmenge $E = \{1, ..., m\}$ ist eine Komponente der Inzidenzmatrix $I_{n \times m}$ dann 1, falls der Knoten i und die Kante j inzident sind. Wir wollen an dieser Stelle für den gerichteten Graphen unterscheiden, ob eine Kante in diesen Knoten hinein läuft oder aus ihm entspringt. Dies führt für den obigen Graphen (mit der Nummerierung der Kanten entspr. Abb. 2.7) zu den beiden Matrizen $I_{g,\,\text{In}}$ und $I_{g,\,\text{Out}}$:

$$I_{g,\,\text{In}} = \begin{pmatrix} 0 & 0 & 0 & 0 & 0 & 0 \\ 1 & 0 & 1 & 0 & 0 & 0 \\ 0 & 1 & 0 & 1 & 0 & 0 \\ 0 & 0 & 0 & 0 & 1 & 0 \\ 0 & 0 & 0 & 0 & 0 & 1 \end{pmatrix}$$

und

$$I_{g,\,\text{Out}} = \begin{pmatrix} 1 & 1 & 0 & 0 & 0 & 0 \\ 0 & 0 & 0 & 1 & 1 & 0 \\ 0 & 0 & 1 & 0 & 0 & 0 \\ 0 & 0 & 0 & 0 & 0 & 1 \\ 0 & 0 & 0 & 0 & 0 & 0 \end{pmatrix}.$$

Die Summe der beiden Matrizen $I_{g,\,\text{In}}$ und $I_{g,\,\text{Out}}$ ist aber nichts anderes als die Inzidenzmatrix I_u im ungerichteten Fall, also

$$I_u = I_{g,\,\text{In}} + I_{g,\,\text{Out}}. \tag{2.6}$$

In unserem Beispiel ist dies:

$$\begin{pmatrix} 1 & 1 & 0 & 0 & 0 & 0 \\ 1 & 0 & 1 & 1 & 1 & 0 \\ 0 & 1 & 1 & 1 & 0 & 0 \\ 0 & 0 & 0 & 0 & 1 & 1 \\ 0 & 0 & 0 & 0 & 0 & 1 \end{pmatrix} = \begin{pmatrix} 0 & 0 & 0 & 0 & 0 & 0 \\ 1 & 0 & 1 & 0 & 0 & 0 \\ 0 & 1 & 0 & 1 & 0 & 0 \\ 0 & 0 & 0 & 0 & 1 & 0 \\ 0 & 0 & 0 & 0 & 0 & 1 \end{pmatrix} +$$

$$\begin{pmatrix} 1 & 1 & 0 & 0 & 0 & 0 \\ 0 & 0 & 0 & 1 & 1 & 0 \\ 0 & 0 & 1 & 0 & 0 & 0 \\ 0 & 0 & 0 & 0 & 0 & 1 \\ 0 & 0 & 0 & 0 & 0 & 0 \end{pmatrix} = \begin{pmatrix} 1 & 1 & 0 & 0 & 0 & 0 \\ 1 & 0 & 1 & 1 & 1 & 0 \\ 0 & 1 & 1 & 1 & 0 & 0 \\ 0 & 0 & 0 & 0 & 1 & 1 \\ 0 & 0 & 0 & 0 & 0 & 1 \end{pmatrix}.$$

2.3.4   Die Gradmatrix **G**

Im Abschnitt 2.3.2 hatten wir gesehen, dass die Adjazenzmatrix A_g für gerichtete Graphen nicht mehr symmetrisch ist, denn es war

$$A_g \neq A_g^T.$$

Allerdings liefern uns die beiden Matrizen A_g und A_g^T wertvolle Informationen über die Gradzahlen der Knoten, genauer über die Anzahl der in einen Knoten einlaufenden und auslaufenden Kanten. Werden in der Matrix A_g die Elemente jeweils einer Zeile summiert, so ergibt sich die Anzahl der <u>aus</u>laufenden Kanten aus

$$A_g = \begin{pmatrix} 0 & 1 & 1 & 0 & 0 \\ 0 & 0 & 1 & 1 & 0 \\ 0 & 1 & 0 & 0 & 0 \\ 0 & 0 & 0 & 0 & 1 \\ 0 & 0 & 0 & 0 & 0 \end{pmatrix}$$

zu (2, 2, 1, 1, 0) für alle Zeilen. Werden die Elemente jeweils einer Zeile der transponierten Adjazenzmatrix A_g^T summiert, so ergibt sich die Anzahl der <u>ein</u>laufenden Kanten aus

$$A_g^T = \begin{pmatrix} 0 & 0 & 0 & 0 & 0 \\ 1 & 0 & 1 & 0 & 0 \\ 1 & 1 & 0 & 0 & 0 \\ 0 & 1 & 0 & 0 & 0 \\ 0 & 0 & 0 & 1 & 0 \end{pmatrix}$$

zu (0, 2, 2, 1,1) für alle Zeilen.

Damit lauten die Gradmatrizen nun

$$G_{g,\,\text{Out}} = \left(\begin{array}{c|ccccc} & 1 & 2 & 3 & 4 & 5 \\ \hline 1 & \mathbf{2} & 0 & 0 & 0 & 0 \\ 2 & 0 & \mathbf{2} & 0 & 0 & 0 \\ 3 & 0 & 0 & \mathbf{1} & 0 & 0 \\ 4 & 0 & 0 & 0 & \mathbf{1} & 0 \\ 5 & 0 & 0 & 0 & 0 & \mathbf{0} \end{array} \right)$$

und

$$G_{g,\,\text{In}} = \left(\begin{array}{c|ccccc} & 1 & 2 & 3 & 4 & 5 \\ \hline 1 & \mathbf{0} & 0 & 0 & 0 & 0 \\ 2 & 0 & \mathbf{2} & 0 & 0 & 0 \\ 3 & 0 & 0 & \mathbf{2} & 0 & 0 \\ 4 & 0 & 0 & 0 & \mathbf{1} & 0 \\ 5 & 0 & 0 & 0 & 0 & \mathbf{1} \end{array} \right).$$

Wir erhalten als Verknüpfung für die Gradmatrizen im ungerichteten und gerichteten Fall

$$G_u = G_{g,\,\text{Out}} + G_{g,\,\text{In}} \tag{2.7}$$

und bestätigen dies für unser obiges Beispiel mittels

$$
\begin{pmatrix}
2 & 0 & 0 & 0 & 0 \\
0 & 4 & 0 & 0 & 0 \\
0 & 0 & 3 & 0 & 0 \\
0 & 0 & 0 & 2 & 0 \\
0 & 0 & 0 & 0 & 1
\end{pmatrix}
=
\begin{pmatrix}
2 & 0 & 0 & 0 & 0 \\
0 & 2 & 0 & 0 & 0 \\
0 & 0 & 1 & 0 & 0 \\
0 & 0 & 0 & 1 & 0 \\
0 & 0 & 0 & 0 & 0
\end{pmatrix}
+
\begin{pmatrix}
0 & 0 & 0 & 0 & 0 \\
0 & 2 & 0 & 0 & 0 \\
0 & 0 & 2 & 0 & 0 \\
0 & 0 & 0 & 1 & 0 \\
0 & 0 & 0 & 0 & 1
\end{pmatrix}.
$$

2.3.5 Die Verknüpfung der Matrizen $\mathbf{A}$, $\mathbf{I}$ und $\mathbf{G}$

Wie im ungerichteten Fall existieren auch die Matrizen A_g, I_g und G_g nicht unabhängig voneinander, sondern genügen der folgenden Beziehung

$$
\begin{aligned}
&\left(I_{g,\,\text{In}} + I_{g,\,\text{Out}}\right)\cdot\left(I_{g,\,\text{In}} + I_{g,\,\text{Out}}\right)^T = \\
&\left(A_g + A_g^T\right) + \left(G_{g,\,\text{Out}} + G_{g,\,\text{In}}\right),
\end{aligned}
\tag{2.8}
$$

die man entsprechend der Zusammenhänge im ungerichteten Fall (s. Gl. 2.3) übernimmt. Wir prüfen dies für unser Beispiel nach mittels

$$
\left(
\begin{pmatrix}
0 & 0 & 0 & 0 & 0 & 0 \\
1 & 0 & 1 & 0 & 0 & 0 \\
0 & 1 & 0 & 1 & 0 & 0 \\
0 & 0 & 0 & 0 & 1 & 0 \\
0 & 0 & 0 & 0 & 0 & 1
\end{pmatrix}
+
\begin{pmatrix}
1 & 1 & 0 & 0 & 0 & 0 \\
0 & 0 & 0 & 1 & 1 & 0 \\
0 & 0 & 1 & 0 & 0 & 0 \\
0 & 0 & 0 & 0 & 0 & 1 \\
0 & 0 & 0 & 0 & 0 & 0
\end{pmatrix}
\right) \;\star
$$

$$
\left(
\begin{pmatrix}
0 & 0 & 0 & 0 & 0 & 0 \\
1 & 0 & 1 & 0 & 0 & 0 \\
0 & 1 & 0 & 1 & 0 & 0 \\
0 & 0 & 0 & 0 & 1 & 0 \\
0 & 0 & 0 & 0 & 0 & 1
\end{pmatrix}
+
\begin{pmatrix}
1 & 1 & 0 & 0 & 0 & 0 \\
0 & 0 & 0 & 1 & 1 & 0 \\
0 & 0 & 1 & 0 & 0 & 0 \\
0 & 0 & 0 & 0 & 0 & 1 \\
0 & 0 & 0 & 0 & 0 & 0
\end{pmatrix}
\right)^T
$$

$$
=
\begin{pmatrix}
2 & 1 & 1 & 0 & 0 \\
1 & 4 & 2 & 1 & 0 \\
1 & 2 & 3 & 0 & 0 \\
0 & 1 & 0 & 2 & 1 \\
0 & 0 & 0 & 1 & 1
\end{pmatrix}
=
$$

$$\left(\begin{pmatrix} 0 & 1 & 1 & 0 & 0 \\ 0 & 0 & 1 & 1 & 0 \\ 0 & 1 & 0 & 0 & 0 \\ 0 & 0 & 0 & 0 & 1 \\ 0 & 0 & 0 & 0 & 0 \end{pmatrix} + \begin{pmatrix} 0 & 1 & 1 & 0 & 0 \\ 0 & 0 & 1 & 1 & 0 \\ 0 & 1 & 0 & 0 & 0 \\ 0 & 0 & 0 & 0 & 1 \\ 0 & 0 & 0 & 0 & 0 \end{pmatrix}^T \right) +$$

$$\left(\begin{pmatrix} 2 & 0 & 0 & 0 & 0 \\ 0 & 2 & 0 & 0 & 0 \\ 0 & 0 & 1 & 0 & 0 \\ 0 & 0 & 0 & 1 & 0 \\ 0 & 0 & 0 & 0 & 0 \end{pmatrix} + \begin{pmatrix} 0 & 0 & 0 & 0 & 0 \\ 0 & 2 & 0 & 0 & 0 \\ 0 & 0 & 2 & 0 & 0 \\ 0 & 0 & 0 & 1 & 0 \\ 0 & 0 & 0 & 0 & 1 \end{pmatrix}\right) = \begin{pmatrix} 2 & 1 & 1 & 0 & 0 \\ 1 & 4 & 2 & 1 & 0 \\ 1 & 2 & 3 & 0 & 0 \\ 0 & 1 & 0 & 2 & 1 \\ 0 & 0 & 0 & 1 & 1 \end{pmatrix}.$$

2.4   Berechnung unbekannter Matrizen **A, I, G**

2.4.1   Vorbemerkungen

Sehr häufig kommt es vor, dass von den drei Matrizen **A**, **I** und **G** zur Beschreibung eines Graphen nur eine oder zwei zahlenmäßig vorliegen. In diesem Fall können in der Regel die übrigen Matrizen aus den vorhandenen bestimmt werden.

In diesem Abschnitt sollen für solche Fälle, in denen ein oder zwei der Matrizen **A**, **I** und **G** gegeben sind, die Methoden beschrieben werden, mit denen man die übrigen Matrizen bestimmen kann. Die Vorgehensweise wird für den Fall ungerichteter Graphen beschrieben. Der Index c zeigt an, dass es sich um eine berechnete Matrix handelt.

2.4.2   Fall 1a: **A** gegeben $\Rightarrow$ **I**

Vorgehensweise: Der obere diagonale Teil der Adjazenzmatrix **A** wird verwendet, um jedem Eintrag eine oder mehrere Kanten zuzuordnen.

$$\mathbf{A} = \begin{pmatrix} 0 & 1 & 1 & 0 & 0 \\ 1 & 0 & 2 & 1 & 0 \\ 1 & 2 & 0 & 0 & 0 \\ 0 & 1 & 0 & 0 & 1 \\ 0 & 0 & 0 & 1 & 0 \end{pmatrix}$$

$$\Rightarrow \mathbf{I}_c = \begin{pmatrix} 1 & 1 & 0 & 0 & 0 & 0 \\ 1 & 0 & 1 & 1 & 1 & 0 \\ 0 & 1 & 1 & 1 & 0 & 0 \\ 0 & 0 & 0 & 0 & 1 & 1 \\ 0 & 0 & 0 & 0 & 0 & 1 \end{pmatrix}$$

Wir erinnern uns, dass die Nummerierung der Kanten willkürlich gewählt werden kann. Deswegen ist die Darstellung der Inzidenzmatrix nicht eindeutig (s. Gl. 2.2).

2.4.3   Fall 1b: **A** gegeben $\Rightarrow$ **G**

Vorgehensweise: Die Summe der Elemente der Zeilen der Adjazenzmatrix **A** ergeben die Diagonalelemente der Gradmatrix **G**.

$$\mathbf{A} = \begin{pmatrix} 0 & 1 & 1 & 0 & 0 \\ 1 & 0 & 2 & 1 & 0 \\ 1 & 2 & 0 & 0 & 0 \\ 0 & 1 & 0 & 0 & 1 \\ 0 & 0 & 0 & 1 & 0 \end{pmatrix}$$

$$\Longrightarrow \mathbf{G}_C = \begin{pmatrix} 2 & 0 & 0 & 0 & 0 \\ 0 & 4 & 0 & 0 & 0 \\ 0 & 0 & 3 & 0 & 0 \\ 0 & 0 & 0 & 2 & 0 \\ 0 & 0 & 0 & 0 & 1 \end{pmatrix}$$

2.4.4   Fall 2a: **I** gegeben $\Rightarrow$ **A**

Vorgehensweise: Man verwendet das zu Fall 1a inverse Vorgehen.

$$\mathbf{I} = \begin{pmatrix} 1 & 1 & 0 & 0 & 0 & 0 \\ 1 & 0 & 1 & 1 & 1 & 0 \\ 0 & 1 & 1 & 1 & 0 & 0 \\ 0 & 0 & 0 & 0 & 1 & 1 \\ 0 & 0 & 0 & 0 & 0 & 1 \end{pmatrix}$$

$$\Longrightarrow \mathbf{A}_C = \begin{pmatrix} 0 & 1 & 1 & 0 & 0 \\ 1 & 0 & 2 & 1 & 0 \\ 1 & 2 & 0 & 0 & 0 \\ 0 & 1 & 0 & 0 & 1 \\ 0 & 0 & 0 & 1 & 0 \end{pmatrix}$$

2.4.5   Fall 2b: **I** gegeben $\Rightarrow$ **G**

Vorgehensweise: Die Summe der Elemente der Zeilen der Inzidenzmatrix **I** ergeben die Diagonalelemente der Gradmatrix.

$$I = \begin{pmatrix} 1 & 1 & 0 & 0 & 0 & 0 \\ 1 & 0 & 1 & 1 & 1 & 0 \\ 0 & 1 & 1 & 1 & 0 & 0 \\ 0 & 0 & 0 & 0 & 1 & 1 \\ 0 & 0 & 0 & 0 & 0 & 1 \end{pmatrix}$$

$$\Rightarrow G_c = \begin{pmatrix} 2 & 0 & 0 & 0 & 0 \\ 0 & 4 & 0 & 0 & 0 \\ 0 & 0 & 3 & 0 & 0 \\ 0 & 0 & 0 & 2 & 0 \\ 0 & 0 & 0 & 0 & 1 \end{pmatrix}$$

2.4.6   Fall 3: **A** und **I** gegeben $\Rightarrow$ **G**

Vorgehensweise: Aus der Beziehung $I \cdot I^T = A + G$ (Gl. 2.3) folgt $G = I \cdot I^T - A$. Natürlich kann auch einfach wie im Fall 2b vorgegangen werden.

$$A = \begin{pmatrix} 0 & 1 & 1 & 0 & 0 \\ 1 & 0 & 2 & 1 & 0 \\ 1 & 2 & 0 & 0 & 0 \\ 0 & 1 & 0 & 0 & 1 \\ 0 & 0 & 0 & 1 & 0 \end{pmatrix}$$

$$I = \begin{pmatrix} 1 & 1 & 0 & 0 & 0 & 0 \\ 1 & 0 & 1 & 1 & 1 & 0 \\ 0 & 1 & 1 & 1 & 0 & 0 \\ 0 & 0 & 0 & 0 & 1 & 1 \\ 0 & 0 & 0 & 0 & 0 & 1 \end{pmatrix}$$

$$\Rightarrow G_c = \begin{pmatrix} 2 & 0 & 0 & 0 & 0 \\ 0 & 4 & 0 & 0 & 0 \\ 0 & 0 & 3 & 0 & 0 \\ 0 & 0 & 0 & 2 & 0 \\ 0 & 0 & 0 & 0 & 1 \end{pmatrix}$$

2.4.7   Fall 4: $\mathbf{G}$ und $\mathbf{I}$ gegeben $\Rightarrow$ $\mathbf{A}$

Vorgehensweise: Aus der Beziehung $\mathbf{I} \cdot \mathbf{I}^T = \mathbf{A} + \mathbf{G}$ (Gl. 2.3) folgt $\mathbf{A} = \mathbf{I} \cdot \mathbf{I}^T - \mathbf{G}$. Natürlich kann auch einfach wie im Fall 2a vorgegangen werden.

$$
\mathbf{G} = \begin{pmatrix} 2 & 0 & 0 & 0 & 0 \\ 0 & 4 & 0 & 0 & 0 \\ 0 & 0 & 3 & 0 & 0 \\ 0 & 0 & 0 & 2 & 0 \\ 0 & 0 & 0 & 0 & 1 \end{pmatrix}
$$

$$
\mathbf{I} = \begin{pmatrix} 1 & 1 & 0 & 0 & 0 & 0 \\ 1 & 0 & 1 & 1 & 1 & 0 \\ 0 & 1 & 1 & 1 & 0 & 0 \\ 0 & 0 & 0 & 0 & 1 & 1 \\ 0 & 0 & 0 & 0 & 0 & 1 \end{pmatrix}
$$

$$
\Longrightarrow \mathbf{A}_C = \begin{pmatrix} 0 & 1 & 1 & 0 & 0 \\ 1 & 0 & 2 & 1 & 0 \\ 1 & 2 & 0 & 0 & 0 \\ 0 & 1 & 0 & 0 & 1 \\ 0 & 0 & 0 & 1 & 0 \end{pmatrix}
$$

2.4.8   Fall 5a: $\mathbf{A}$ und $\mathbf{G}$ als $\mathbf{M} = \mathbf{A} + \mathbf{G}$ gegeben $\Rightarrow$ $\mathbf{A}$, $\mathbf{G}$

Problembeschreibung: Die Matrizen $\mathbf{A}$ und $\mathbf{G}$ sind nicht separat gegeben, sondern liegen als Summe $\mathbf{M} = \mathbf{A} + \mathbf{G}$ vor.

Vorgehensweise: Die Diagonalelemente sind gerade die Elemente der Gradmatrix $\mathbf{G}$; die Nicht-Diagonalelemente entsprechen der Adjazenzmatrix $\mathbf{A}$.

$$
\mathbf{M} = \begin{pmatrix} 2 & 1 & 1 & 0 & 0 \\ 1 & 4 & 2 & 1 & 0 \\ 1 & 2 & 3 & 0 & 0 \\ 0 & 1 & 0 & 2 & 1 \\ 0 & 0 & 0 & 1 & 1 \end{pmatrix}
$$

$$
\Longrightarrow \mathbf{A}_C = \begin{pmatrix} 0 & 1 & 1 & 0 & 0 \\ 1 & 0 & 2 & 1 & 0 \\ 1 & 2 & 0 & 0 & 0 \\ 0 & 1 & 0 & 0 & 1 \\ 0 & 0 & 0 & 1 & 0 \end{pmatrix}
$$

$$\Rightarrow G_c = \begin{pmatrix} 2 & 0 & 0 & 0 & 0 \\ 0 & 4 & 0 & 0 & 0 \\ 0 & 0 & 3 & 0 & 0 \\ 0 & 0 & 0 & 2 & 0 \\ 0 & 0 & 0 & 0 & 1 \end{pmatrix}$$

2.4.9   Fall 5b: I über $M = I \cdot I^T$ gegeben $\Rightarrow I$

Problembeschreibung: Die Matrix I ist nicht separat gegeben, sondern ist Teil des Produktes $M = I \cdot I^T$.

Vorgehensweise: Die Gewinnung der Inzidenzmatrix I ist über die Lösung eines Optimierungsproblems möglich. Dies wird im Folgenden mit Hilfe des Programms *Mathematica* demonstriert:

```
A$Given = {{0, 1, 1, 0, 0}, {1, 0, 2, 1, 0},
    {1, 2, 0, 0, 0}, {0, 1, 0, 0, 1}, {0, 0, 0, 1, 0}};

G$Given = {{2, 0, 0, 0, 0}, {0, 4, 0, 0, 0},
    {0, 0, 3, 0, 0}, {0, 0, 0, 2, 0}, {0, 0, 0, 0, 1}};

M$Given = A$Given + G$Given;
```

$$M = \begin{pmatrix} 2 & 1 & 1 & 0 & 0 \\ 1 & 4 & 2 & 1 & 0 \\ 1 & 2 & 3 & 0 & 0 \\ 0 & 1 & 0 & 2 & 1 \\ 0 & 0 & 0 & 1 & 1 \end{pmatrix}$$

Wie wir aus Fall 5a wissen, ist in der Matrix M die Adjazenzmatrix A enthalten und kann bestimmt werden zu

$$A = M - M \cdot I_n.$$

Die Dimension der Matrix M ist n.

```
n = Length[M$Given];

AdjacencyMatrixCreated =
    M$Given - M$Given * IdentityMatrix[n];
```

```
MatrixForm[AdjacencyMatrixCreated]
```

$$\begin{pmatrix} 0 & 1 & 1 & 0 & 0 \\ 1 & 0 & 2 & 1 & 0 \\ 1 & 2 & 0 & 0 & 0 \\ 0 & 1 & 0 & 0 & 1 \\ 0 & 0 & 0 & 1 & 0 \end{pmatrix}$$

Von der Adjazenzmatrix **A** ist noch bekannt, dass die Summe aller Komponenten gleich 2·m (mit m = Anzahl der Kanten) sein muss. Also lässt sich m berechnen über eine Gleichung, in der die Summe aller Komponenten von **A** gleich 2·m gesetzt wird. Die Auflösung nach m ergibt dann das folgende Resultat.

```
m$Sol =
  Solve[Plus @@ Flatten[AdjacencyMatrixCreated] == 2 * m,
    m] // Flatten
```

$\{m \rightarrow 6\}$

Die Inzidenzmatrix $I_{n \times m}$ ist also eine Matrix mit n Zeilen und m Spalten. Nun können wir ein Gleichungssystem aufstellen für die Komponenten der Inzidenzmatrix gemäß

```
I$Calculated = Table[i[k, 1], {k, 1, n},
  {1, 1, m /. m$Sol}];
```

```
MatrixForm[I$Calculated, TableHeadings → Automatic]
```

	1	2	3	4	5	6
1	i[1, 1]	i[1, 2]	i[1, 3]	i[1, 4]	i[1, 5]	i[1, 6]
2	i[2, 1]	i[2, 2]	i[2, 3]	i[2, 4]	i[2, 5]	i[2, 6]
3	i[3, 1]	i[3, 2]	i[3, 3]	i[3, 4]	i[3, 5]	i[3, 6]
4	i[4, 1]	i[4, 2]	i[4, 3]	i[4, 4]	i[4, 5]	i[4, 6]
5	i[5, 1]	i[5, 2]	i[5, 3]	i[5, 4]	i[5, 5]	i[5, 6]

Wir berechnen nun symbolisch das Produkt $I \cdot I^T$ und dokumentieren die Struktur einiger Komponenten genauer:

```
PI = I$Calculated.Transpose[I$Calculated];
```

```
PI[[1, 1]]
```

$$i[1, 1]^2 + i[1, 2]^2 + i[1, 3]^2 +$$
$$i[1, 4]^2 + i[1, 5]^2 + i[1, 6]^2$$

```
PI[[1, 2]]
```

$$i[1, 1]\,i[2, 1] + i[1, 2]\,i[2, 2] + i[1, 3]\,i[2, 3] +$$
$$i[1, 4]\,i[2, 4] + i[1, 5]\,i[2, 5] + i[1, 6]\,i[2, 6]$$

Mit Hilfe dieses Produktes können wir jetzt ein Gleichungssystem für die Matrixelemente aufstellen und verwenden dabei die Identität $I \cdot I^T - \mathbf{M} = 0$

```
SystemOfEquations =
  MapThread[ (#1 - #2)² &,
    {Flatten[I$Calculated.Transpose[I$Calculated]],
     Flatten[M$Given]}];
```

Da die zu bestimmenden Komponenten der Inzidenzmatrix **I** nur die Werte 0 oder 1 annehmen können, sind diese Nebenbedingungen zu berücksichtigen. Ausgeschrieben lauten sie

```
Map[0 ≤ # ≤ 1 &, Flatten[I$Calculated]]
```

$\{0 \le i[1, 1] \le 1,\ 0 \le i[1, 2] \le 1,\ 0 \le i[1, 3] \le 1,$
$\quad 0 \le i[1, 4] \le 1,\ 0 \le i[1, 5] \le 1,\ 0 \le i[1, 6] \le 1,$
$\quad 0 \le i[2, 1] \le 1,\ 0 \le i[2, 2] \le 1,\ 0 \le i[2, 3] \le 1,$
$\quad 0 \le i[2, 4] \le 1,\ 0 \le i[2, 5] \le 1,\ 0 \le i[2, 6] \le 1,$
$\quad 0 \le i[3, 1] \le 1,\ 0 \le i[3, 2] \le 1,\ 0 \le i[3, 3] \le 1,$
$\quad 0 \le i[3, 4] \le 1,\ 0 \le i[3, 5] \le 1,\ 0 \le i[3, 6] \le 1,$
$\quad 0 \le i[4, 1] \le 1,\ 0 \le i[4, 2] \le 1,\ 0 \le i[4, 3] \le 1,$
$\quad 0 \le i[4, 4] \le 1,\ 0 \le i[4, 5] \le 1,\ 0 \le i[4, 6] \le 1,$
$\quad 0 \le i[5, 1] \le 1,\ 0 \le i[5, 2] \le 1,\ 0 \le i[5, 3] \le 1,$
$\quad 0 \le i[5, 4] \le 1,\ 0 \le i[5, 5] \le 1,\ 0 \le i[5, 6] \le 1\}$

sowie

```
Flatten[I$Calculated] ∈ Integers
```

```
(i[1, 1] | i[1, 2] | i[1, 3] | i[1, 4] | i[1, 5] | i[1, 6] |
    i[2, 1] | i[2, 2] | i[2, 3] | i[2, 4] | i[2, 5] |
    i[2, 6] | i[3, 1] | i[3, 2] | i[3, 3] | i[3, 4] |
    i[3, 5] | i[3, 6] | i[4, 1] | i[4, 2] | i[4, 3] |
    i[4, 4] | i[4, 5] | i[4, 6] | i[5, 1] | i[5, 2] |
    i[5, 3] | i[5, 4] | i[5, 5] | i[5, 6]) ∈ Integers
```

Alles zusammengefügt führt dann zu der Verwendung des *Mathematica*-Befehls *NMinimize*, um das nichtlineare Gleichungssytem zu lösen. Der Funktionsaufruf erfolgt gemäß:

```
Off[NMinimize::cvmit]

I$Calculated$Sol =
    NMinimize[{Plus @@ SystemOfEquations,
        And @@ Map[0 ≤ # ≤ 1 &, Flatten[I$Calculated]] &&
        Flatten[I$Calculated] ∈ Integers},
    Flatten[I$Calculated]];
```

```
MatrixForm[I$Calculated$Sol[[2]],
  TableHeadings → Automatic]
```

$$
\begin{pmatrix}
1 & i[1, 1] \to 1 \\
2 & i[1, 2] \to 0 \\
3 & i[1, 3] \to 1 \\
4 & i[1, 4] \to 0 \\
5 & i[1, 5] \to 0 \\
6 & i[1, 6] \to 0 \\
7 & i[2, 1] \to 0 \\
8 & i[2, 2] \to 1 \\
9 & i[2, 3] \to 1 \\
10 & i[2, 4] \to 1 \\
11 & i[2, 5] \to 0 \\
12 & i[2, 6] \to 1 \\
13 & i[3, 1] \to 1 \\
14 & i[3, 2] \to 1 \\
15 & i[3, 3] \to 0 \\
16 & i[3, 4] \to 0 \\
17 & i[3, 5] \to 0 \\
18 & i[3, 6] \to 1 \\
19 & i[4, 1] \to 0 \\
20 & i[4, 2] \to 0 \\
21 & i[4, 3] \to 0 \\
22 & i[4, 4] \to 1 \\
23 & i[4, 5] \to 1 \\
24 & i[4, 6] \to 0 \\
25 & i[5, 1] \to 0 \\
26 & i[5, 2] \to 0 \\
27 & i[5, 3] \to 0 \\
28 & i[5, 4] \to 0 \\
29 & i[5, 5] \to 1 \\
30 & i[5, 6] \to 0
\end{pmatrix}
$$

Die so bestimmte Inzidenzmatrix **I** lautet

```
MatrixForm[I$Calculated /. I$Calculated$Sol[[2]],
   TableHeadings → Automatic]
```

$$
\begin{pmatrix}
 & 1 & 2 & 3 & 4 & 5 & 6 \\
\hline
1 & 1 & 0 & 1 & 0 & 0 & 0 \\
2 & 0 & 1 & 1 & 1 & 0 & 1 \\
3 & 1 & 1 & 0 & 0 & 0 & 1 \\
4 & 0 & 0 & 0 & 1 & 1 & 0 \\
5 & 0 & 0 & 0 & 0 & 1 & 0
\end{pmatrix}
$$

Wir testen die berechnete Inzidenzmatrix auf Gleichheit mit der uns bekannten Inzidenzmatrix I_1 (s. Abschn. 2.2.4)

$$
\begin{pmatrix}
 & 1 & 2 & 3 & 4 & 5 & 6 \\
\hline
1 & 1 & 1 & 0 & 0 & 0 & 0 \\
2 & 1 & 0 & 1 & 1 & 1 & 0 \\
3 & 0 & 1 & 1 & 1 & 0 & 0 \\
4 & 0 & 0 & 0 & 0 & 1 & 1 \\
5 & 0 & 0 & 0 & 0 & 0 & 1
\end{pmatrix}
$$

mittels

```
MyIncidenceMatrixFormulierung01 ==
   (I$Calculated /. I$Calculated$Sol[[2]])

False
```

Der Test auf Gleichheit schlägt fehl. Das bedeutet, dass die beiden Inzidenzmatrizen nicht identisch sind, da bei Umnummerierung der Kanten (dies geschieht implizit durch die Optimierung!) eine andere Inzidenzmatrix resultiert. Jedoch sollte das Produkt $I \cdot I^T$ für die berechnete Inzidenzmatrix gleich der vorgegebenen Matrix **M** sein!

Wir weisen dies nach über

```
MatrixForm[I$Calculated.Transpose[I$Calculated] /.
   I$Calculated$Sol[[2]], TableHeadings → Automatic]
```

$$
\begin{pmatrix}
  & 1 & 2 & 3 & 4 & 5 \\
\hline
1 & 2 & 1 & 1 & 0 & 0 \\
2 & 1 & 4 & 2 & 1 & 0 \\
3 & 1 & 2 & 3 & 0 & 0 \\
4 & 0 & 1 & 0 & 2 & 1 \\
5 & 0 & 0 & 0 & 1 & 1
\end{pmatrix}
$$

```
M$Given ==
  (I$Calculated.Transpose[I$Calculated] /.
    I$Calculated$Sol[[2]])
```

```
True
```

Damit haben wir gezeigt, dass wir eine korrekte Inzidenzmatrix bestimmt haben.

2.5   Literatur

Einführende Literatur

Nitzsche, Manfred, Graphen für Einsteiger, 2. korr. Aufl., Vieweg Verlag, Wiesbaden, 2005

Tittmann, Peter, Graphentheorie – Eine anwendungsorientierte Einführung, 2. akt. Aufl., Hanser Verlag, Leipzig, 2011

Weiterführende Literatur

Bodendiek, Rainer und Rainer Lang, Lehrbuch der Graphentheorie, Bd. I und II, Spektrum Akademischer Verlag, Heidelberg, 1995

Bornholdt, Stefan und Heinz Georg Schuster (Hrsg.), Handbook of Graphs and Networks – From the Genome to the Internet, Wiley-VHC, 2003

Cvetkovic, Dragos, Peter Rowlinson und Slobodan Simic, Eigenspaces of Graphs, Cambridge University Press, 1997

Pemmaraju, Sriram und Steven Skienna, Computational Discrete Mathematics – Combinatorics and Graph Theory with *Mathematica*, Cambridge University Press, 2003

Turau, Volker, Algorithmische Graphentheorie, 3. Aufl., Oldenbourg Verlag, München, 2009

3   Regelkreise und Erreichbarkeit von Knoten

3.1   Vorbemerkungen

Das Problem der Bestimmung von Regelkreisen in einem Graphen ist mathematisch die Bestimmung so genannter Hamiltonkreise für einen Graphen mit n Knoten. Das Auffinden eines Hamiltonkreises ist *NP-schwer* – d.h., dass (bisher) kein Algorithmus existiert, der diese Aufgabe in einer Zeit proportional zur Ordnung des Problems bewältigen könnte (Turau, S. 326ff). Die Informationen, die man aber im Kontext der komplexen Systeme gewinnen möchte, sind noch schwieriger zu berechnen, da man auch für alle Subgraphen eines gegebenen Graphen alle Regelkreise finden möchte. Dies ist aufgrund der Komplexität der Algorithmen für einen gegebenen Graphen mit n Knoten nicht immer möglich (Cormen, 2009, S. 1061ff), insbesondere dann nicht, wenn n groß ist und/oder die Anzahl der Kanten groß ist.

Warum ist man bei der Analyse eines komplexen Systems an der Bestimmung von Hamiltonkreisen interessiert?

Hat man erst einmal alle geschlossenen Regelkreise gefunden, steht der Verknüpfung mit den Informationen in der Einfluss- und Zeitverzögerungsmatrix nichts mehr im Wege. Denn dann kann jede Kante in einem geschlossenen Hamiltonkreis sowohl mit der Richtung und Stärke der Verbindung als auch mit der Zeitverzögerung assoziiert werden und liefert damit wertvolle Hinweise auf die übergeordneten Eigenschaften des Regelkreises (s. Kap. 4).

3.2   Regelkreise

An einem einfachen Beispielgraphen (Abb. 3.1) wird nun gezeigt, wie man die Hamiltonkreise bestimmen kann. Wir werden das Vorgehen anschaulich an einem kompletten Graphen einschließlich der Verbindungen der Knoten zu sich selbst darstellen. Dabei wird die Vorgehensweise nur skizziert; die Details werden in einem Artikel in der Zeitschrift *The Mathematica Journal* veröffentlicht werden.

Die Informationen über die Anzahl der möglichen Verbindungen zwischen den Knoten mit einer vorgegebenen Zahl von Kanten liefern die Potenzen der Adjazenzmatrix (s. Kap. 2.2.3). Die zu dem Graphen in Abbildung 3.1 gehörende Adjazenzmatrix **A** lautet:

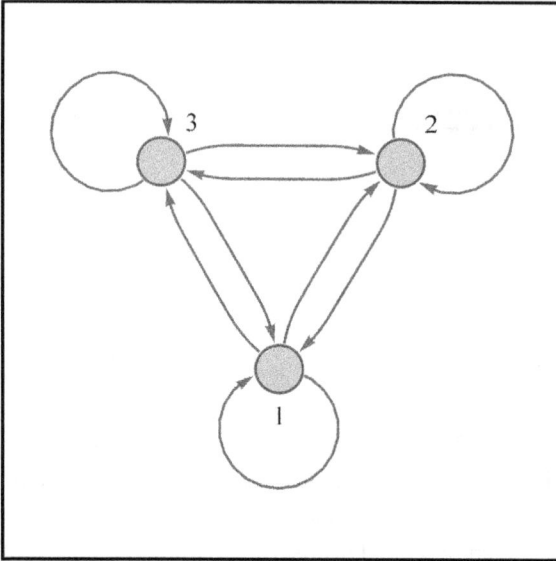

Abb. 3.1:   Graph mit n = 3 Knoten und $n^2 = 9$ Kanten.

$$A = \begin{pmatrix} 1 & 1 & 1 \\ 1 & 1 & 1 \\ 1 & 1 & 1 \end{pmatrix}.$$

Zuerst berechnen wir die zweite und dritte Potenz von **A**:

$$A^2 = \begin{pmatrix} 3 & 3 & 3 \\ 3 & 3 & 3 \\ 3 & 3 & 3 \end{pmatrix}$$

$$A^3 = \begin{pmatrix} 9 & 9 & 9 \\ 9 & 9 & 9 \\ 9 & 9 & 9 \end{pmatrix}$$

Die Komponenten a_{ij}^p zeigen allgemein die Anzahl von verschiedenen Wegen zwischen den Knoten i und j über p Kanten. Da wir uns in diesem Abschnitt nur für geschlossene Wege – die Hamiltonkreise – interessieren, brauchen wir nur die Diagonalelemente der

Potenzen von A zu betrachten. Sie beschreiben die Verbindungen von einem Knoten zu sich selbst. Man hat es also in solch einem Fall mit einer geschlossenen Kantenfolge zu tun. Die allgemeinen Verbindungen zwischen beliebigen Knoten werden im nächsten Abschnitt behandelt.

Um deutlich zu machen, dass die Informationen über die Hamiltonkreise bereits in der Abfolge der Indizes enthalten sind, definieren wir eine zum obigen Graphen gehörende symbolische Adjazenzmatrix mit den Komponenten $\mathtt{a1}_{ij}$.

$$A_1 = \begin{pmatrix} \mathtt{a1}_{1,1} & \mathtt{a1}_{1,2} & \mathtt{a1}_{1,3} \\ \mathtt{a1}_{2,1} & \mathtt{a1}_{2,2} & \mathtt{a1}_{2,3} \\ \mathtt{a1}_{3,1} & \mathtt{a1}_{3,2} & \mathtt{a1}_{3,3} \end{pmatrix}$$

Da wir die Komponenten in der zweiten Potenz der Matrix **A** bzgl. ihrer Zusammensetzung genauer analysieren wollen, definieren wir eine zweite Matrix und multiplizieren beide Matrizen symbolisch.

$$A_2 = \begin{pmatrix} \mathtt{a2}_{1,1} & \mathtt{a2}_{1,2} & \mathtt{a2}_{1,3} \\ \mathtt{a2}_{2,1} & \mathtt{a2}_{2,2} & \mathtt{a2}_{2,3} \\ \mathtt{a2}_{3,1} & \mathtt{a2}_{3,2} & \mathtt{a2}_{3,3} \end{pmatrix}$$

In den Komponenten von $A_1 \cdot A_2$ lassen sich nun alle Wege über zwei Kanten, die in diesem Graph möglich sind, ablesen. Die uns interessierenden geschlossenen Hamiltonkreise sind in den Diagonalelementen $\mathtt{a}^2_{ii}$ des Matrixproduktes $A_1 \cdot A_2$ zu finden. Diese sind in der folgenden Auflistung der Wege eingerahmt.

$$a^2_{11} = \mathtt{a1}_{1,1}\,\mathtt{a2}_{1,1} + \boxed{\mathtt{a1}_{1,2}\,\mathtt{a2}_{2,1}} + \boxed{\mathtt{a1}_{1,3}\,\mathtt{a2}_{3,1}} \tag{3.1}$$

$$a^2_{22} = \boxed{\mathtt{a1}_{2,1}\,\mathtt{a2}_{1,2}} + \mathtt{a1}_{2,2}\,\mathtt{a2}_{2,2} + \boxed{\mathtt{a1}_{2,3}\,\mathtt{a2}_{3,2}} \tag{3.2}$$

$$a^2_{33} = \boxed{\mathtt{a1}_{3,1}\,\mathtt{a2}_{1,3}} + \boxed{\mathtt{a1}_{3,2}\,\mathtt{a2}_{2,3}} + \mathtt{a1}_{3,3}\,\mathtt{a2}_{3,3} \tag{3.3}$$

Beispielsweise bescheibt der Summand $\mathtt{a1}_{1,2}\,\mathtt{a2}_{2,1}$ in a^2_{11} einen Weg, der von Knoten eins zu Knoten zwei und wieder zurück zu Knoten eins führt und somit geschlossen ist. Zudem bemerken wir, dass die verschiedenen Komponenten zwar formal gemäß der Reihenfolge der Indizes verschiedene geschlossene Kantenfolgen zeigen, aber doch die gleiche Kantenfolge beschreiben. Die folgende Abbildung 3.2 zeigt nochmals alle in diesem Graphen vorhandenen geschlossenen Kreise der Länge zwei.

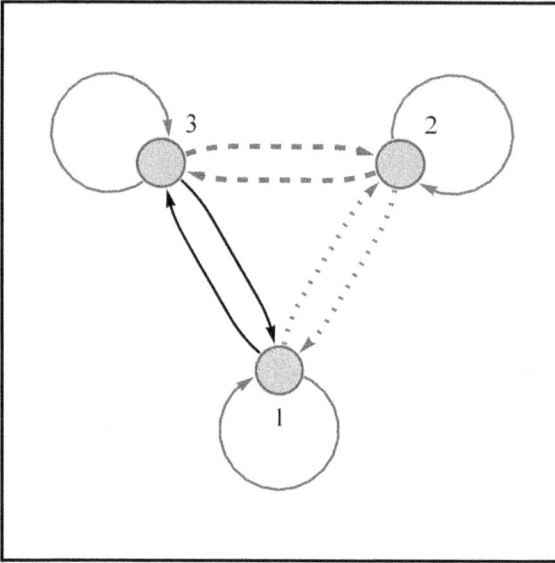

Abb. 3.2:   Graph mit drei geschlossenen Kreisen der Länge zwei ($1 \to 2 \to 1$ ·····, $1 \to 3 \to 1$ ——, $2 \to 3 \to 2$ -----).

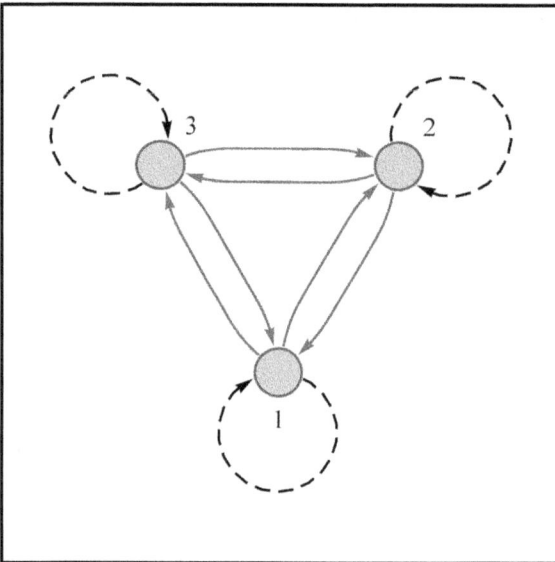

Abb. 3.3:   Graph mit drei Schleifen ($1 \to 1$, $2 \to 2$, $3 \to 3$).

Man sieht auch, dass die Kanten, die von den Knoten eins, zwei und drei ausgehen und am selben Knoten enden (also die Schleifen des Graphen), formal auch als Hamiltonkreis gesehen werden können. Sie sind gerade die Hauptdiagonalelemente der Adjazenzmatrix (s. Abb. 3.3).

Die Diagonalelemente der dritten Potenz der Adjazenzmatrix $A_1 \cdot A_2 \cdot A_3$ berechnen sich mit der Matrix

$$A_3 = \begin{pmatrix} a3_{1,1} & a3_{1,2} & a3_{1,3} \\ a3_{2,1} & a3_{2,2} & a3_{2,3} \\ a3_{3,1} & a3_{3,2} & a3_{3,3} \end{pmatrix}$$

zu

$$a_{11}^3 = a1_{1,1}\,a2_{1,1}\,a3_{1,1} + a1_{1,2}\,a2_{2,1}\,a3_{1,1} + a1_{1,3}\,a2_{3,1}\,a3_{1,1} +$$
$$a1_{1,1}\,a2_{1,2}\,a3_{2,1} + a1_{1,2}\,a2_{2,2}\,a3_{2,1} + \boxed{a1_{1,3}\,a2_{3,2}\,a3_{2,1}} + \tag{3.4}$$
$$a1_{1,1}\,a2_{1,3}\,a3_{3,1} + \boxed{a1_{1,2}\,a2_{2,3}\,a3_{3,1}} + a1_{1,3}\,a2_{3,3}\,a3_{3,1}$$

$$a_{22}^3 = a1_{2,1}\,a2_{1,1}\,a3_{1,2} + a1_{2,2}\,a2_{2,1}\,a3_{1,2} + \boxed{a1_{2,3}\,a2_{3,1}\,a3_{1,2}} +$$
$$a1_{2,1}\,a2_{1,2}\,a3_{2,2} + a1_{2,2}\,a2_{2,2}\,a3_{2,2} + a1_{2,3}\,a2_{3,2}\,a3_{2,2} + \tag{3.5}$$
$$\boxed{a1_{2,1}\,a2_{1,3}\,a3_{3,2}} + a1_{2,2}\,a2_{2,3}\,a3_{3,2} + a1_{2,3}\,a2_{3,3}\,a3_{3,2}$$

$$a_{33}^3 = a1_{3,1}\,a2_{1,1}\,a3_{1,3} + \boxed{a1_{3,2}\,a2_{2,1}\,a3_{1,3}} + a1_{3,3}\,a2_{3,1}\,a3_{1,3} +$$
$$\boxed{a1_{3,1}\,a2_{1,2}\,a3_{2,3}} + a1_{3,2}\,a2_{2,2}\,a3_{2,3} + a1_{3,3}\,a2_{3,2}\,a3_{2,3} + \tag{3.6}$$
$$a1_{3,1}\,a2_{1,3}\,a3_{3,3} + a1_{3,2}\,a2_{2,3}\,a3_{3,3} + a1_{3,3}\,a2_{3,3}\,a3_{3,3}.$$

In der Abbildung 3.4 sind alle Hamiltonkreise über drei Kanten abgebildet. Es gibt also genau zwei Kreise mit jeweils drei beteiligten Kanten.

In komplexeren Graphen ist es nicht mehr möglich, die Hamiltonkreise visuell zu bestimmen. Verwenden wir nun direkt eine Funktion, die die Hamiltonkreise generiert, so erhält man sofort alle geschlossenen Verbindungen beginnend mit der Länge eins (dies sind gerade die Schleifen) bis zur maximalen Länge, die der Anzahl der Knoten entspricht (s. Abb. 3.2–3.4).

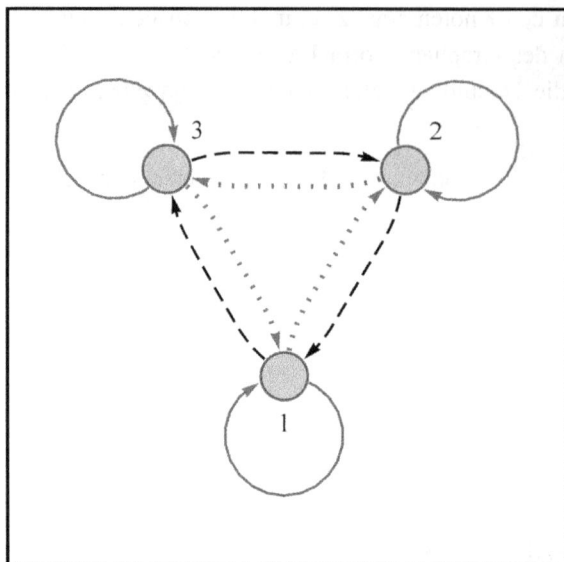

Abb. 3.4:   Graph mit zwei geschlossenen Kreisen der Länge drei (1 → 2 → 3 → 1 ⋯⋯, 1 → 3 → 2 → 1 -----).

Tab. 3.1:   Alle Hamiltonkreise (Schleifen werden hier formal als Kreise der Länge eins gezählt) für den Graphen
                aus Abb. 3.1.

$$
\begin{pmatrix}
1 & \{1,\ 1\} \\
2 & \{2,\ 2\} \\
3 & \{3,\ 3\} \\
4 & \{1,\ 2,\ 1\} \\
5 & \{1,\ 3,\ 1\} \\
6 & \{2,\ 3,\ 2\} \\
7 & \{1,\ 2,\ 3,\ 1\} \\
8 & \{1,\ 3,\ 2,\ 1\}
\end{pmatrix}
$$

Insgesamt erhält man acht Hamiltonkreise für den in Abb. 3.1 gegebenen Graphen. Formal wollen wir hier auch die Schleifen als Hamiltonkreise auffassen. Damit hat man formal die Hamiltonkreise nicht nur für den ganzen Graphen bestimmt, sondern auch für alle möglichen Untermengen von Knoten, die Subgraphen bilden.

Abschließend wollen wir uns noch einen Überblick verschaffen, wie die Anzahl der Hamiltonkreise von der Ordnung n des Graphen abhängt. Deshalb vergleichen wir die oben erhaltenen Resultate mit kompletten Graphen der Ordnungen $n = 2$ (Abb. 3.5, Tab. 3.2) und $n = 4$ (Abb. 3.6, Tab. 3.3).

Im Fall des Graphen mit $n = 2$ Knoten ist sofort durch Betrachten des Graphen ersichtlich, dass es die folgenden geschlossene Hamiltonkreise gibt:

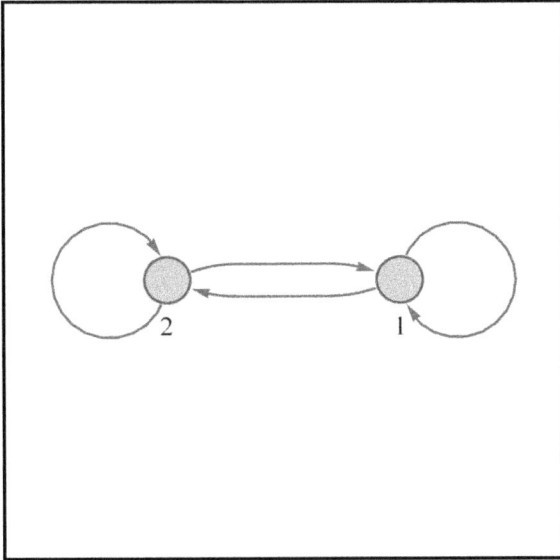

Abb. 3.5:   Graph mit zwei Knoten und vier Kanten.

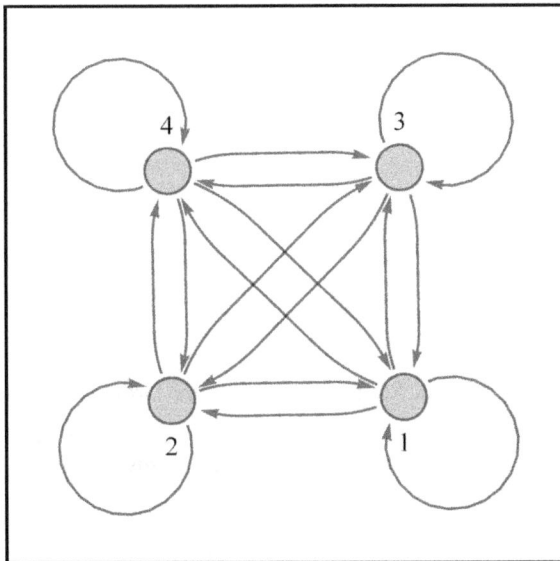

Abb. 3.6:   Graph mit vier Knoten und 16 Kanten.

Tab. 3.2:   Alle Hamiltonkreise für den Graphen in Abb. 3.5 mit zwei Knoten.

$$\begin{pmatrix} 1 & | & \{1, \ 1\} \\ 2 & | & \{2, \ 2\} \\ 3 & | & \{1, \ 2, \ 1\} \end{pmatrix}$$

Bei einem Graphen mit n = 4 Knoten ist es schon nicht mehr so leicht, allein durch das Betrachten des Graphen eine vollständige Liste der Hamiltonkreise zu gewinnen. Tabelle 3.3 zeigt für diesen Fall die Resultate.

Tab. 3.3:   Alle Hamiltonkreise für den Graphen in Abb. 3.6 mit vier Knoten.

$$
\begin{pmatrix}
1 & \{1,\ 1\} \\
2 & \{2,\ 2\} \\
3 & \{3,\ 3\} \\
4 & \{4,\ 4\} \\
5 & \{1,\ 2,\ 1\} \\
6 & \{1,\ 3,\ 1\} \\
7 & \{1,\ 4,\ 1\} \\
8 & \{2,\ 3,\ 2\} \\
9 & \{2,\ 4,\ 2\} \\
10 & \{3,\ 4,\ 3\} \\
11 & \{1,\ 2,\ 3,\ 1\} \\
12 & \{1,\ 2,\ 4,\ 1\} \\
13 & \{1,\ 3,\ 2,\ 1\} \\
14 & \{1,\ 3,\ 4,\ 1\} \\
15 & \{1,\ 4,\ 2,\ 1\} \\
16 & \{1,\ 4,\ 3,\ 1\} \\
17 & \{2,\ 3,\ 4,\ 2\} \\
18 & \{2,\ 4,\ 3,\ 2\} \\
19 & \{1,\ 2,\ 3,\ 4,\ 1\} \\
20 & \{1,\ 2,\ 4,\ 3,\ 1\} \\
21 & \{1,\ 3,\ 2,\ 4,\ 1\} \\
22 & \{1,\ 3,\ 4,\ 2,\ 1\} \\
23 & \{1,\ 4,\ 2,\ 3,\ 1\} \\
24 & \{1,\ 4,\ 3,\ 2,\ 1\}
\end{pmatrix}
$$

Wir sehen, dass die Anzahl der Hamiltonkreise bei nur kleiner Änderung der Ordnung n des Graphen von zwei auf vier stark ansteigt. Ebenso verhält es sich mit der Zahl der sonstigen Wege in solchen Graphen. Dieser Frage wollen wir uns im nächsten Abschnitt zuwenden.

3.3   Erreichbarkeit von Knoten

Wir haben in Kapitel 2.2.3 gesehen, dass die Potenzen der Adjazenzmatrix auch auf den Nebendiagonalelementen von Null verschiedene Werte besitzen. Dabei zeigt die (i, j)-te Komponente a_{ij}^{p} der p-ten Potenz der Matrix **A** die Anzahl von Wegen der Länge p vom Knoten i zum Knoten j.

Diese Eigenschaft wollen wir uns wieder an dem Beispielgraphen mit n = 3 Knoten (s. Abb. 3.1) aus dem vorigen Abschnitt klarmachen. Neben den drei Komponenten auf den Hauptdiagonalelementen entsprechend der Gleichungen 3.1–3.3 betrachten wir nun die sechs Nebendiagonalelemente zeilenweise:

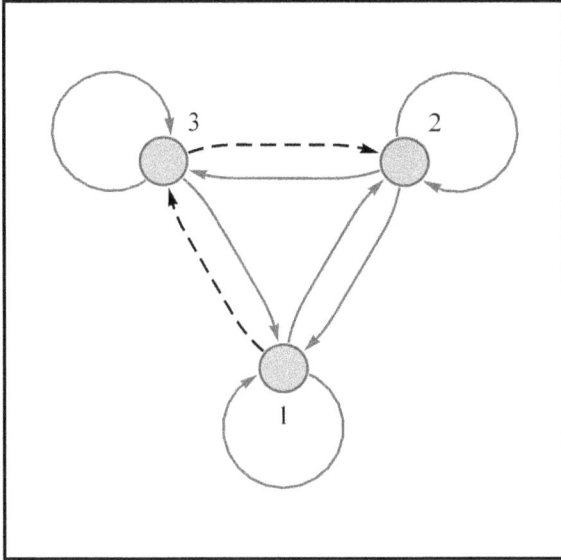

Abb. 3.7:   Graph, bei dem der Knoten zwei vom Knoten eins über den Knoten drei erreicht werden kann mit der Kantenfolge $1 \rightarrow 3 \rightarrow 2$.

$$a_{12}^2 = a1_{1,1} \, a2_{1,2} + a1_{1,2} \, a2_{2,2} + \boxed{a1_{1,3} \, a2_{3,2}} \tag{3.7}$$

$$a_{13}^2 = a1_{1,1} \, a2_{1,3} + \boxed{a1_{1,2} \, a2_{2,3}} + a1_{1,3} \, a2_{3,3} \tag{3.8}$$

$$a_{21}^2 = a1_{2,1} \, a2_{1,1} + a1_{2,2} \, a2_{2,1} + \boxed{a1_{2,3} \, a2_{3,1}} \tag{3.9}$$

$$a_{23}^2 = \boxed{a1_{2,1} \, a2_{1,3}} + a1_{2,2} \, a2_{2,3} + a1_{2,3} \, a2_{3,3} \tag{3.10}$$

$$a_{31}^2 = a1_{3,1} \, a2_{1,1} + \boxed{a1_{3,2} \, a2_{2,1}} + a1_{3,3} \, a2_{3,1} \tag{3.11}$$

$$a_{32}^2 = \boxed{a1_{3,1}\,a2_{1,2}} + a1_{3,2}\,a2_{2,2} + a1_{3,3}\,a2_{3,2} \tag{3.12}$$

Der Summand $a1_{1,3}\,a2_{3,2}$ in a_{12}^2 beschreibt z. B. einen Weg, der von Knoten eins zu Knoten zwei über den Knoten drei verläuft. Dieser Weg ist in Abb. 3.7 dargestellt:

Hingegen stellen die übrigen Terme $a1_{1,1}\,a2_{1,2}$ und $a1_{1,2}\,a2_{2,2}$ in der Komponente a_{12}^2 keine uns interessierenden Wege dar, denn sie enthalten mit den Kanten $a1_{1,1}$ bzw. $a2_{2,2}$ geschlossene Wege, die wir im letzten Abschnitt schon als Schleifen identifiziert haben. Abbildung 3.8 zeigt beispielhaft den uns nicht interessierenden Weg $a1_{2,1}\,a2_{1,1}$, also den ersten Summanden in der Komponente a_{21}^2:

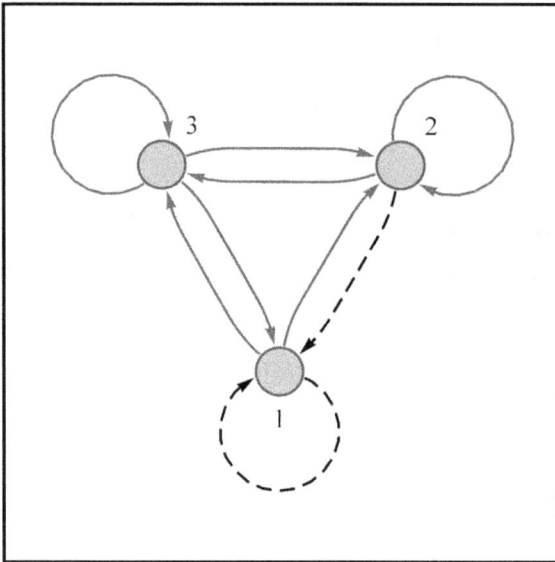

Abb. 3.8:   Graph, bei dem der Knoten eins vom Knoten zwei inklusive einer Schleife an Knoten eins erreicht
               wird (Kantenfolge: 2 → 1 → 1).

Betrachten wir nun Wege über drei Kanten, lauten die Komponenten der Nichtdiagonalelemente der dritten Potenz der Adjazenzmatrix:

$$\begin{aligned}
a_{12}^3 = {} & a1_{1,1}\,a2_{1,1}\,a3_{1,2} + a1_{1,2}\,a2_{2,1}\,a3_{1,2} + a1_{1,3}\,a2_{3,1}\,a3_{1,2} + \\
& a1_{1,1}\,a2_{1,2}\,a3_{2,2} + a1_{1,2}\,a2_{2,2}\,a3_{2,2} + a1_{1,3}\,a2_{3,2}\,a3_{2,2} + \\
& a1_{1,1}\,a2_{1,3}\,a3_{3,2} + a1_{1,2}\,a2_{2,3}\,a3_{3,2} + a1_{1,3}\,a2_{3,3}\,a3_{3,2}
\end{aligned} \tag{3.13}$$

$$a_{13}^3 = a1_{1,1}\, a2_{1,1}\, a3_{1,3} + a1_{1,2}\, a2_{2,1}\, a3_{1,3} + a1_{1,3}\, a2_{3,1}\, a3_{1,3} +$$
$$a1_{1,1}\, a2_{1,2}\, a3_{2,3} + a1_{1,2}\, a2_{2,2}\, a3_{2,3} + a1_{1,3}\, a2_{3,2}\, a3_{2,3} + \qquad (3.14)$$
$$a1_{1,1}\, a2_{1,3}\, a3_{3,3} + a1_{1,2}\, a2_{2,3}\, a3_{3,3} + a1_{1,3}\, a2_{3,3}\, a3_{3,3}$$

$$a_{21}^3 = a1_{2,1}\, a2_{1,1}\, a3_{1,1} + a1_{2,2}\, a2_{2,1}\, a3_{1,1} + a1_{2,3}\, a2_{3,1}\, a3_{1,1} +$$
$$a1_{2,1}\, a2_{1,2}\, a3_{2,1} + a1_{2,2}\, a2_{2,2}\, a3_{2,1} + a1_{2,3}\, a2_{3,2}\, a3_{2,1} + \qquad (3.15)$$
$$a1_{2,1}\, a2_{1,3}\, a3_{3,1} + a1_{2,2}\, a2_{2,3}\, a3_{3,1} + a1_{2,3}\, a2_{3,3}\, a3_{3,1}$$

$$a_{23}^3 = a1_{2,1}\, a2_{1,1}\, a3_{1,3} + a1_{2,2}\, a2_{2,1}\, a3_{1,3} + a1_{2,3}\, a2_{3,1}\, a3_{1,3} +$$
$$a1_{2,1}\, a2_{1,2}\, a3_{2,3} + a1_{2,2}\, a2_{2,2}\, a3_{2,3} + a1_{2,3}\, a2_{3,2}\, a3_{2,3} + \qquad (3.16)$$
$$a1_{2,1}\, a2_{1,3}\, a3_{3,3} + a1_{2,2}\, a2_{2,3}\, a3_{3,3} + a1_{2,3}\, a2_{3,3}\, a3_{3,3}$$

$$a_{31}^3 = a1_{3,1}\, a2_{1,1}\, a3_{1,1} + a1_{3,2}\, a2_{2,1}\, a3_{1,1} + a1_{3,3}\, a2_{3,1}\, a3_{1,1} +$$
$$a1_{3,1}\, a2_{1,2}\, a3_{2,1} + a1_{3,2}\, a2_{2,2}\, a3_{2,1} + a1_{3,3}\, a2_{3,2}\, a3_{2,1} + \qquad (3.17)$$
$$a1_{3,1}\, a2_{1,3}\, a3_{3,1} + a1_{3,2}\, a2_{2,3}\, a3_{3,1} + a1_{3,3}\, a2_{3,3}\, a3_{3,1}$$

$$a_{32}^3 = a1_{3,1}\, a2_{1,1}\, a3_{1,2} + a1_{3,2}\, a2_{2,1}\, a3_{1,2} + a1_{3,3}\, a2_{3,1}\, a3_{1,2} +$$
$$a1_{3,1}\, a2_{1,2}\, a3_{2,2} + a1_{3,2}\, a2_{2,2}\, a3_{2,2} + a1_{3,3}\, a2_{3,2}\, a3_{2,2} + \qquad (3.18)$$
$$a1_{3,1}\, a2_{1,3}\, a3_{3,2} + a1_{3,2}\, a2_{2,3}\, a3_{3,2} + a1_{3,3}\, a2_{3,3}\, a3_{3,2}$$

Tab. 3.4: Alle allgemeinen Verbindungen zwischen beliebigen Knoten für den Graphen in Abb. 3.1.

1	{1, 2}
2	{1, 3}
3	{2, 1}
4	{2, 3}
5	{3, 1}
6	{3, 2}
7	{1, 2, 3}
8	{1, 3, 2}
9	{2, 1, 3}
10	{2, 3, 1}
11	{3, 1, 2}
12	{3, 2, 1}

Wir schauen uns wieder beispielhaft die Summanden in der Komponente a_{12}^3 an. Die beiden ersten Summanden $a1_{1,1}\, a2_{1,1}\, a3_{1,2}$ und $a1_{1,2}\, a2_{2,1}\, a3_{1,2}$ stellen Pfade dar, die entweder eine Schleife beinhalten ($a1_{1,1}$ in $a1_{1,1}\,a2_{1,1}\,a3_{1,2}$) oder aber einen Hamiltonkreis ($a1_{1,2}\,a2_{2,1}$ in $a1_{1,2}\,a2_{2,1}\,a3_{1,2}$) enthalten. Diese Verbindungen stellen also Mischungen von allgemeinen Wegen und Hamiltonkreisen dar, die für unsere weitere Analyse keine Bedeutung besitzen. Aus diesem Grund gibt es für den untersuchten Graphen keine Wege der Länge drei. Tabelle 3.4 zeigt die komplette Übersicht für alle Wege, die keine Hamiltonkreise sind.

Für die weitere Analyse sind wir daran interessiert, die möglichen Verbindungen anders zu ordnen, so etwa alle Verbindungen aufzulisten, die an einem bestimmten Knoten beginnen oder enden. Diese Zusammstellungen zeigen die nächsten beiden Tabellen:

Tab. 3.5:   Ordnung der Verbindungen in Tab. 3.4 nach gleichen <u>Anfangs</u>knoten für den Graphen in Abb. 3.1.

$$
\begin{pmatrix}
1 & \{1, 2\} \\
2 & \{1, 3\} \\
3 & \{1, 2, 3\} \\
4 & \{1, 3, 2\}
\end{pmatrix}
$$

$$
\begin{pmatrix}
1 & \{2, 1\} \\
2 & \{2, 3\} \\
3 & \{2, 1, 3\} \\
4 & \{2, 3, 1\}
\end{pmatrix}
$$

$$
\begin{pmatrix}
1 & \{3, 1\} \\
2 & \{3, 2\} \\
3 & \{3, 1, 2\} \\
4 & \{3, 2, 1\}
\end{pmatrix}
$$

Tab. 3.6:   Ordnung der Verbindungen in Tab. 3.4 nach gleichen <u>End</u>knoten für den Graphen in Abb. 3.1.

$$
\begin{pmatrix}
1 & \{2, 1\} \\
2 & \{3, 1\} \\
3 & \{2, 3, 1\} \\
4 & \{3, 2, 1\}
\end{pmatrix}
$$

$$
\begin{pmatrix}
1 & \{1, 2\} \\
2 & \{3, 2\} \\
3 & \{1, 3, 2\} \\
4 & \{3, 1, 2\}
\end{pmatrix}
$$

$$
\begin{pmatrix}
1 & \{1, 3\} \\
2 & \{2, 3\} \\
3 & \{1, 2, 3\} \\
4 & \{2, 1, 3\}
\end{pmatrix}
$$

Abschließend wollen wir uns für den Graphen in der Abb. 3.6 mit $n = 4$ Knoten einen Überblick aller allgemeinen Verbindungen verschaffen. Die Tabellen 3.7 bis 3.9 zeigen die Verbindungen nach der Länge der vorkommenden Wege geordnet.

Tab. 3.7:   Wege der Länge eins im Graphen in Abb. 3.6. Diese Wege lassen sich direkt aus der Adjazenzmatrix
                gewinnen.

$$
\begin{array}{c|cc}
   & 1 & 2 \\
\hline
1 & 1 & 2 \\
2 & 1 & 3 \\
3 & 1 & 4 \\
4 & 2 & 1 \\
5 & 2 & 3 \\
6 & 2 & 4 \\
7 & 3 & 1 \\
8 & 3 & 2 \\
9 & 3 & 4 \\
10 & 4 & 1 \\
11 & 4 & 2 \\
12 & 4 & 3 \\
\end{array}
$$

Tab. 3.8:   Wege der Länge zwei im Graphen in Abb. 3.6.

$$
\begin{array}{c|ccc}
   & 1 & 2 & 3 \\
\hline
1 & 1 & 2 & 3 \\
2 & 1 & 2 & 4 \\
3 & 1 & 3 & 2 \\
4 & 1 & 3 & 4 \\
5 & 1 & 4 & 2 \\
6 & 1 & 4 & 3 \\
7 & 2 & 1 & 3 \\
8 & 2 & 1 & 4 \\
9 & 2 & 3 & 1 \\
10 & 2 & 3 & 4 \\
11 & 2 & 4 & 1 \\
12 & 2 & 4 & 3 \\
13 & 3 & 1 & 2 \\
14 & 3 & 1 & 4 \\
15 & 3 & 2 & 1 \\
16 & 3 & 2 & 4 \\
17 & 3 & 4 & 1 \\
18 & 3 & 4 & 2 \\
19 & 4 & 1 & 2 \\
20 & 4 & 1 & 3 \\
21 & 4 & 2 & 1 \\
22 & 4 & 2 & 3 \\
23 & 4 & 3 & 1 \\
24 & 4 & 3 & 2 \\
\end{array}
$$

Tab. 3.9:   Wege der Länge drei im Graphen in Abb. 3.6.

$$
\begin{pmatrix}
 & 1 & 2 & 3 & 4 \\
1 & 1 & 2 & 3 & 4 \\
2 & 1 & 2 & 4 & 3 \\
3 & 1 & 3 & 2 & 4 \\
4 & 1 & 3 & 4 & 2 \\
5 & 1 & 4 & 2 & 3 \\
6 & 1 & 4 & 3 & 2 \\
7 & 2 & 1 & 3 & 4 \\
8 & 2 & 1 & 4 & 3 \\
9 & 2 & 3 & 1 & 4 \\
10 & 2 & 3 & 4 & 1 \\
11 & 2 & 4 & 1 & 3 \\
12 & 2 & 4 & 3 & 1 \\
13 & 3 & 1 & 2 & 4 \\
14 & 3 & 1 & 4 & 2 \\
15 & 3 & 2 & 1 & 4 \\
16 & 3 & 2 & 4 & 1 \\
17 & 3 & 4 & 1 & 2 \\
18 & 3 & 4 & 2 & 1 \\
19 & 4 & 1 & 2 & 3 \\
20 & 4 & 1 & 3 & 2 \\
21 & 4 & 2 & 1 & 3 \\
22 & 4 & 2 & 3 & 1 \\
23 & 4 & 3 & 1 & 2 \\
24 & 4 & 3 & 2 & 1
\end{pmatrix}
$$

Auch hier nimmt die Anzahl der möglichen Wege bei größer werdender Anzahl der Knoten und Kanten in einem Graphen explosionsartig zu. Aus diesem Grund ist es bei gegebenen Graphen oft nicht möglich, alle Hamiltonkreise oder alle vorkommenden Verbindungen zu bestimmen.

3.4   Literatur

Einführende Literatur

Nitzsche, Manfred, Graphen für Einsteiger, 2. korr. Aufl., Vieweg Verlag, Wiesbaden, 2005

Cormen, Thomas H., Charles E. Leiserson, Ronald L. Rivest und Clifford Stein, Introduction to Algorithms, 3. Aufl., MIT Press, Cambridge, Massachusetts, 2009

Turau, Volker, Algorithmische Graphentheorie, 3. Aufl., Oldenbourg Verlag, München, 2009

Weiterführende Literatur

Brand, Frank, Finding Hamiltonian Cycles and General Paths in Graphs, The *Mathematica* Journal (in Vorbereitung)

Cvetkovic, Dragos, Peter Rowlinson und Slobodan Simic, Eigenspaces of Graphs, 1. Aufl., Cambridge University Press, Cambridge, 1997

Hochbaum, Dorit S., Approximation Algorithms for NP-Hard Problems, 1. Aufl., PWS Publishing Company, Boston, 1997

Sedgewick, Robert, Algorithmen, 2. Aufl., Addison Wesley, Bonn, 2002

4   Analyse eines komplexen Systems

4.1   Einführung

Da in diesem Kapitel ein Sachverhalt als komplexes System dargestellt und beschrieben werden soll, ist zunächst einmal klarzumachen, was ein komplexes System überhaupt ist. Der Begriff Systemtheorie ist ein sehr vielschichtiger Begriff, der in verschiedenen Wissenschaftsgebieten Verwendung findet. An dieser Stelle soll kein Abriss der Systemtheorie versucht werden. Tatsächlich hat die Systemtheorie seit Anfang des 20. Jahrhunderts verschiedene Ideen und Konzepte sehr unterschiedlicher Personen aufgenommen, so z. B. von N. Wiener, C. E. Shannon, L. v. Bertalanffy oder H. Haken, um nur einige zu nennen. Sie alle haben die folgende Frage im Kontext ihres jeweiligen Fachgebietes durchaus sehr unterschiedlich beantwortet.

Was ist ein System?

Unter einem System wollen wir an dieser Stelle allgemein das Zusammenwirken von Größen (auch Variablen genannt) verstehen. Dabei ist die Abgrenzung bzw. Abgrenzbarkeit gegenüber der *Außenwelt* mittels einer Systemgrenze ein notwendiger, das System erst definierender Aspekt. Wichtig ist hierbei zum einen, dass das Gesamtsystem durch die Betrachtung isolierter monokausaler Wechselwirkungen von Teilen des Systems nicht ausreichend beschrieben werden kann. Andererseits ist die Annahme, dass ein abgeschlossenes System vorliege, normalerweise nicht tragfähig und auch nicht vernünftig.

Die grundlegenden Eigenschaften solcher Systeme sind die manchmal sehr hohe Zahl von Variablen und/oder der Grad der Vernetzung bzw. Wechselwirkungen der Teilkomponenten. Die Teile eines Systems werden in Anhängigkeit vom Grad der Ausdifferenzierung Variablen, Elemente oder auch Subsysteme genannt. Jedes Subsystem kann natürlich seinerseits wieder als System betrachtet werden.

Ein System wird bestimmt durch die Komponenten (auch Knoten, Elemente oder Variablen genannt) sowie durch Verknüpfungen (auch Kanten oder Relationen genannt). Systeme können einerseits Informationen von außerhalb des Systems aufnehmen, sind aber auch in der Lage, Informationen nach außen abzugeben.

Damit ist ein System aber tatsächlich nichts anderes als ein Graph! Beispiele dafür haben wir in den Kapiteln zwei und drei kennengelernt. Ein Graph besteht aus Knoten und Kanten. Die Knoten stellen in unserem Fall die Variablen eines Systems dar; die Kanten beschreiben die Verbindungen der Variablen untereinander.

Das Beispiel für ein komplexes System in diesem Kapitel ist entstanden aus Diskussionen mit den Kollegen Hansjörg Herr und Michael Heine sowie als Versuch der Visualisierung der in Heine et. al. (2006) zusammengetragenen Fakten und des dort vorgestellten Beziehungsgeflechtes der Beschreibung nationaler Ökonomien. Von den Autoren werden funktionale und dysfunktionale Ökonomien unterschieden. In dieser Arbeit wird nur der funktionale Fall als komplexes System vorgestellt. Insgesamt resultieren daraus 16 Variablen mit einer auf den ersten Blick geringen Vernetzung zwischen den einzelnen Variablen (s. Abb. 4.2). Der Autor stellt das prototypische Beispiel in diesem Kapitel als auch die Beispiele im zweiten Teil des Buches vor, ohne eine inhaltliche Wertung vorzunehmen. Die präsentierten Modelle werden nicht wissenschaftlich diskutiert – dies bleibt den Fachvertretern in den jeweiligen Disziplinen überlassen. Es werden nur die Instrumente geboten, um komplexe Systeme zu analysieren.

Wie schon in der Einleitung beschrieben, können u.a. aus Platzgründen nicht alle Berechnungsergebnisse, Tabellen und Abbildungen im Text wiedergegeben werden. Stellen, zu denen der Leser im Internet auf der Webseite des Oldenbourg-Verlages *www.oldenbourg.de* zum Teil interaktive Zusatzmaterialien findet, sind durch das Symbol 🔲 gekennzeichnet. Soweit möglich, wird versucht, unterschiedliche Methoden der Visualisierung aufzuzeigen und ihre Vor- und Nachteile deutlich zu machen. Im Buch sind alle Abbildungen in schwarz-weiß gehalten, wohingegen die Zusatzmaterialien überwiegend in Farbe produziert wurden.

4.2   Die Variablenliste

Die Variablen können der folgenden Liste entnommen werden:

1	Nettoauslandsnachfrage
2	Konsumnachfrage
3	Investitionsnachfrage
4	Staatsnachfrage
5	Lohnstückkosten
6	Zinssatz
7	Reales BIP
8	Beschäftigung
9	Steuereinnahmen
10	Preisniveau

11   Budgetsaldo

12   Erwartungen

13   Wechselkurserhöhung

14   Weltkonjunktur

15   Steuererhöhungen

16   Ölpreis

4.3   Adjazenzmatrix **A** und Kantenmenge

Die mathematische Darstellung eines Graphen kann geschehen in der Form einer Adjazenzmatrix **A** (s. Abschn. 2.2.2 und 2.3.2).

Die Adjazenzmatrix für dieses System lautet:

$$\mathbf{A} = \begin{pmatrix}
0 & 1 & 0 & 0 & 0 & 0 & 1 & 0 & 0 & 1 & 0 & 0 & 0 & 0 & 0 & 0 \\
0 & 0 & 0 & 0 & 0 & 0 & 1 & 0 & 0 & 1 & 0 & 0 & 0 & 0 & 0 & 0 \\
0 & 1 & 0 & 0 & 0 & 0 & 1 & 0 & 0 & 1 & 0 & 0 & 0 & 0 & 0 & 0 \\
0 & 1 & 0 & 0 & 0 & 0 & 1 & 0 & 0 & 1 & 1 & 0 & 0 & 0 & 0 & 0 \\
0 & 0 & 0 & 0 & 0 & 0 & 0 & 0 & 0 & 1 & 0 & 0 & 0 & 0 & 0 & 0 \\
0 & 1 & 1 & 0 & 0 & 0 & 0 & 0 & 0 & 0 & 0 & 0 & 1 & 0 & 0 & 0 \\
1 & 0 & 0 & 1 & 0 & 1 & 0 & 1 & 1 & 0 & 0 & 0 & 0 & 0 & 0 & 0 \\
0 & 0 & 0 & 0 & 0 & 0 & 0 & 0 & 0 & 0 & 0 & 0 & 0 & 0 & 0 & 0 \\
0 & 1 & 0 & 0 & 0 & 0 & 0 & 0 & 0 & 0 & 1 & 0 & 0 & 0 & 0 & 0 \\
1 & 0 & 0 & 0 & 0 & 1 & 0 & 0 & 1 & 0 & 0 & 0 & 0 & 0 & 0 & 0 \\
0 & 0 & 0 & 0 & 0 & 0 & 0 & 0 & 0 & 0 & 0 & 0 & 0 & 0 & 0 & 0 \\
0 & 1 & 1 & 0 & 0 & 0 & 0 & 0 & 0 & 0 & 0 & 0 & 0 & 0 & 0 & 0 \\
1 & 0 & 0 & 0 & 0 & 1 & 0 & 0 & 0 & 1 & 0 & 0 & 0 & 0 & 0 & 0 \\
1 & 0 & 0 & 0 & 0 & 0 & 0 & 0 & 0 & 0 & 0 & 0 & 0 & 0 & 0 & 0 \\
0 & 0 & 0 & 0 & 0 & 0 & 0 & 0 & 1 & 1 & 0 & 0 & 0 & 0 & 0 & 0 \\
0 & 0 & 0 & 0 & 0 & 0 & 0 & 0 & 0 & 1 & 0 & 0 & 0 & 0 & 0 & 0
\end{pmatrix}$$

bzw. der besseren Lesbarkeit wegen dargestellt mit den Zeilen- und Spaltennummern, wobei die Nummerierung der Reihenfolge der Variablen entspricht.

$$A = \begin{pmatrix}
 & 1 & 2 & 3 & 4 & 5 & 6 & 7 & 8 & 9 & 10 & 11 & 12 & 13 & 14 & 15 & 16 \\
1 & 0 & 1 & 0 & 0 & 0 & 0 & 1 & 0 & 0 & 1 & 0 & 0 & 0 & 0 & 0 & 0 \\
2 & 0 & 0 & 0 & 0 & 0 & 0 & 1 & 0 & 0 & 1 & 0 & 0 & 0 & 0 & 0 & 0 \\
3 & 0 & 1 & 0 & 0 & 0 & 0 & 1 & 0 & 0 & 1 & 0 & 0 & 0 & 0 & 0 & 0 \\
4 & 0 & 1 & 0 & 0 & 0 & 0 & 1 & 0 & 0 & 1 & 1 & 0 & 0 & 0 & 0 & 0 \\
5 & 0 & 0 & 0 & 0 & 0 & 0 & 0 & 0 & 0 & 1 & 0 & 0 & 0 & 0 & 0 & 0 \\
6 & 0 & 1 & 1 & 0 & 0 & 0 & 0 & 0 & 0 & 0 & 0 & 0 & 1 & 0 & 0 & 0 \\
7 & 1 & 0 & 0 & 1 & 0 & 1 & 0 & 1 & 1 & 0 & 0 & 0 & 0 & 0 & 0 & 0 \\
8 & 0 & 0 & 0 & 0 & 0 & 0 & 0 & 0 & 0 & 0 & 0 & 0 & 0 & 0 & 0 & 0 \\
9 & 0 & 1 & 0 & 0 & 0 & 0 & 0 & 0 & 0 & 0 & 1 & 0 & 0 & 0 & 0 & 0 \\
10 & 1 & 0 & 0 & 0 & 0 & 1 & 0 & 0 & 1 & 0 & 0 & 0 & 0 & 0 & 0 & 0 \\
11 & 0 & 0 & 0 & 0 & 0 & 0 & 0 & 0 & 0 & 0 & 0 & 0 & 0 & 0 & 0 & 0 \\
12 & 0 & 1 & 1 & 0 & 0 & 0 & 0 & 0 & 0 & 0 & 0 & 0 & 0 & 0 & 0 & 0 \\
13 & 1 & 0 & 0 & 0 & 0 & 1 & 0 & 0 & 0 & 1 & 0 & 0 & 0 & 0 & 0 & 0 \\
14 & 1 & 0 & 0 & 0 & 0 & 0 & 0 & 0 & 0 & 0 & 0 & 0 & 0 & 0 & 0 & 0 \\
15 & 0 & 0 & 0 & 0 & 0 & 0 & 0 & 0 & 0 & 1 & 1 & 0 & 0 & 0 & 0 & 0 \\
16 & 0 & 0 & 0 & 0 & 0 & 0 & 0 & 0 & 0 & 1 & 0 & 0 & 0 & 0 & 0 & 0
\end{pmatrix}$$

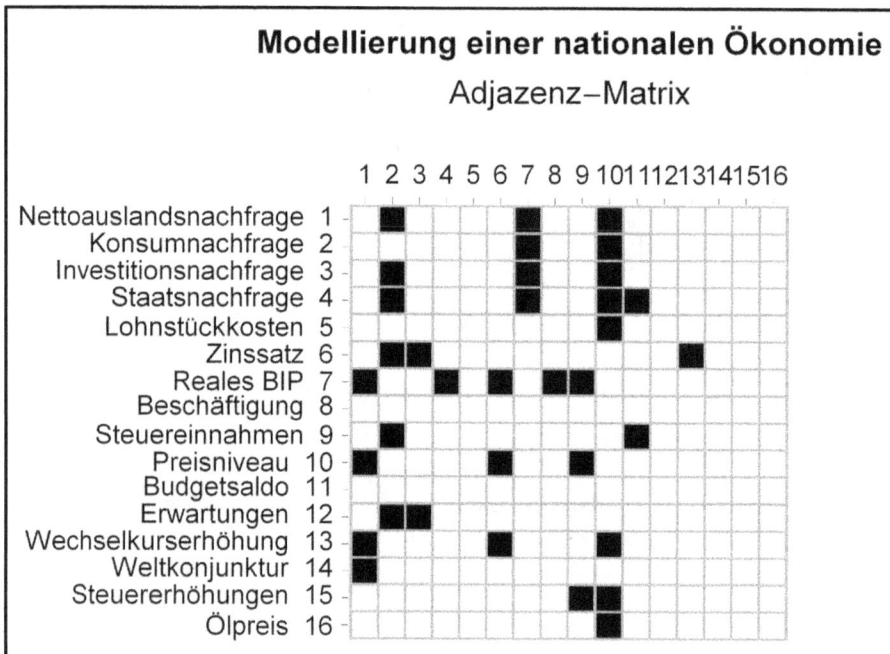

Modellierung einer nationalen Ökonomie

Adjazenz–Matrix

Abb. 4.1:   Grafische Darstellung der Adjazenzmatrix **A**.

Die in der Adjazenzmatrix enthaltenen Informationen können auch durch die Liste der Kanten repräsentiert werden.

$$\begin{aligned}
\{&1 \to 2,\ 1 \to 7,\ 1 \to 10,\ 2 \to 7,\ 2 \to 10,\ 3 \to 2,\ 3 \to 7,\\
&3 \to 10,\ 4 \to 2,\ 4 \to 7,\ 4 \to 10,\ 4 \to 11,\ 5 \to 10,\ 6 \to 2,\\
&6 \to 3,\ 6 \to 13,\ 7 \to 1,\ 7 \to 4,\ 7 \to 6,\ 7 \to 8,\ 7 \to 9,\ 9 \to 2,\\
&9 \to 11,\ 10 \to 1,\ 10 \to 6,\ 10 \to 9,\ 12 \to 2,\ 12 \to 3,\ 13 \to 1,\\
&13 \to 6,\ 13 \to 10,\ 14 \to 1,\ 15 \to 9,\ 15 \to 10,\ 16 \to 10\}
\end{aligned}$$

Dabei entsprechen die Nummern denjenigen in der obigen Variablenliste. Da die Einsen in der Matrixdarstellungen nicht leicht zu erkennen sind, scheint eine eher visuelle Repräsentation der Adjazenzmatrix angebracht. Dies geschieht in Abbildung 4.1.

4.4 Potenzen von **A** und Erreichbarkeitsmatrix **E**

Die Potenzen der Adjazenzmatrix stellen die Informationen über die Anzahl von Wegen von einem Knoten i zum Knoten j dar. An dieser Stelle folgt eine Auswahl verschiedener Potenzen der Adjazenzmatrix (s. Abschn. 2.2.3). Die komplette Liste der Potenzen der Adjazenzmatrix findet der Leser im Internet. 🆆

$$A^3 =$$

	1	2	3	4	5	6	7	8	9	10	11	12	13	14	15	16
1	2	7	2	1	0	2	3	1	2	3	3	0	2	0	0	0
2	0	7	2	0	0	0	3	0	0	3	3	0	2	0	0	0
3	2	7	2	1	0	2	3	1	2	3	3	0	2	0	0	0
4	2	7	2	1	0	2	3	1	2	3	3	0	2	0	0	0
5	0	3	1	0	0	0	1	0	0	1	1	0	1	0	0	0
6	5	2	1	2	0	5	2	2	5	2	0	0	1	0	0	0
7	5	1	0	2	0	5	5	2	4	6	0	0	0	0	0	0
8	0	0	0	0	0	0	0	0	0	0	0	0	0	0	0	0
9	2	0	0	1	0	2	0	1	2	0	0	0	0	0	0	0
10	3	1	0	1	0	3	4	1	2	5	0	0	0	0	0	0
11	0	0	0	0	0	0	0	0	0	0	0	0	0	0	0	0
12	4	0	0	2	0	4	1	2	4	1	0	0	0	0	0	0
13	3	4	1	1	0	3	4	1	2	5	1	0	1	0	0	0
14	2	0	0	1	0	2	1	1	2	1	0	0	0	0	0	0
15	0	3	1	0	0	0	2	0	0	2	1	0	1	0	0	0
16	0	3	1	0	0	0	1	0	0	1	1	0	1	0	0	0

$$A^5 =$$

	1	2	3	4	5	6	7	8	9	10	11	12	13	14	15	16
1	28	27	8	12	0	28	22	12	26	24	9	0	8	0	0	0
2	20	25	8	9	0	20	13	9	20	13	9	0	8	0	0	0
3	28	27	8	12	0	28	22	12	26	24	9	0	8	0	0	0
4	28	27	8	12	0	28	22	12	26	24	9	0	8	0	0	0
5	9	9	3	4	0	9	5	4	9	5	3	0	3	0	0	0
6	26	21	5	10	0	26	30	10	21	35	6	0	5	0	0	0
7	21	43	11	8	0	21	37	8	16	42	16	0	11	0	0	0
8	0	0	0	0	0	0	0	0	0	0	0	0	0	0	0	0
9	8	2	0	3	0	8	9	3	6	11	0	0	0	0	0	0
10	13	34	9	5	0	13	25	5	10	28	13	0	9	0	0	0
11	0	0	0	0	0	0	0	0	0	0	0	0	0	0	0	0
12	16	11	2	6	0	16	21	6	12	25	3	0	2	0	0	0
13	22	36	10	9	0	22	27	9	19	30	13	0	10	0	0	0
14	8	9	2	3	0	8	12	3	6	14	3	0	2	0	0	0
15	9	16	5	4	0	9	8	4	9	8	6	0	5	0	0	0
16	9	9	3	4	0	9	5	4	9	5	3	0	3	0	0	0

Der so genannten Erreichbarkeitsmatrix **E** kommt in diesem Kontext besondere Bedeutung zu, da in dieser Matrix die Information enthalten ist, auf wie vielen verschiedenen Wegen man in einem gegebenen Graphen von einem Knoten i zu einem anderen Knoten j gelangen kann. In unserem Kontext sind die Knoten die Variablen. Formal wird die Matrix **E** bestimmt durch die Summe der Potenzen der zum Graphen gehörigen Adjazenzmatrix **A**, also:

$$E = \sum_{i=1}^{n} A^i. \tag{4.1}$$

Da wir es bei diesem System mit 16 Variablen zu tun haben, ist **E** auch eine 16×16-Matrix. Ein Ausschnitt der Matrix **E** ist in der folgenden Zeile zu sehen: Ⓦ

$$
E = \begin{pmatrix}
 & 1 & 2 & 3 & 4 & 5 & 6 & \\
1 & 2\,489\,898 & 3\,293\,557 & 904\,856 & 1\,020\,621 & 0 & 2\,489\,898 & \cdots \\
2 & 1\,825\,254 & 2\,418\,104 & 664\,644 & \boxed{748\,381} & 0 & 1\,825\,254 & \cdots \\
3 & 2\,489\,898 & 3\,293\,557 & 904\,856 & 1\,020\,621 & 0 & 2\,489\,898 & \cdots \\
4 & 2\,489\,898 & 3\,293\,557 & 904\,856 & 1\,020\,621 & 0 & 2\,489\,898 & \cdots \\
5 & 748\,381 & 990\,396 & 272\,240 & 306\,864 & 0 & 748\,381 & \cdots \\
6 & 2\,501\,841 & 3\,305\,722 & 907\,481 & 1\,025\,020 & 0 & 2\,501\,841 & \cdots \\
 & \vdots & \vdots & \vdots & \vdots & \vdots & \vdots & \ddots
\end{pmatrix}
$$

Wir hatten uns im Abschnitt 2.2.3 bzw. im dritten Kapitel die Bedeutung der Komponenten der Potenzen der Adjazenzmatrix A klargemacht. Die Komponente $E_{2,4}$ z. B. liefert uns die Information, dass es von der Variablen zwei (*Konsumnachfrage*) zur Variablen vier (*Staatsnachfrage*) insgesamt 748 381 unterschiedliche Wege über eine bis 16 Kanten gibt. Die meisten dieser Wege sind aber für unsere Analyse komplexer Systeme nicht von Interesse, denn sie stellen auch Wege dar, wie wir sie in Abschnitt 3.3 ausgeschlossen haben (vgl. Abb. 3.8).

An dieser Stelle wollen wir aber noch die Frage beantworten, wie viele Wege es in diesem Graphen mit obiger Adjazenzmatrix insgesamt gibt. Dazu addieren wir einfach alle Komponenten der Matrix E. Es resultiert die Zahl 214 624 735. Es gibt also fast eine Viertelmilliarde theoretisch möglicher Wege in diesem System.

4.5   Visualisierungen des Systems

Es gibt verschiedene Möglichkeiten, das komplexe System als Graph grafisch darzustellen. Dies kann sowohl zwei- als auch dreidimensional geschehen. Die an den Knoten angehefteten Variablennamen verdecken manchmal die Struktur des Graphen. Aus diesem Grund werden an dieser Stelle verschiedene Möglichkeiten der Visualisierung wiedergegeben.

Sie zeigen den Graphen zur Beschreibung einer funktionalen nationalen Ökonomie nach Heine et. al. (2006). Die Variablen 2 (*Konsumnachfrage*), 7 (*BIP*) sowie 10 (*Preisniveau*) sind offenbar sehr stark vernetzt, d. h. sie stehen mit den anderen Variablen in intensiver Wechselwirkung.

Insgesamt ist die Vernetzungsstruktur in der Darstellungsweise in Abbildung 4.2 stärker sichtbar. Es ist zudem leicht zu sehen, welche Variablen stärker vernetzt sind als andere. Festzuhalten ist, dass die Vernetzungsgrade – genauer die Knotengrade – sehr unterschiedlich sind. In Abschnitt 4.6 betrachten wir diese Frage genauer.

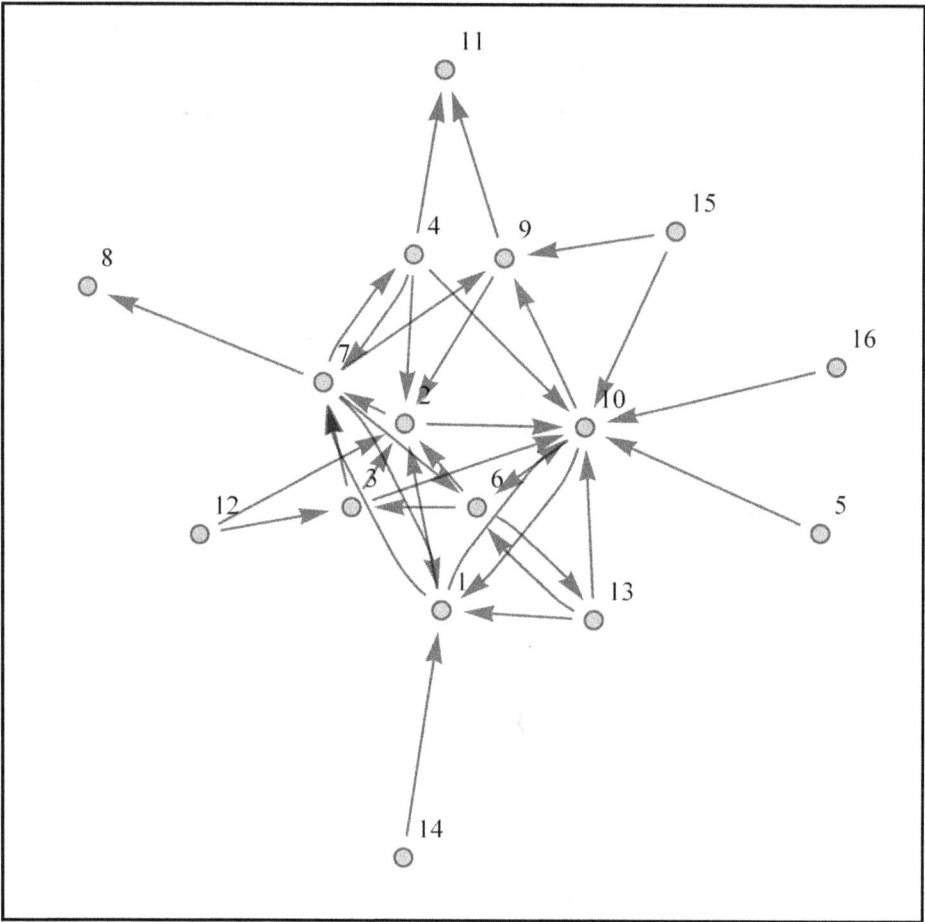

Abb. 4.2:   Zweimensionale Darstellung des Graphen mit Variablennummern aber ohne Variablennamen.

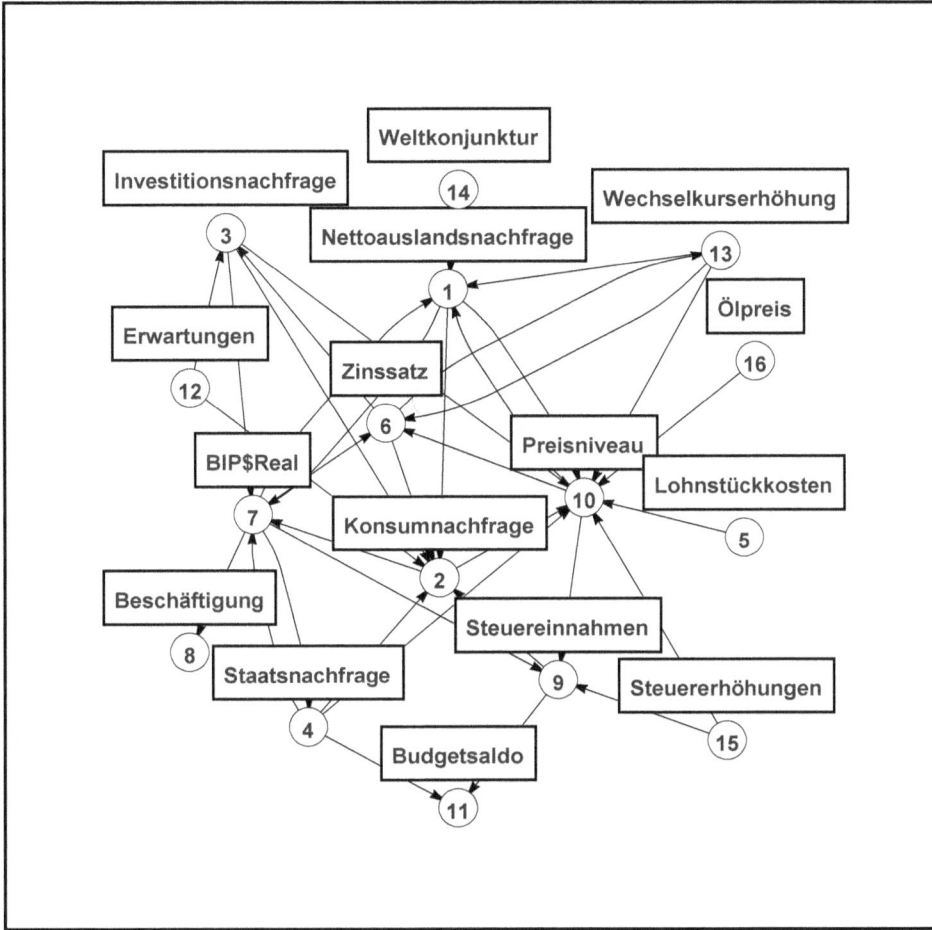

Abb. 4.3:   Zweidimensionale Darstellung des Graphen mit Variablennamen und -nummern.

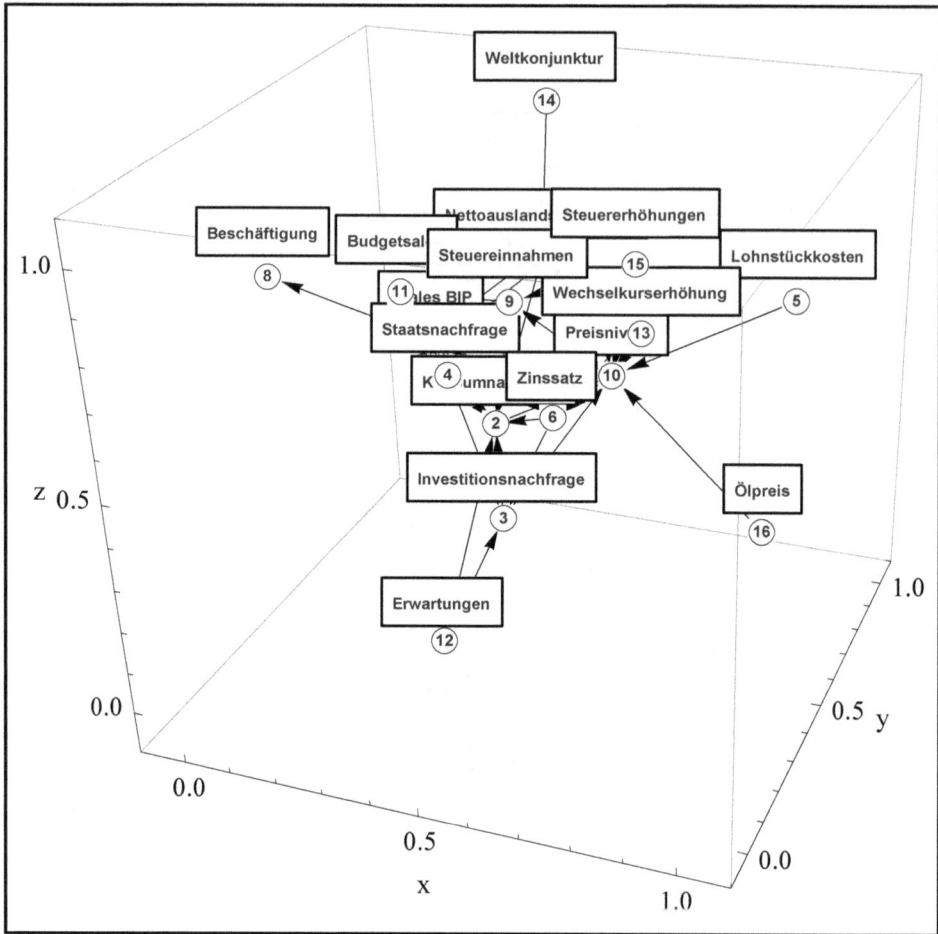

Abb. 4.4:   Dreidimensionale Darstellung des Graphen mit Variablennamen und -nummern.

Wie leicht zu sehen ist, sind die verschiedenen Darstellungen nicht für alle Zwecke gleicher-
maßen geeignet. Während Abb. 4.2 die Struktur des Graphen leicht erkennen lässt, stehen in
Abb. 4.3 die Variablennamen stärker im Vordergrund. Die Abbildungen 4.4 und 4.5 sind
dann besonders hilfreich, wenn sie, wie dies in *Mathematica* leicht möglich ist, mit der Maus
bewegt werden.🆆 Die Struktur ist im dreidimensionalen Raum dann meistens leichter
wahrzunehmen, da die Anzahl der Überschneidungen der Kanten in der Projektion geringer
ist.

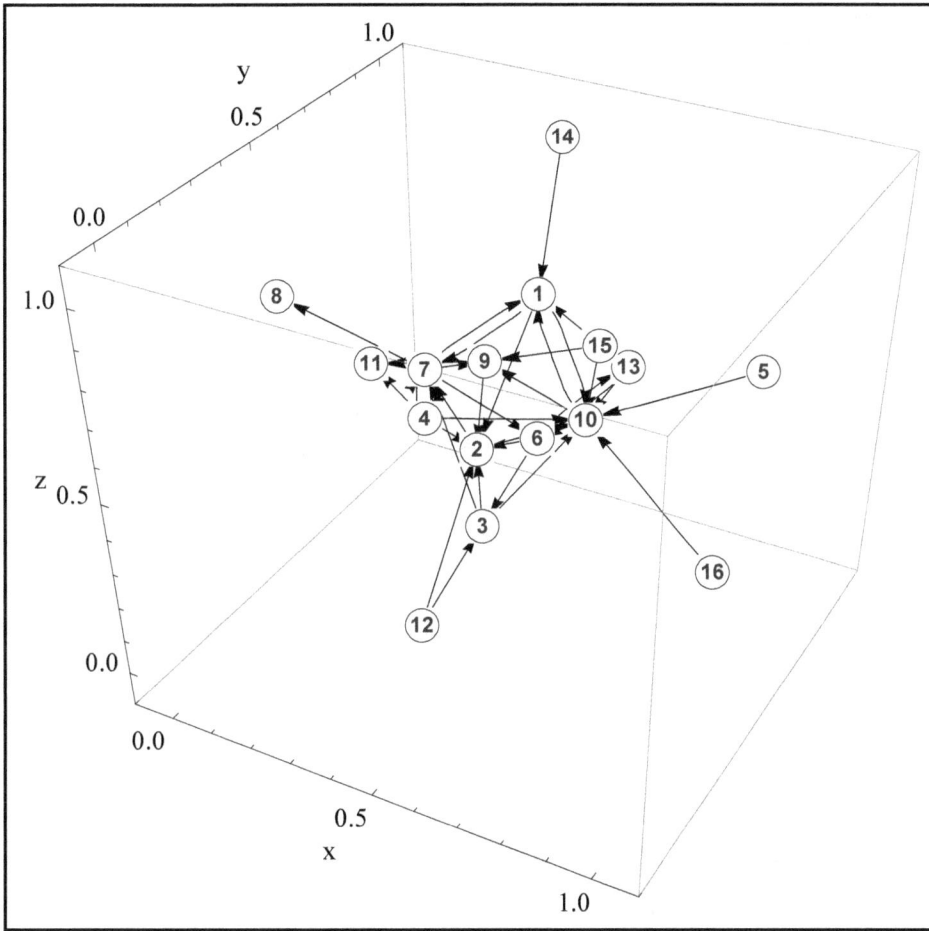

Abb. 4.5:   Dreidimensionale Darstellung des Graphen mit Variablennummern aber ohne Variablennamen.

4.6   Knotengrade

In Abb. 4.2 sieht man, dass die Knoten eine unterschiedliche Anzahl von Verbindungen zu anderen Knoten haben. In den Abschnitten 2.3.3 und 2.3.4 haben wir gesehen, dass dieser Sachverhalt anhand der in einen Knoten hinein- und herauslaufenden Kanten beschrieben werden kann. Für unser komplexes System ergibt sich die der Tabelle 2.1 entsprechende Tabelle 4.1.

Tab. 4.1:   Zusammenhang zwischen In-Grad, Out-Grad und allgemeinem Knotengrad.

Knotennummer	In-Grad	Out-Grad	Grad
1	4	3	7
2	6	2	8
3	4	5	9
4	8	3	11
5	2	3	5
6	1	4	5
7	2	0	2
8	0	1	1
9	3	3	6
10	1	3	4
11	1	0	1
12	3	2	5
13	0	2	2
14	0	1	1
15	0	2	2
16	0	1	1

Dies bestätigen wir mit *Mathematica*

```
MyEdgeList = {1 → 2, 1 → 7, 1 → 10, 2 → 7, 2 → 10,
    3 → 2, 3 → 7, 3 → 10, 4 → 2, 4 → 7, 4 → 10, 4 → 11,
    5 → 10, 6 → 2, 6 → 3, 6 → 13, 7 → 1, 7 → 4, 7 → 6,
    7 → 8, 7 → 9, 9 → 2, 9 → 11, 10 → 1, 10 → 6, 10 → 9,
    12 → 2, 12 → 3, 13 → 1, 13 → 6, 13 → 10, 14 → 1,
    15 → 9, 15 → 10, 16 → 10};

g = Graph[MyEdgeList];

MatrixForm[
  Transpose[{VertexInDegree[g], VertexOutDegree[g],
    VertexDegree[g]}],
  TableHeadings → {Automatic, {"In", "Out", "Grad"}}]
```

$$
\begin{pmatrix}
 & \text{In} & \text{Out} & \text{Grad} \\
\hline
1 & 4 & 3 & 7 \\
2 & 6 & 2 & 8 \\
3 & 4 & 5 & 9 \\
4 & 8 & 3 & 11 \\
5 & 2 & 3 & 5 \\
6 & 1 & 4 & 5 \\
7 & 2 & 0 & 2 \\
8 & 0 & 1 & 1 \\
9 & 3 & 3 & 6 \\
10 & 1 & 3 & 4 \\
11 & 1 & 0 & 1 \\
12 & 3 & 2 & 5 \\
13 & 0 & 2 & 2 \\
14 & 0 & 1 & 1 \\
15 & 0 & 2 & 2 \\
16 & 0 & 1 & 1
\end{pmatrix}
$$

```
VertexDegree[g] ==
  VertexInDegree[g] + VertexOutDegree[g]
```

```
True
```

Somit sind die verschiedenen Grade der Knoten nichts anderes als eine zusammenfassende Beschreibung der Einflussmatrix, die wir im nächsten Abschnitt besprechen werden.

4.7   Einflussmatrix (Impactmatrix) **I**

Für eine tiefer gehende Beschreibung von Netzwerken wird jeder Kante eine Wirkung bzw. ein Einfluss von einem Knoten (einer Variablen im Netzwerk) auf einen anderen zugeschrieben. Die resultierende Einflussmatrix **I** unterscheidet sich von der Adjazenzmatrix **A** nicht bzgl. ihrer Struktur sondern nur in den Werten, welche neben der Null auch die Zahlen ± 1, ± 2 bzw. ± 3 enthalten können. Diese Tatsache bedeutet, dass sowohl die Adjazenzmatrix **A** als auch die Einflussmatrix **I** an den gleichen Stellen von Null verschiedene Elemente aufweisen. Dabei beschreiben 1 schwache, 2 mittelstarke und 3 starke Wirkungen von einer Variablen auf eine andere. Ein positives Vorzeichen der Wirkung bedeutet eine gleichgerichtete Entwicklung der Variablen. Hat also die Variable A eine positive Wirkung auf eine Variable B, so steigt der Wert der Variablen B, wenn der Wert der Variablen A steigt. Bei einem negativen Vorzeichen zeigen die Verläufe der Werte der beiden Variablen eine entgegengesetzte Entwicklung. Steigt der Wert der Variablen A, so fällt der Wert der

Variablen B und umgekehrt. Diese Beschreibung lässt sich auch auffassen als eine *diskrete* Form der Korrelation.

Die Einflussmatrix für unser System lautet:

$$
I = \begin{pmatrix}
0 & 2 & 0 & 0 & 0 & 0 & 2 & 0 & 0 & 2 & 0 & 0 & 0 & 0 & 0 & 0 \\
0 & 0 & 0 & 0 & 0 & 0 & 2 & 0 & 0 & 2 & 0 & 0 & 0 & 0 & 0 & 0 \\
0 & 2 & 0 & 0 & 0 & 0 & 3 & 0 & 0 & 1 & 0 & 0 & 0 & 0 & 0 & 0 \\
0 & 2 & 0 & 0 & 0 & 0 & 2 & 0 & 0 & 2 & -2 & 0 & 0 & 0 & 0 & 0 \\
0 & 0 & 0 & 0 & 0 & 0 & 0 & 0 & 0 & 3 & 0 & 0 & 0 & 0 & 0 & 0 \\
0 & -1 & -2 & 0 & 0 & 0 & 0 & 0 & 0 & 0 & 0 & 0 & -1 & 0 & 0 & 0 \\
-1 & 0 & 0 & -1 & 0 & 2 & 0 & 3 & 1 & 0 & 0 & 0 & 0 & 0 & 0 & 0 \\
0 & 0 & 0 & 0 & 0 & 0 & 0 & 0 & 0 & 0 & 0 & 0 & 0 & 0 & 0 & 0 \\
0 & -2 & 0 & 0 & 0 & 0 & 0 & 0 & 0 & 0 & 2 & 0 & 0 & 0 & 0 & 0 \\
-1 & 0 & 0 & 0 & 0 & 2 & 0 & 0 & 1 & 0 & 0 & 0 & 0 & 0 & 0 & 0 \\
0 & 0 & 0 & 0 & 0 & 0 & 0 & 0 & 0 & 0 & 0 & 0 & 0 & 0 & 0 & 0 \\
0 & 1 & 3 & 0 & 0 & 0 & 0 & 0 & 0 & 0 & 0 & 0 & 0 & 0 & 0 & 0 \\
1 & 0 & 0 & 0 & 0 & 1 & 0 & 0 & 0 & 1 & 0 & 0 & 0 & 0 & 0 & 0 \\
2 & 0 & 0 & 0 & 0 & 0 & 0 & 0 & 0 & 0 & 0 & 0 & 0 & 0 & 0 & 0 \\
0 & 0 & 0 & 0 & 0 & 0 & 0 & 0 & 3 & 1 & 0 & 0 & 0 & 0 & 0 & 0 \\
0 & 0 & 0 & 0 & 0 & 0 & 0 & 0 & 0 & 1 & 0 & 0 & 0 & 0 & 0 & 0
\end{pmatrix}
$$

$I =$

	1	2	3	4	5	6	7	8	9	10	11	12	13	14	15	16
1	0	2	0	0	0	0	2	0	0	2	0	0	0	0	0	0
2	0	0	0	0	0	0	2	0	0	2	0	0	0	0	0	0
3	0	2	0	0	0	0	3	0	0	1	0	0	0	0	0	0
4	0	2	0	0	0	0	2	0	0	2	-2	0	0	0	0	0
5	0	0	0	0	0	0	0	0	0	3	0	0	0	0	0	0
6	0	-1	-2	0	0	0	0	0	0	0	0	0	-1	0	0	0
7	-1	0	0	-1	0	2	0	3	1	0	0	0	0	0	0	0
8	0	0	0	0	0	0	0	0	0	0	0	0	0	0	0	0
9	0	-2	0	0	0	0	0	0	0	0	2	0	0	0	0	0
10	-1	0	0	0	0	2	0	0	1	0	0	0	0	0	0	0
11	0	0	0	0	0	0	0	0	0	0	0	0	0	0	0	0
12	0	1	3	0	0	0	0	0	0	0	0	0	0	0	0	0
13	1	0	0	0	0	1	0	0	0	1	0	0	0	0	0	0
14	2	0	0	0	0	0	0	0	0	0	0	0	0	0	0	0
15	0	0	0	0	0	0	0	0	3	1	0	0	0	0	0	0
16	0	0	0	0	0	0	0	0	0	1	0	0	0	0	0	0

Wegen der besseren Lesbarkeit ist **I** zusätzlich auch dargestellt mit den Zeilen- und Spaltennummern, wobei die Nummerierung der Reihenfolge der Variablen entspricht.

Wir wollen die beiden eingerahmten Matrixkomponenten (3,7) sowie (9,2) in der Einflussmatrix genauer betrachten. Die Variable 3 (*Investitionsnachfrage*) hat eine (positive) Wirkung der Stärke 3 auf die Variable 7 (*Reales BIP*). Das positive Vorzeichen dieser Wirkung
bedeutet, dass bei einem Anstieg der *Investitionsnachfrage* auch ein Anstieg des *Realen BIP*
zu erwarten ist.

Im Gegensatz dazu verringert sich die Variable 2 (*Konsumnachfrage*) mittelstark, wenn die
Variable 9 (*Steuereinnahmen*) ansteigt. Es liegt hier also eine inverse Beziehung zwischen
den beiden Variablen vor.

Die nächste Abbildung zeigt die Visualisierung der Einflussmatrix.

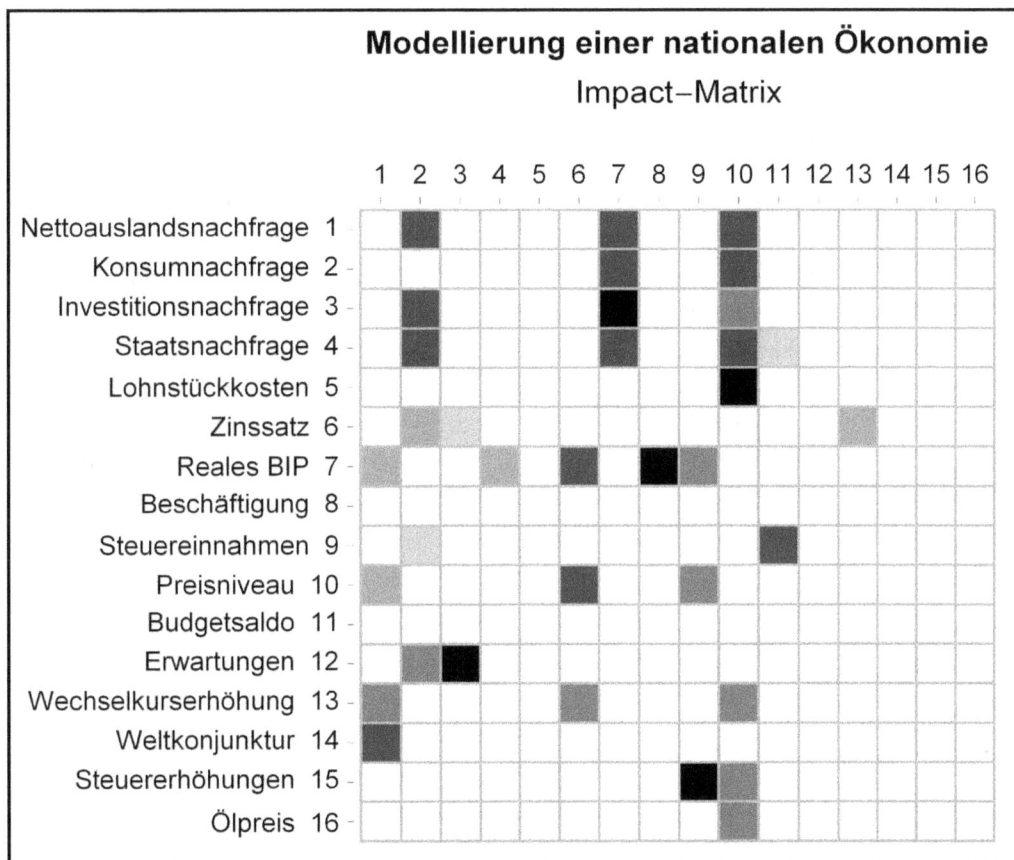

Abb. 4.6: Grafische Darstellung der Einflussmatrix **I**.

4.8   Zeitverzögerungsmatrix T

Von fundamentaler Bedeutung sind die Zeitverzögerungen, mit der eine Variable in einem System auf eine andere wirkt. Wichtig ist dabei die Zeiteinheit – in unserem Beispiel sind alle Angaben in der Einheit *Monat* gegeben. Die nachfolgende Matrix stellt für unser System die Zeitverzögerungsmatrix T dar.

Die besonders hervorgehobene Komponente informiert z. B. darüber, dass die Zeitverzögerung sechs Monate beträgt, mit der die *Investitionsnachfrage* (Variable 3) auf das *Reale BIP* (Variable 7) wirkt.

$$T = \begin{pmatrix}
 & 1 & 2 & 3 & 4 & 5 & 6 & 7 & 8 & 9 & 10 & 11 & 12 & 13 & 14 & 15 & 16 \\
1 & 0 & 12 & 0 & 0 & 0 & 0 & 6 & 0 & 0 & 6 & 0 & 0 & 0 & 0 & 0 & 0 \\
2 & 0 & 0 & 0 & 0 & 0 & 0 & 6 & 0 & 0 & 6 & 0 & 0 & 0 & 0 & 0 & 0 \\
3 & 0 & 12 & 0 & 0 & 0 & 0 & \boxed{6} & 0 & 0 & 6 & 0 & 0 & 0 & 0 & 0 & 0 \\
4 & 0 & 12 & 0 & 0 & 0 & 0 & 6 & 0 & 0 & 6 & 1 & 0 & 0 & 0 & 0 & 0 \\
5 & 0 & 0 & 0 & 0 & 0 & 0 & 0 & 0 & 0 & 1 & 0 & 0 & 0 & 0 & 0 & 0 \\
6 & 0 & 6 & 6 & 0 & 0 & 0 & 0 & 0 & 0 & 0 & 0 & 0 & 1 & 0 & 0 & 0 \\
7 & 1 & 0 & 0 & 6 & 0 & 1 & 0 & 1 & 1 & 0 & 0 & 0 & 0 & 0 & 0 & 0 \\
8 & 0 & 0 & 0 & 0 & 0 & 0 & 0 & 0 & 0 & 0 & 0 & 0 & 0 & 0 & 0 & 0 \\
9 & 0 & 1 & 0 & 0 & 0 & 0 & 0 & 0 & 0 & 0 & 1 & 0 & 0 & 0 & 0 & 0 \\
10 & 1 & 0 & 0 & 0 & 0 & 1 & 0 & 0 & 1 & 0 & 0 & 0 & 0 & 0 & 0 & 0 \\
11 & 0 & 0 & 0 & 0 & 0 & 0 & 0 & 0 & 0 & 0 & 0 & 0 & 0 & 0 & 0 & 0 \\
12 & 0 & 1 & 1 & 0 & 0 & 0 & 0 & 0 & 0 & 0 & 0 & 0 & 0 & 0 & 0 & 0 \\
13 & 6 & 0 & 0 & 0 & 0 & 1 & 0 & 0 & 0 & 1 & 0 & 0 & 0 & 0 & 0 & 0 \\
14 & 1 & 0 & 0 & 0 & 0 & 0 & 0 & 0 & 0 & 0 & 0 & 0 & 0 & 0 & 0 & 0 \\
15 & 0 & 0 & 0 & 0 & 0 & 0 & 0 & 0 & 1 & 1 & 0 & 0 & 0 & 0 & 0 & 0 \\
16 & 0 & 0 & 0 & 0 & 0 & 0 & 0 & 0 & 0 & 1 & 0 & 0 & 0 & 0 & 0 & 0
\end{pmatrix}$$

Monate

Die nächste Abbildung zeigt die Visualisierung der Zeitverzögerungsmatrix.

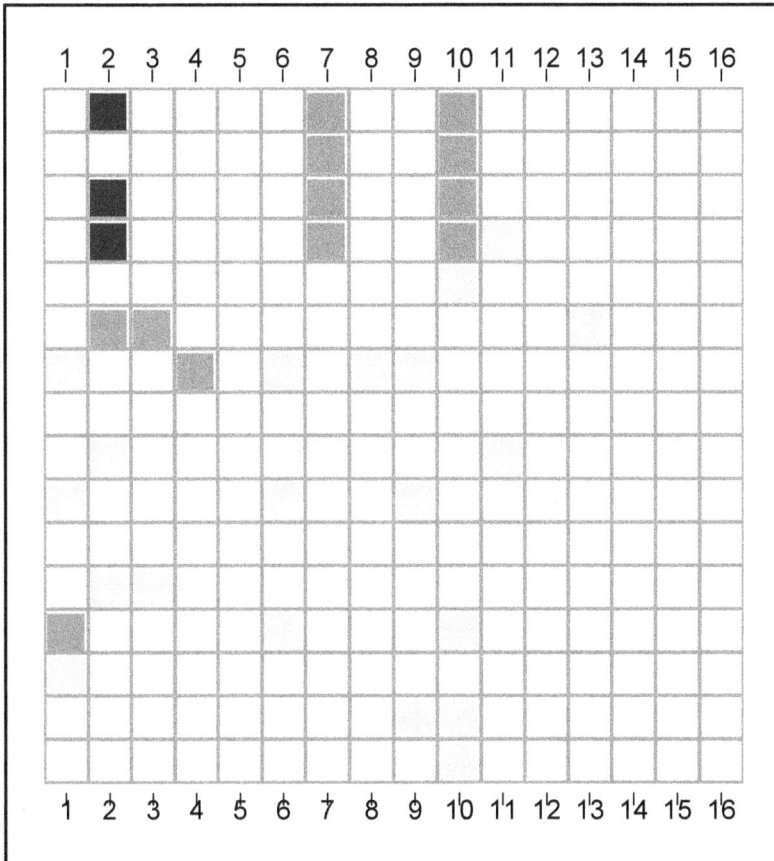

Abb. 4.7:   Grafische Darstellung der Zeitverzögerungsmatrix **T** mit der Einheit Monate. Die hellsten Felder
              entsprechen einem Monat, die schwarzen symbolisieren eine Zeitverzögerung von 12 Monaten.

4.9   Das Zusammenspiel der Matrizen **A, I, T** und **E**

Wir haben gesehen, dass neben der Einflussmatrix **I** auch die Zeitverzögerungsmatrix **T** an
den gleichen Matrixkomponenten wie die Adjazenzmatrix **A** von Null verschiedene Elemente hat. Wir werden in den Abschnitten 4.11 und 4.12 sehen, dass uns die Adjazenzmatrix bzw. Potenzen von ihr die Möglichkeit geben, die in dem komplexen System vorhandenen Regelkreise zu bestimmen. Diese Regelkreisinformationen lassen sich dann leicht
mit den Informationen in der Einfluss- und Zeitverzögerungsmatrix verbinden (s. Abb. 4.8).

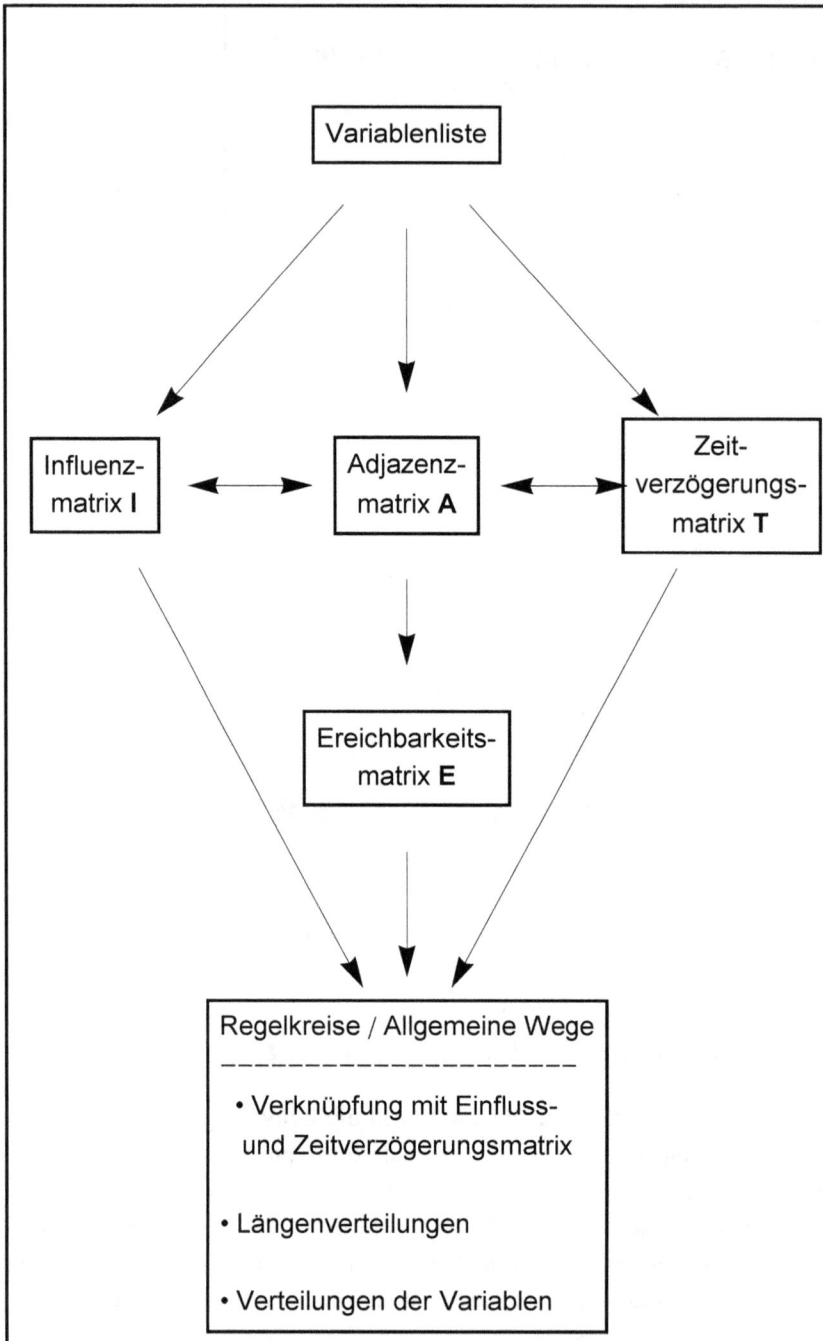

Abb. 4.8:   Die Verknüpfung der Informationen aus Adjazenz-, Einfluss- und Zeitverzögerungsmatrix erlaubt
             die Analyse und Bewertung der im zugehörigen Graphen auftretenden Regelkreise und sonstiger
             allgemeiner Wege.

4.10 Berechnung / Interpretation verschiedener Indizes

Bevor wir die Hamiltonkreise berechnen, wollen wir die Informationen, die in der Einfluss-matrix enthalten sind, extrahieren. Eine erste Analyse der Einflussmatrix $\mathbf{I}$ erlaubt die Be-rechnung einiger Indizes nach Vester (2002).

4.10.1 Aktiv- und Passivsummen

Unter der Aktivsumme für eine Variable versteht man die Summe der Absolutbeträge der Komponenten in der entsprechenden <u>Zeile</u> der Einflussmatrix. Für die Variable *Reales BIP* findet man in der Einflussmatrix in Zeile sieben die folgenden von Null verschiedenen Ein-träge: (-1, -1, 2, 3, 1). Die Summe der Absolutbeträge dieser Zahlen ergibt gerade den Wert acht. Diese Zahl gibt an, dass die Variable *Reales BIP* mit einer gesamten Stärke von acht (unabhängig vom Vorzeichen) in das System hineinwirkt (s. Tab. 4.2). Zu beachten ist in den folgenden Tabellen, dass die Nummerierung nicht den Variablennummern im Abschnitt 4.2 entspricht!

Tab. 4.2: Aktivsummen für die Variablen des Systems.

	Variable	Aktiv-summe
1	Reales BIP	8
2	Staatsnachfrage	8
3	Investitionsnachfrage	6
4	Nettoauslandsnachfrage	6
5	Steuererhöhungen	4
6	Erwartungen	4
7	Preisniveau	4
8	Steuereinnahmen	4
9	Zinssatz	4
10	Konsumnachfrage	4
11	Wechselkurserhöhung	3
12	Lohnstückkosten	3
13	Weltkonjunktur	2
14	Ölpreis	1
15	Budgetsaldo	0
16	Beschäftigung	0

Im Ggegensatz zur Aktivsumme versteht man unter der Passivsumme für eine Variable die Summe der Absolutbeträge der Komponenten in der entsprechenden <u>Spalte</u> der Einflussmatrix. Für die Variable *Reales BIP* summiert man die Einträge (2, 2, 3, 2) und erhält den Wert neun (s. Tab. 4.3). Alle anderen Variablen des Systems wirken demnach mit einer Gesamtstärke von neun auf die Variable *Reales BIP*.

Tab. 4.3:   Passivsummen für die Variablen des Systems.

	Variable	Passiv-summe
1	Preisniveau	13
2	Konsumnachfrage	10
3	Reales BIP	9
4	Steuereinnahmen	5
5	Zinssatz	5
6	Investitionsnachfrage	5
7	Nettoauslandsnachfrage	5
8	Budgetsaldo	4
9	Beschäftigung	3
10	Wechselkurserhöhung	1
11	Staatsnachfrage	1
12	Ölpreis	0
13	Steuererhöhungen	0
14	Weltkonjunktur	0
15	Erwartungen	0
16	Lohnstückkosten	0

4.10.2   Produkte und Verhältnisse der Aktiv- und Passivsummen

Werden für jede Variable die beiden Werte für Aktiv- und Passivsumme multipliziert, ergeben sich die in der Tabelle 4.4 aufgeführten Werte für die Produkte.

Werden für jede Variable die Werte der Aktivsumme durch diejenigen der Passivsumme dividiert, ergeben sich die in der Tabelle 4.5 aufgeführten Werte für die Quotienten. Zu beachten ist, dass manche Variablen den Wert Null als Wert für die Passivsummen haben. In diesem Fall ist den Quotienten formal der Wert Unendlich (∞) zugeordnet (s. z. B. die Variablen *Ölpreis*, *Steuererhöhungen* und *Weltkonjunktur*). Ist der numerische Wert für die Aktivsumme Null, resultiert für den Quotienten der numerische Wert Null (s. z. B. die Variablen *Budgetsaldo* und *Beschäftigung*).

Tab. 4.4:   Produkte aus Aktiv- und Passivsummen für jede Variable.

	Variable	Produkt (Aktivsumme × Passivsumme)
1	Reales BIP	72
2	Preisniveau	52
3	Konsumnachfrage	40
4	Investitionsnachfrage	30
5	Nettoauslandsnachfrage	30
6	Steuereinnahmen	20
7	Zinssatz	20
8	Staatsnachfrage	8
9	Wechselkurserhöhung	3
10	Ölpreis	0
11	Steuererhöhungen	0
12	Weltkonjunktur	0
13	Erwartungen	0
14	Budgetsaldo	0
15	Beschäftigung	0
16	Lohnstückkosten	0

Tab. 4.5:   Quotienten aus Aktiv- und Passivsummen für jede Variable multipliziert mit dem Faktor 100.

	Variable	Quotient×100 (Aktivsumme / Passivsumme)×100
1	Ölpreis	∞
2	Steuererhöhungen	∞
3	Weltkonjunktur	∞
4	Erwartungen	∞
5	Lohnstückkosten	∞
6	Staatsnachfrage	800
7	Wechselkurserhöhung	300
8	Investitionsnachfrage	120
9	Nettoauslandsnachfrage	120
10	Reales BIP	89
11	Steuereinnahmen	80
12	Zinssatz	80
13	Konsumnachfrage	40
14	Preisniveau	31
15	Budgetsaldo	0
16	Beschäftigung	0

4.10.3 Verknüpfung aller Indizes

Die Tabelle 4.6 zeigt die Zusammenfassung aller Indizes geordnet nach den Nummern der Variablen aus Abschnitt 4.2.

Tab. 4.6: Liste der Variablen des Systems mit den Werten für Aktiv- und Passivsummen sowie der Produkte und Quotienten aus diesen beiden Summen.

	Variable	Aktiv-summe	Passiv-summe	Produkt	Quotient ×100
1	Nettoauslandsnachfrage	6	5	30	120
2	Konsumnachfrage	4	10	40	40
3	Investitionsnachfrage	6	5	30	120
4	Staatsnachfrage	8	1	8	800
5	Lohnstückkosten	3	0	0	∞
6	Zinssatz	4	5	20	80
7	Reales BIP	8	9	72	89
8	Beschäftigung	0	3	0	0
9	Steuereinnahmen	4	5	20	80
10	Preisniveau	4	13	52	31
11	Budgetsaldo	0	4	0	0
12	Erwartungen	4	0	0	∞
13	Wechselkurserhöhung	3	1	3	300
14	Weltkonjunktur	2	0	0	∞
15	Steuererhöhungen	4	0	0	∞
16	Ölpreis	1	0	0	∞

4.10.4 Visualisierungen der Indizes

Für jede Variable zeigt Abbildung 4.9 die beiden numerischen Werte für den Aktiv- und Passivindex. Durch diese Darstellung lässt sich auf einen Blick erkennen, ob eine Variable stärker in das System hinein wirkt im Vergleich zu den kumulierten Wirkungen aller anderen Variablen im System auf diese spezielle Variable.

Im Vergleich dazu zeigt Abbildung 4.10 für jede Variable die beiden numerischen Werte für das Produkt und den Quotienten aus Aktiv- und Passivindex. Ein hohes Produkt lässt sich mit einem hohen Vernetzungsgrad dieser Variablen im System assoziieren. Ist der Quotient aus Aktiv- und Passivindex für eine Variable größer als eins, so zeigt dies eine größere Aktivsumme im Vergleich zur Passivsumme an.

Die Informationen in den Abbildungen 4.9 und 4.10 lassen sich zusammenfassend grafisch darstellen (s. Abb. 4.11). Auf der Abszisse sind die Passivsummen (PS) und auf der Ordinate die Aktivsummen (AS) aufgetragen.

Zusätzlich findet man zwei Arten von Orientierungslinien. Dies sind zum einen die Geraden,

Zusätzlich findet man zwei Arten von Orientierungslinen. Dies sind zum einen die Geraden, die vom Ursprung des Koordinatensystems ausgehend nach rechts bzw. oben verlaufen. Sie kennzeichnen Werte gleicher Quotienten von Aktiv- und Passivsumme.

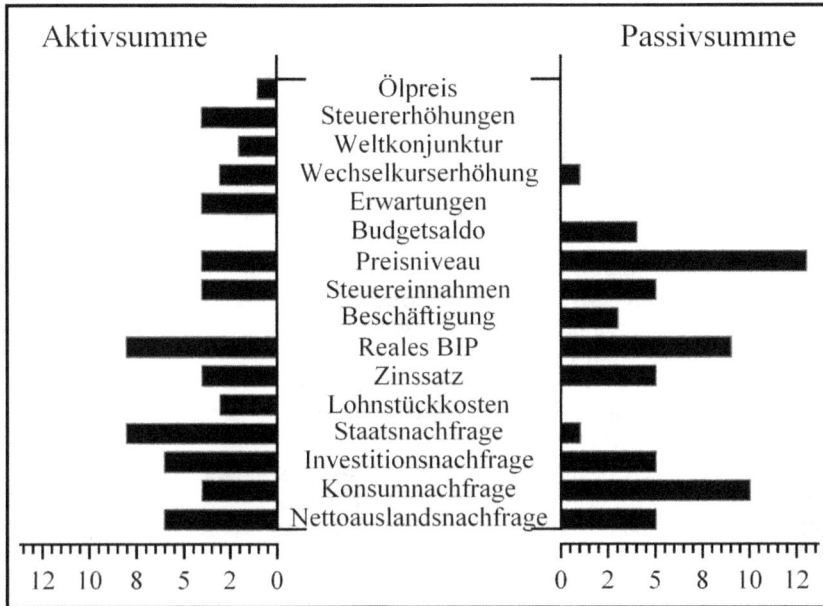

Abb. 4.9:   Gegenüberstellung von Aktiv- und Passivsummen für jede Variable.

Somit beschreibt z. B. die erste Winkelhalbierende – das ist die diagonal verlaufende Gerade vom Ursprung des Koordinatensystems zur Ecke rechts oben – Punkte, auf der Variablen liegen, die exakt gleiche Werte von Aktiv- und Passivsumme aufweisen. In unserem Beispiel liegt das *Reale BIP* (Variable 7 mit AS = 8, PS = 9) nahe an dieser Geraden. Variablen, die in der unteren rechten Ecke lokalisiert sind, weisen also einen Quotienten kleiner als eins auf. Im Vergleich dazu haben Variablen in der oberen linken Ecke einen Quotienten größer als eins.

Die hyperbolischen Kurven, welche den oberen mit dem rechten Rand der Abbildung verbinden, stellen ebenfalls Höhenlinien dar. Jede Linie hat den gleichen Wert für das Produkt von Aktiv- und Passivsumme. So liegt das *Reale BIP* (Variable 7) in der Nähe der Höhenlinie mit dem Wert 72 (AS·PS = 8·9 = 72) im Vergleich zum *Zinssatz* (Variable 6) mit dem Wert 20 (AS·PS = 4·5 = 20). Die Werte der Höhenlinie steigen also, je weiter man sich in diagonaler Richtung nach rechts oben bewegt. Liegt eine Variable in der oberen rechten Ecke, ist sie im gesamten System sehr stark vernetzt.

Diejenigen Variablen mit einem numerischen Wert von Unendlich für den Qutienten liegen auf der Ordinate. Das betrifft z. B. die *Erwartungen* (Variable 12) und *Lohnstückkosten* (Variable 5).

Zu beachten ist noch, dass mehrere Variablen bei gleichen Zahlenwerten von Aktiv- und Passivsummen an der gleichen Position zu finden sind, so z. B. *Zinssatz* (Variable 6) und *Steuereinnahmen* (Variable 9) oder auch *Erwartungen* (Variable 12) und *Steuererhöhungen* (Variable 15).

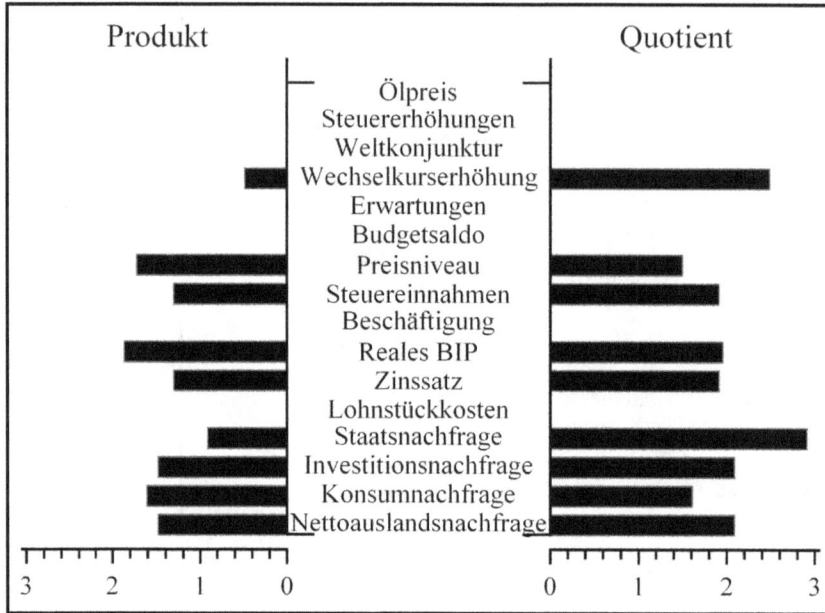

Abb. 4.10:   Gegenüberstellung von Produkten und Quotienten aus Aktiv- und Passivsummen für jede Variable.

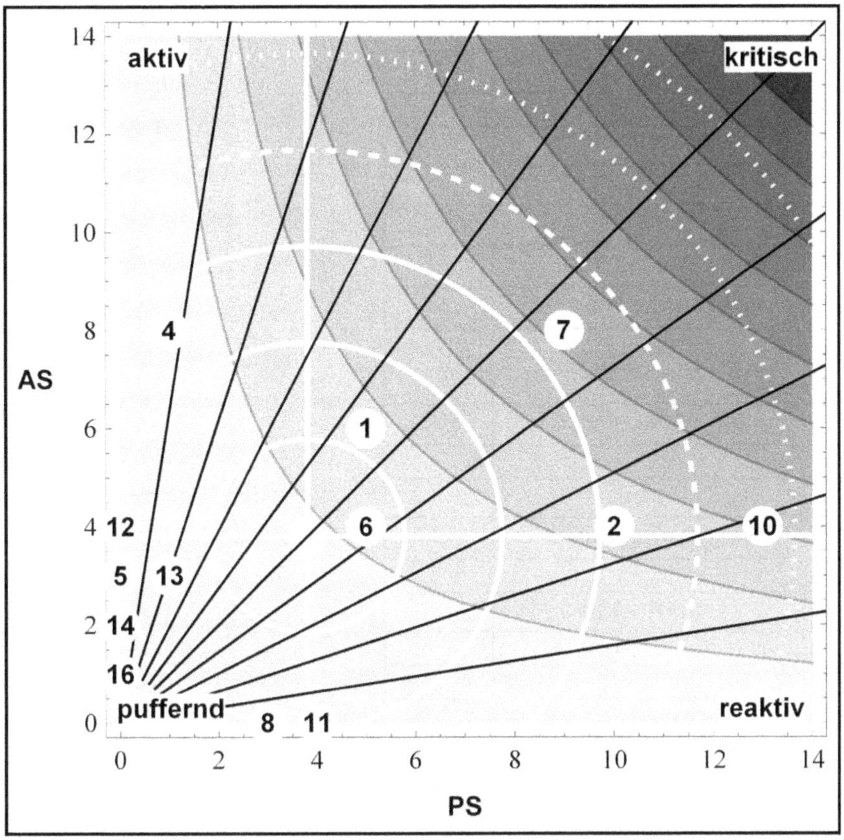

Abb. 4.11: Alle Variablen des komplexen Systems sind sind mit ihren Wertepaaren (Passivsumme / Aktivsumme) in der Abbildung eingetragen. Einige Variablen liegen entweder direkt auf der Abszisse oder auf der Ordinate (Erläuterungen dazu im Text).

4.10.5 Charakterisierungen der Variablen

In Anlehnung an Vester (S. 230ff) wollen wir eine Einteilung der Variablen in aktive, reaktive, kritische und puffernde Variablen vornehmen und die wichtigsten Eigenschaften nennen. Diese sind:

Tab. 4.7:   Einteilung der Variablen anhand der Kriterien aktiv und reaktiv.

#	Charakter	Q·100
	Hoch Aktiv	
5	Lohnstückkosten	∞
12	Erwartungen	∞
14	Weltkonjunktur	∞
15	Steuererhöhungen	∞
16	Ölpreis	∞
4	Staatsnachfrage	800
	Aktiv	
13	Wechselkurserhöhung	300
	Leicht Aktiv	
	– – –	
	Neutral	
1	Nettoauslandsnachfrage	120
3	Investitionsnachfrage	120
7	Reales BIP	89
6	Zinssatz	80
9	Steuereinnahmen	80
	Leicht Passiv	
	– – –	
	Passiv	
2	Konsumnachfrage	40
10	Preisniveau	31
	Hoch Passiv	
11	Budgetsaldo	0
8	Beschäftigung	0

Tab. 4.8: Einteilung der Variablen anhand der Kriterien kritisch und puffernd.

#	Charakter	P
	Hochkritisch	**72.0**
7	Reales BIP	72
	Kritisch	**61.7**
10	Preisniveau	52
	Leicht kritisch	**51.4**
	– – –	
	Neutral	**41.1**
2	Konsumnachfrage	40
	Schwach puffernd	**30.9**
1	Nettoauslandsnachfrage	30
3	Investitionsnachfrage	30
	Puffernd	**20.6**
6	Zinssatz	20
9	Steuereinnahmen	20
	Stark puffernd	**10.3**
4	Staatsnachfrage	8
13	Wechselkurserhöhung	3
5	Lohnstückkosten	0
8	Beschäftigung	0
11	Budgetsaldo	0
12	Erwartungen	0
14	Weltkonjunktur	0
15	Steuererhöhungen	0
16	Ölpreis	0

- Aktive Variablen
  - dienen als Schalthebel
  - stabilisieren das System nach erfolgter Änderung,
- Reaktive Variablen
  - können als Indikatoren dienen
  - eignen sich nicht zur Steuerung des Systems,
- Kritische Variablen
  - eignen sich zur Initiierung von Änderungen
  - können für unkontrolliertes Aufschaukeln und Umkippen des Systems verantwortlich sein,
- Puffernde Variablen
  - eignen sich nicht zu Eingriffen und Kontrollen.

Wichtig ist die Feststellung, dass nicht der Bearbeiter des komplexen Systems die Einteilung der Variablen in eine der vier Klassen vornimmt, sondern das System selbst.

4.11   Geschlossene Regelkreise (Hamiltonkreise)

4.11.1   Bestimmung

In Abschnitt 4.4 hatten wir für unser Ökonomie-System berechnet, dass es insgesamt 214624735 verschiedene Wege in dem zugehörigen Graphen gibt. Von besonderem Interesse in dieser Menge von allen möglichen Wegen sind nun solche, die geschlossen und gerichtet sind. Diese werden als Hamiltonsche Kreise bezeichnet. Sie treten auch im Zusammenhang mit Rundreiseproblemen (Traveling Salesman Problem) auf. Allerdings ist die Lösung eines Rundreiseproblems ein Weg, der alle Knoten genau einmal besucht und geschlossen ist. Für die Analyse des in diesem Kapitel betrachteten Problems werden dagegen alle Hamiltonsche Kreise für alle möglichen Subgraphen benötigt.

Wir bestimmen, falls möglich, in diesem Abschnitt die geschlossenen Regelkreise. Die Vorgehensweise ist wie in Abschnitt 3.2 beschrieben. Entsprechend der Tabelle 3.1 findet man in der Tabelle 4.9 eine Übersicht aller 48 Hamiltonkreise.

Tab. 4.9:   Übersicht aller 48 Hamiltonkreise entsprechend der Variablenliste in Abschnitt 4.2

$$
\begin{pmatrix}
1 & \{1,\ 7,\ 1\} \\
2 & \{1,\ 10,\ 1\} \\
3 & \{4,\ 7,\ 4\} \\
4 & \{6,\ 13,\ 6\} \\
5 & \{1,\ 2,\ 7,\ 1\} \\
6 & \{1,\ 2,\ 10,\ 1\}
\end{pmatrix}
$$

$$
\begin{pmatrix}
7 & \{2,\ 7,\ 4,\ 2\} \\
8 & \{2,\ 7,\ 6,\ 2\} \\
9 & \{2,\ 7,\ 9,\ 2\} \\
10 & \{2,\ 10,\ 6,\ 2\} \\
11 & \{2,\ 10,\ 9,\ 2\} \\
12 & \{3,\ 7,\ 6,\ 3\} \\
13 & \{3,\ 10,\ 6,\ 3\} \\
14 & \{6,\ 13,\ 10,\ 6\} \\
15 & \{1,\ 7,\ 4,\ 10,\ 1\} \\
16 & \{1,\ 7,\ 6,\ 13,\ 1\} \\
17 & \{1,\ 10,\ 6,\ 13,\ 1\} \\
18 & \{2,\ 7,\ 6,\ 3,\ 2\} \\
19 & \{2,\ 10,\ 6,\ 3,\ 2\} \\
20 & \{1,\ 2,\ 7,\ 4,\ 10,\ 1\} \\
21 & \{1,\ 2,\ 7,\ 6,\ 13,\ 1\} \\
22 & \{1,\ 2,\ 10,\ 6,\ 13,\ 1\} \\
23 & \{1,\ 7,\ 4,\ 2,\ 10,\ 1\} \\
24 & \{1,\ 7,\ 6,\ 2,\ 10,\ 1\} \\
25 & \{1,\ 7,\ 6,\ 3,\ 10,\ 1\} \\
26 & \{1,\ 7,\ 6,\ 13,\ 10,\ 1\} \\
27 & \{1,\ 7,\ 9,\ 2,\ 10,\ 1\} \\
28 & \{1,\ 10,\ 6,\ 2,\ 7,\ 1\} \\
29 & \{1,\ 10,\ 6,\ 3,\ 7,\ 1\} \\
30 & \{1,\ 10,\ 9,\ 2,\ 7,\ 1\} \\
31 & \{2,\ 7,\ 4,\ 10,\ 6,\ 2\} \\
32 & \{2,\ 7,\ 4,\ 10,\ 9,\ 2\} \\
33 & \{3,\ 7,\ 4,\ 10,\ 6,\ 3\} \\
34 & \{1,\ 2,\ 7,\ 6,\ 3,\ 10,\ 1\} \\
35 & \{1,\ 2,\ 7,\ 6,\ 13,\ 10,\ 1\} \\
36 & \{1,\ 2,\ 10,\ 6,\ 3,\ 7,\ 1\} \\
37 & \{1,\ 7,\ 4,\ 10,\ 6,\ 13,\ 1\} \\
38 & \{1,\ 7,\ 6,\ 3,\ 2,\ 10,\ 1\} \\
39 & \{1,\ 10,\ 6,\ 3,\ 2,\ 7,\ 1\} \\
40 & \{2,\ 7,\ 4,\ 10,\ 6,\ 3,\ 2\} \\
41 & \{2,\ 7,\ 6,\ 3,\ 10,\ 9,\ 2\} \\
42 & \{2,\ 7,\ 6,\ 13,\ 10,\ 9,\ 2\} \\
43 & \{2,\ 10,\ 6,\ 3,\ 7,\ 4,\ 2\} \\
44 & \{2,\ 10,\ 6,\ 3,\ 7,\ 9,\ 2\} \\
45 & \{1,\ 2,\ 7,\ 4,\ 10,\ 6,\ 13,\ 1\} \\
46 & \{1,\ 7,\ 4,\ 2,\ 10,\ 6,\ 13,\ 1\} \\
47 & \{1,\ 7,\ 9,\ 2,\ 10,\ 6,\ 13,\ 1\} \\
48 & \{1,\ 10,\ 9,\ 2,\ 7,\ 6,\ 13,\ 1\}
\end{pmatrix}
$$

4.11.2   Visualisierung

Wir stellen in den Abbildungen 4.12–4.15 einige Regelkreise für unterschiedliche Längen inklusive der Variablenfolgen grafisch dar. Weitere Visualisierungen der Regelkreise über die Verknüpfung der Komponenten in der Adjazenzmatrix findet der Leser im Internet: 🆆

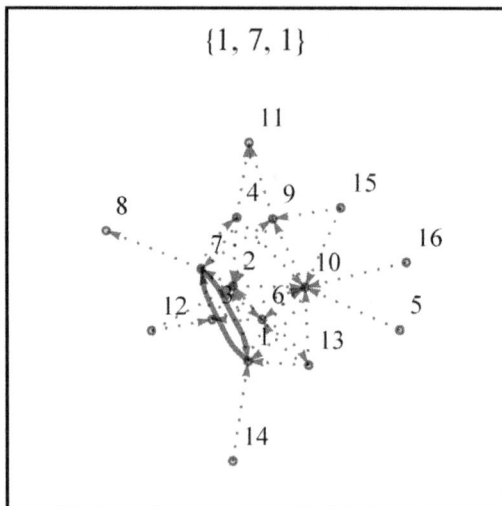

Abb. 4.12:   Regelkreis der Länge <u>zwei</u> über die Variablen *Nettoauslandsnachfrage → Reales BIP → Nettoaus-landsnachfrage* (1 → 7 → 1).

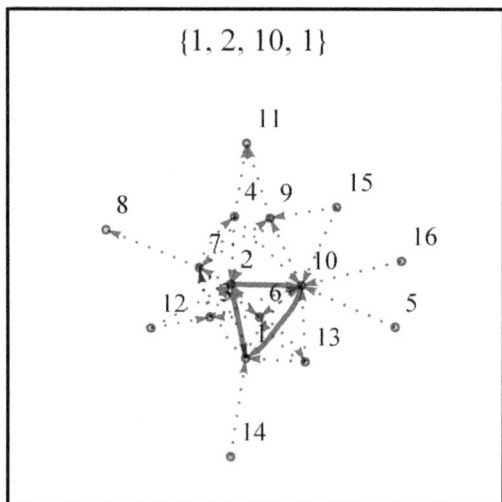

Abb. 4.13:   Regelkreis der Länge <u>drei</u> über die Variablen *Nettoauslandsnachfrage → Konsumnachfrage → Preisniveau → Nettoauslandsnachfrage* (1 → 2 → 10 → 1).

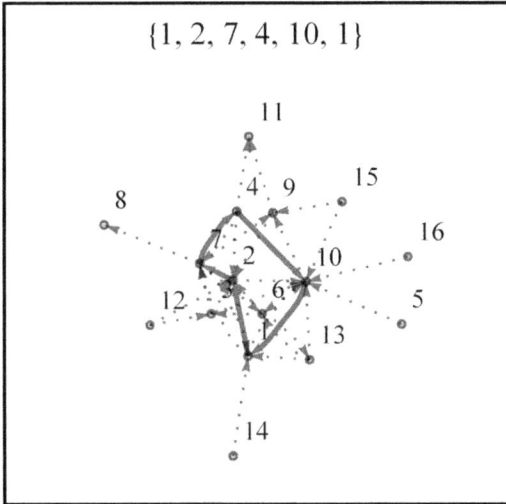

Abb. 4.14: Regelkreis der Länge <u>fünf</u> über die Variablen *Nettoauslandsnachfrage → Konsumnachfrage → Reales BIP → Staatsnachfrage → Preisniveau → Nettoauslandsnachfrage* ($1 \to 2 \to 7 \to 4 \to 10 \to 1$).

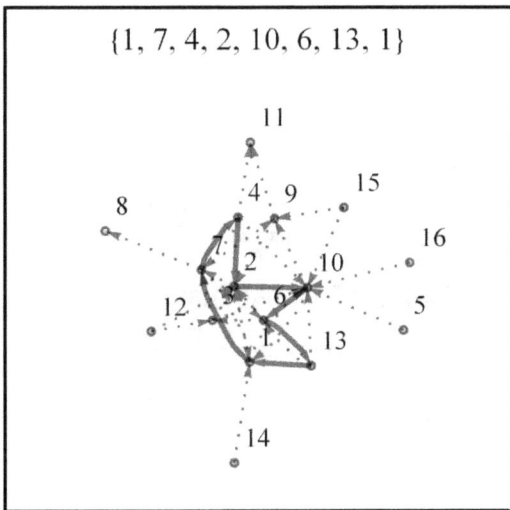

Abb. 4.15: Regelkreis der Länge <u>sieben</u> über die Variablen *Nettoauslandsnachfrage → Reales BIP → Staatsnachfrage → Konsumnachfrage → Preisniveau → Zinssatz → Wechselkurserhöhung → Nettoausland nachfrage* ($1 \to 7 \to 4 \to 2 \to 10 \to 6 \to 13 \to 1$).

4.11.3   Auswertung und Interpretation

Zuerst sehen wir uns die Verteilung der Längen der Regelkreise an (s. Abb. 4.16):

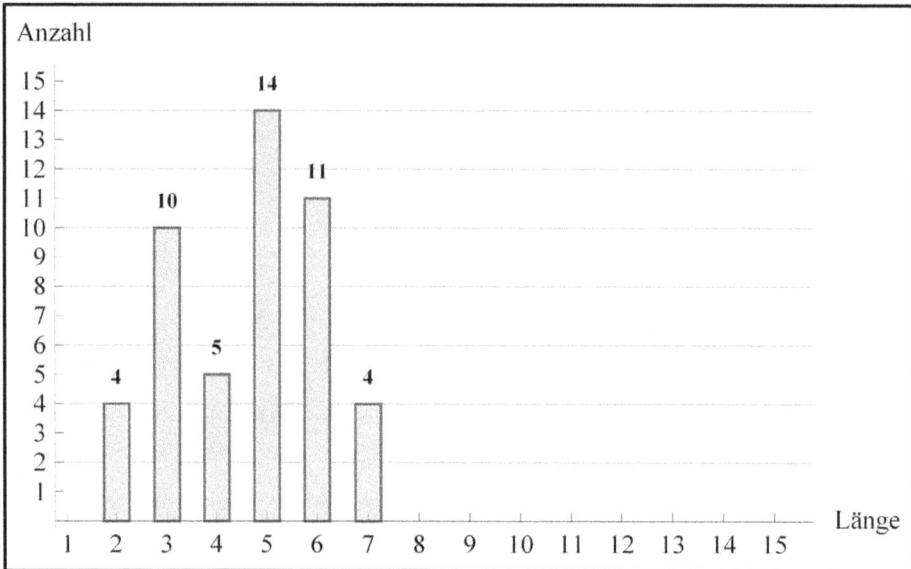

Abb. 4.16:   Histogramm der Längenverteilung der Regelkreise. Es gibt z. B. fünf Regelkreise der Länge vier
               und 14 Regelkreise der Länge fünf.

Es existieren Regelkreise mit einer maximalen Länge von sieben Kanten in diesem System
mit 16 Knoten. Welche der 16 Variablen an den jeweiligen Regelkreisen beteiligt sind, zeigt
die nächste Abbildung:

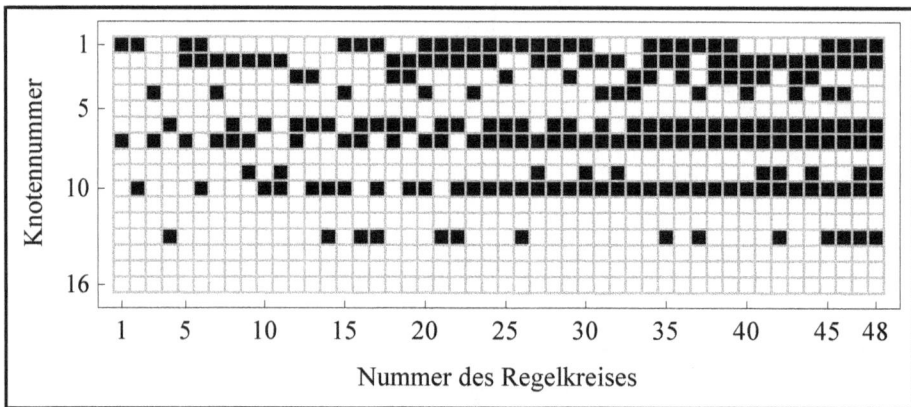

Abb. 4.17:   Verteilung der Knotennummern (Variablen), die in den Regelkreisen enthalten sind.

Man erkennt auf einen Blick, dass die Variablen 1 (*Nettoauslandsnachfrage*), 2 (*Konsumnachfrage*), 6 (*Zinssatz*), 7 (*Reales BIP*) und 10 (*Preisniveau*) in sehr vielen Regelkreisen
eine Rolle spielen. Eine genaue Übersicht liefert Tabelle 4.10.

Die Variable *Nettoauslandsnachfrage* ist also an 12,6% aller Regelkreise beteiligt. Es wird
auch deutlich, dass bereits sehr wenige Knoten (Variablen) viele Regelkreise kontrollieren.

Tab. 4.10: Beteiligung der Variablen entsprechend der Variablenliste in Abschnitt 4.2 an den Regelkreisen.

Nr.	Variable	Anzahl	Anteil in %
1	Nettoauslandsnachfrage	28	12.6
2	Konsumnachfrage	33	14.9
3	Investitionsnachfrage	15	6.8
4	Staatsnachfrage	13	5.9
5	Lohnstückkosten	0	0
6	Zinssatz	34	15.3
7	Reales BIP	38	17.1
8	Beschäftigung	0	0
9	Steuereinnahmen	10	4.5
10	Preisniveau	37	16.7
11	Budgetsaldo	0	0
12	Erwartungen	0	0
13	Wechselkurserhöhung	14	6.3
14	Weltkonjunktur	0	0
15	Steuererhöhungen	0	0
16	Ölpreis	0	0

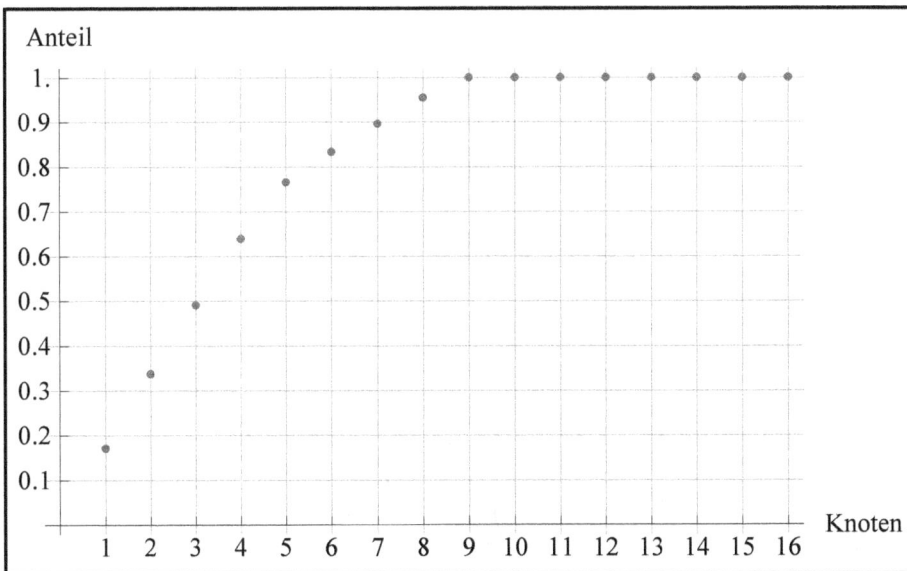

Abb. 4.18: Kumulierte Wahrscheinlichkeit über der Anzahl der beteiligten Knoten. Die Ordnung ist nach den Anteilen in Tab. 4.10 vorgenommen. Der Knoten 1 hat also den höchsten Anteil, der Knoten 2 den zweithöchsten etc.

Abbildung 4.18 quantifiziert diesen Befund. Vier der 16 Variablen sind an ca. 65% der Regelkreise beteiligt. Dies sind die Variablen *Reales BIP*, *Preisniveau*, *Zinssatz* und

Konsumnachfrage. Mit den nächsten drei Variablen sind schon ca. 90% aller Regelkreise beschrieben.

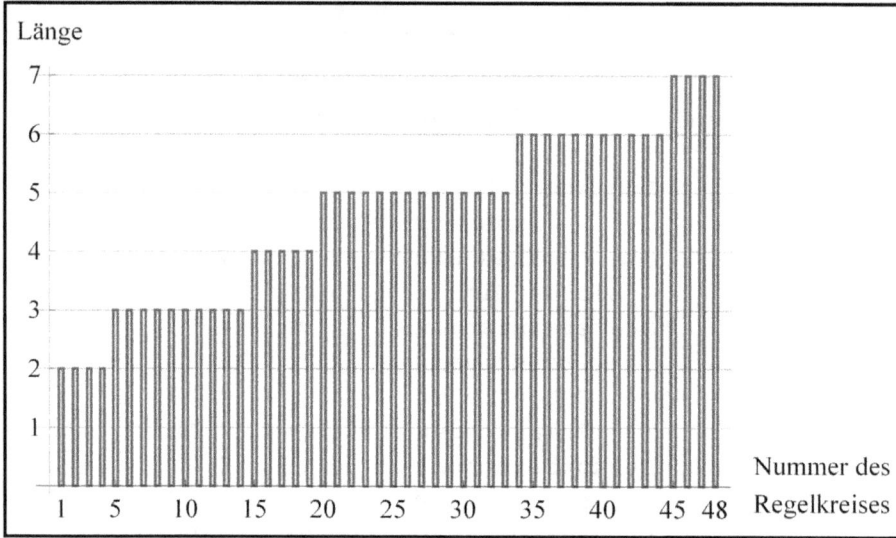

Abb. 4.19:   Länge über der Nummer des Regelkreises.

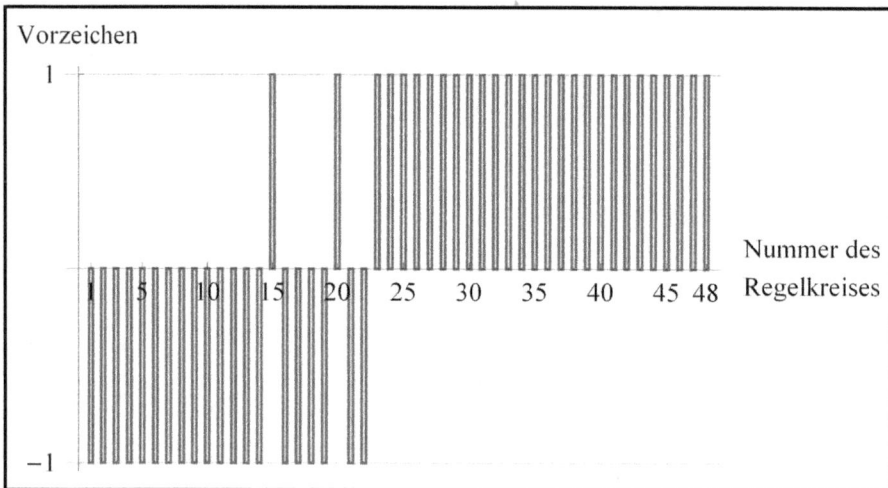

Abb. 4.20:   Vorzeichen über der Nummer des Regelkreises.

Die folgenden Abbildungen zeigen verschiedene Zusammenhänge auf. In den Abbildungen 4.19 bis 4.21 werden die Eigenschaften *Länge*, *Vorzeichen* und *Zeitverzögerung* über der jeweiligen *Nummer des Regelkreise* dargestellt. Die möglichen Verknüpfungen zwischen jeweils zwei dieser Informationen zeigen die Abbildungen 4.22 bis 4.25. Dabei handelt es sich um die Beziehungen *Länge der Regelkreise* und *Vorzeichen* bzw. *Zeitverzögerungen*

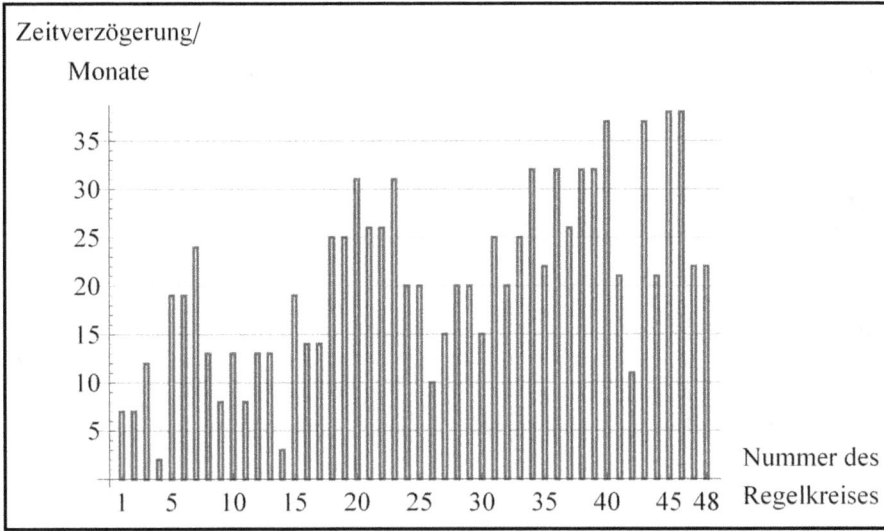

Abb. 4.21:   Zeitverzögerung über der Nummer des Regelkreises.

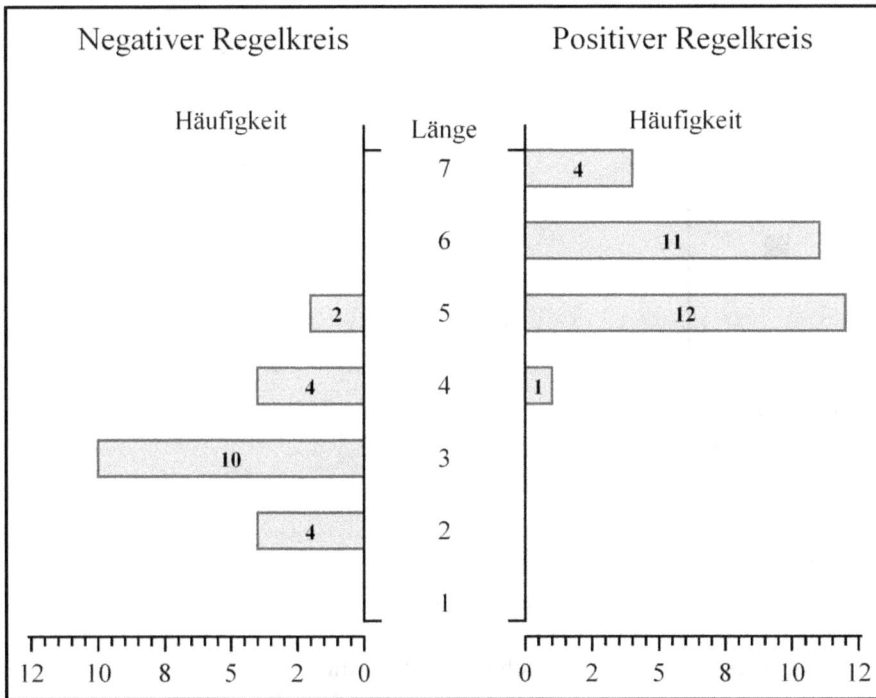

Abb. 4.22:   Häufigkeiten über der Länge der Regelkreise, getrennt für negative und positive Regelkreise.

sowie die Verbindung zwischen *Zeitverzögerungen* und *Vorzeichen*. Die Abbildung 4.26 stellt schließlich alle Informationen in komprimierter Form dar.

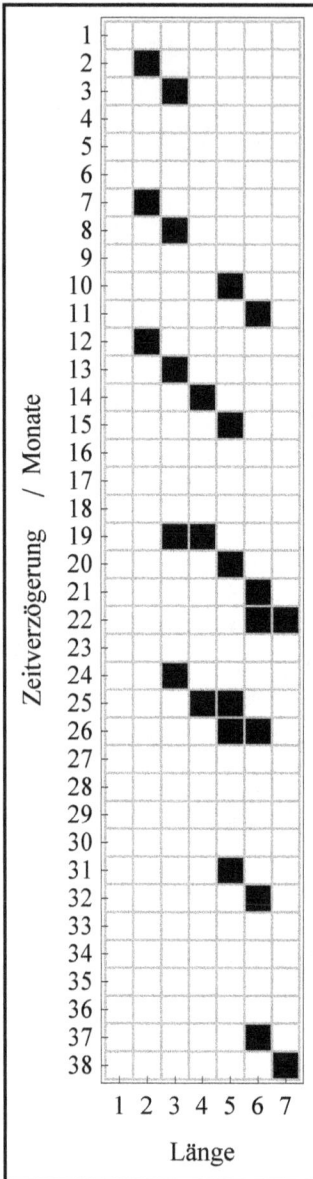

Abb. 4.23:   Zeitverzögerungen über der Länge der Regelkreise.

Es fällt auf, dass die Regelkreise mit einer hohen Nummer (dies sind gerade die Regelkreise mit einer großen Anzahl von Kanten, also einer großen Länge) tendenziell ein positives Vorzeichen haben und somit verstärkend wirken (s. Abb. 4.22).

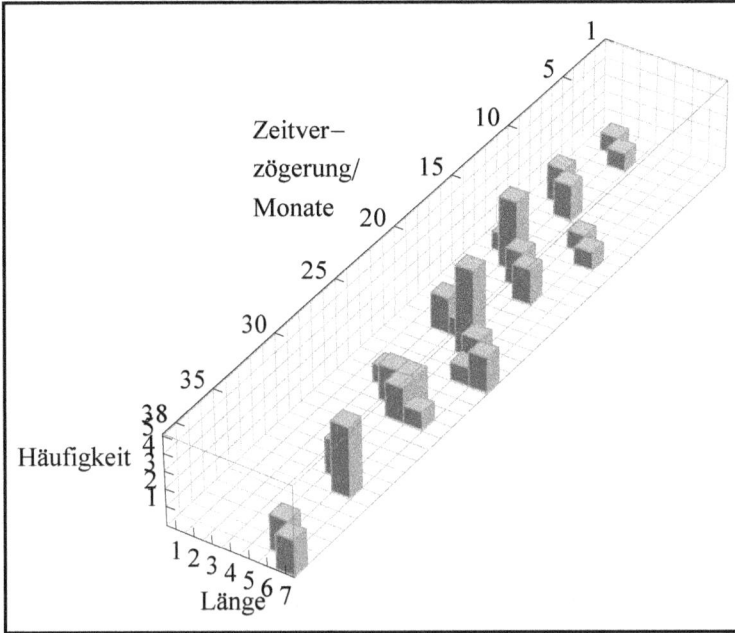

Abb. 4.24:   Häufigkeit für die Kombination aus Zeitverzögerungen und Längen der Regelkreise.

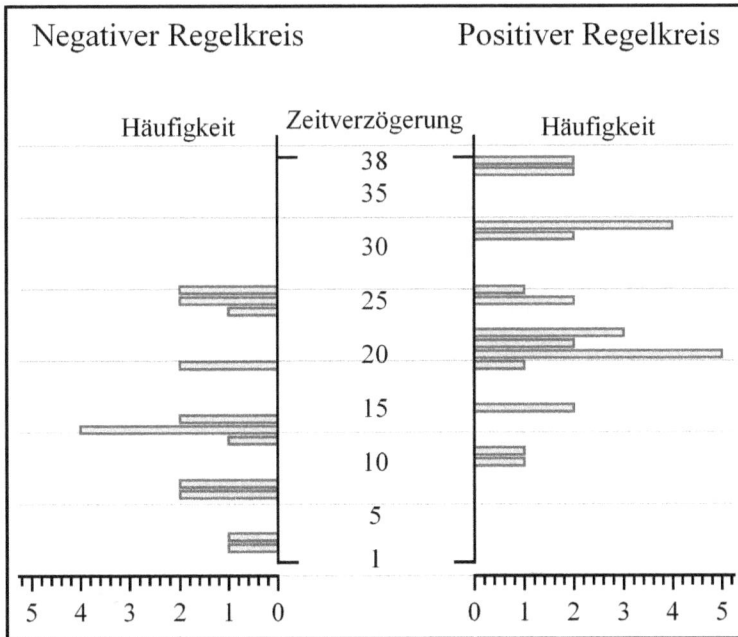

Abb. 4.25:   Häufigkeit über der Zeitverzögerung, getrennt für negative und positive Regelkreise.

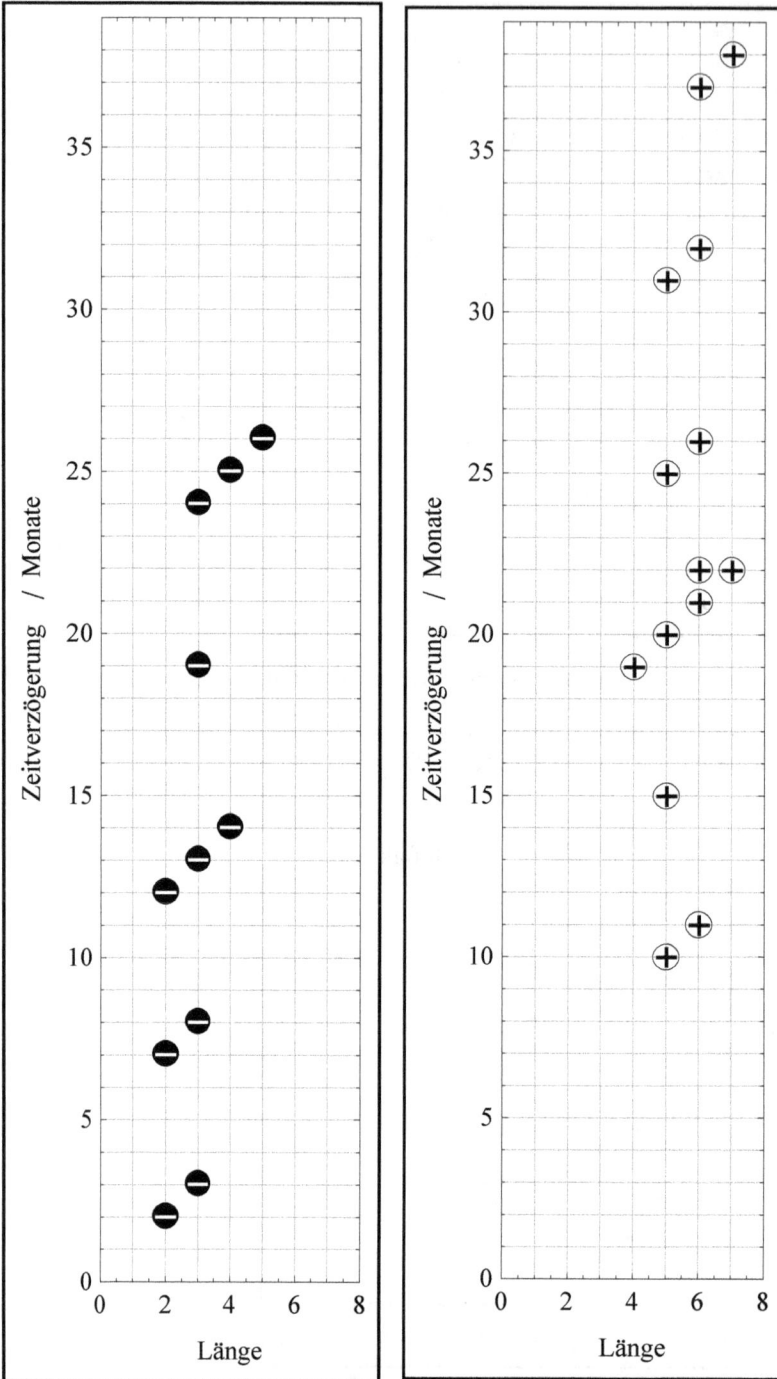

Abb. 4.26:   Vorzeichen der Regelkreise für die Zeitverzögerungen über der Länge der Regelkreise.

Abbildung 4.21 zeigt, dass es einerseits bei kurzen und langen Regelkreisen sowohl kleine als auch große Zeitverzögerungen gibt, aber eine Tendenz zu großen Zeitverzögerungen für längere Regelkreise zu beobachten ist.

In der Abbildung 4.22 sind die Informationen über Länge und Vorzeichen der Regelkreise aus den Abbildungen 4.19 und 4.20 zusammengefasst. Es festigt sich der Eindruck, dass die langen Regelkreise eher ein positives Vorzeichen aufweisen. Lange Regelkreise wirken in einem System verstärkend.

Welche Kombinationen von Zeitverzögerungen und Länge der Regelkreise in dem betrachteten System überhaupt auftreten, läßt sich aus Abbildung 4.23 ersehen. Ein augenfälliger Zusammenhang ist nicht ersichtlich. Die Information über die Häufigkeit, mit der die Kombinationen auftreten, gehen bei dieser Art der Darstellung verloren. Diese Information ist in Abbildung 4.24 zusätzlich eingeführt worden.

Der Zusammenhang zwischen Zeitverzögerung und Vorzeichen kann der Abbildung 4.25 entnommen werden. Es wird deutlich, dass ab einer Zeitverzögerung von ca. 20 Monaten die Regelkreise überwiegend positive Vorzeichen aufweisen.

Abbildung 4.26 enthält alle oben besprochenen Informationen in einer Darstellung. Jeder Punkt hat die Koordinaten Länge und Zeitverzögerung. Positive Regelkreise sind durch ein „+", negative durch ein „-" gekennzeichnet. Es ist leicht zu sehen, dass die Menge der Regelkreise in zwei Untergruppen zerfällt. Tendenziell längere Regelkreise weisen eine größere Länge und ein positives Vorzeichen auf. Demgegenüber sind kürzere Regelkreise mit einer kleineren Zeitverzögerung und einem negativen Vorzeichen versehen.

Wir haben alle Informationen zusammengetragen. Damit steht der Verknüpfung mit den Informationen in der Einfluss- und Zeitverzögerungsmatrix in Form einer tabellarischen Aufstellung der Regelkreise nichts mehr im Wege. Die Zusammenhänge für einige Regelkreise zeigt Tabelle 4.11.Ⓦ

Tab. 4.11: Einige Regelkreise aus Tab. 4.9 entsprechend der Abbildungen 4.12–4.15 einschließlich der Informationen über die Vorzeichen und Zeitverzögerungen für jede Verbindung zwischen zwei Variablen als auch für den ganzen Regelkreis.

1	− / 7 Monate
Nettoauslandsnachfrage	2 —————→ Δt: 6 Monate
Reales BIP	− 1 —————→ Δt: 1 Monat
Nettoauslandsnachfrage	

6	– / 19 Monate

Nettoauslandsnachfrage	2 ———————→ Δt: 12 Monate
Konsumnachfrage	2 ———————→ Δt: 6 Monate
Preisniveau	-1 ———————→ Δt: 1 Monat

Nettoauslandsnachfrage

20	+ / 31 Monate

Nettoauslandsnachfrage	2 ———————→ Δt: 12 Monate
Konsumnachfrage	2 ———————→ Δt: 6 Monate
Reales BIP	-1 ———————→ Δt: 6 Monate
Staatsnachfrage	2 ———————→ Δt: 6 Monate
Preisniveau	-1 ———————→ Δt: 1 Monat

Nettoauslandsnachfrage

46	**+ / 38 Monate**

Nettoauslandsnachfrage	$\xrightarrow{2}$
	$\Delta t:\ 6\ \text{Monate}$
Reales BIP	$\xrightarrow{-1}$
	$\Delta t:\ 6\ \text{Monate}$
Staatsnachfrage	$\xrightarrow{2}$
	$\Delta t:\ 12\ \text{Monate}$
Konsumnachfrage	$\xrightarrow{2}$
	$\Delta t:\ 6\ \text{Monate}$
Preisniveau	$\xrightarrow{2}$
	$\Delta t:\ 1\ \text{Monat}$
Zinssatz	$\xrightarrow{-1}$
	$\Delta t:\ 1\ \text{Monat}$
Wechselkurserhöhung	$\xrightarrow{1}$
	$\Delta t:\ 6\ \text{Monate}$
Nettoauslandsnachfrage	

Durch die Möglichkeit, gefundene Regelkreise mit den Informationen über Wirkungsstärken und Zeitverzögerungen zu verknüpfen, lassen sich die Regelkreise einschließlich der Zusatzinformationen sehr anschaulich interpretieren. Die Variablen der Regelkreise sind im Allgemeinen Steuerungsgrößen im politischen bzw. ökonomischen Geschehen. Ändert sich im ersten Regelkreis die Variable *Nettoauslandsnachfrage* oder wird von außen geändert, hat dies einen Einfluss auf das *Reale BIP*. Schließlich wirkt aber das *Reale BIP* wieder zurück auf die Variable *Nettoauslandsnachfrage*. Die weitere Analyse ergibt, dass der so beschriebene Prozess natürlich zeitverzögert abläuft (da Wirkungen nicht sofort eintreten) und nach ca. 7 Monaten an Änderungen der Variablen *Nettoauslandsnachfrage* registrierbar werden. Zusätzlich kann noch die Aussage getroffen werden, dass dieser Prozess in diesem speziellen Regelkreis eine abschwächende Wirkung hat – dies wird bestimmbar aus den Vorzeichen der Einzelwirkungen.

Die Abbildungen 4.27–4.29 zeigen alle Informationen jeweils einen Regelkreis betreffend zusammenfassend grafisch aufbereitet.

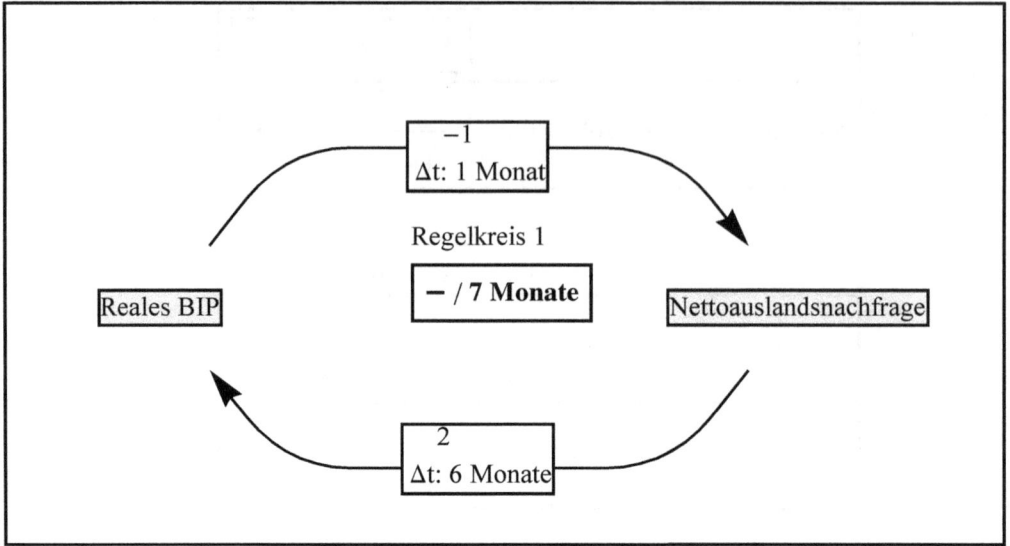

Abb. 4.27:   Darstellung des Regelkreises 1 aus Tab. 4.1.

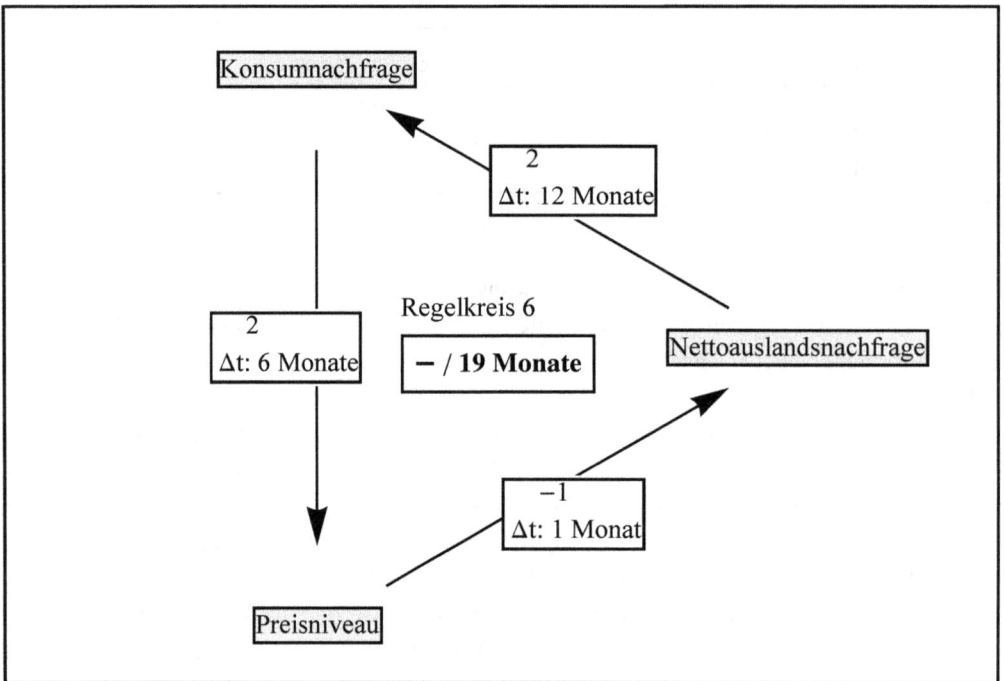

Abb. 4.28:   Darstellung des Regelkreises 6 aus Tab. 4.1.

−1
Δt: 6 Monate

2
Δt: 12 Monate   Staatsnachfrage

Reales BIP

Konsumnachfrage

2
Δt: 6 Monate

2
Δt: 6 Monate

Regelkreis 46

+ / 38 Monate

Nettoauslandsnachfrage

Preisniveau

1
Δt: 6 Monate

Wechselkurserhöhung

2
Δt: 1 Monat   Zinssatz

−1
Δt: 1 Monat

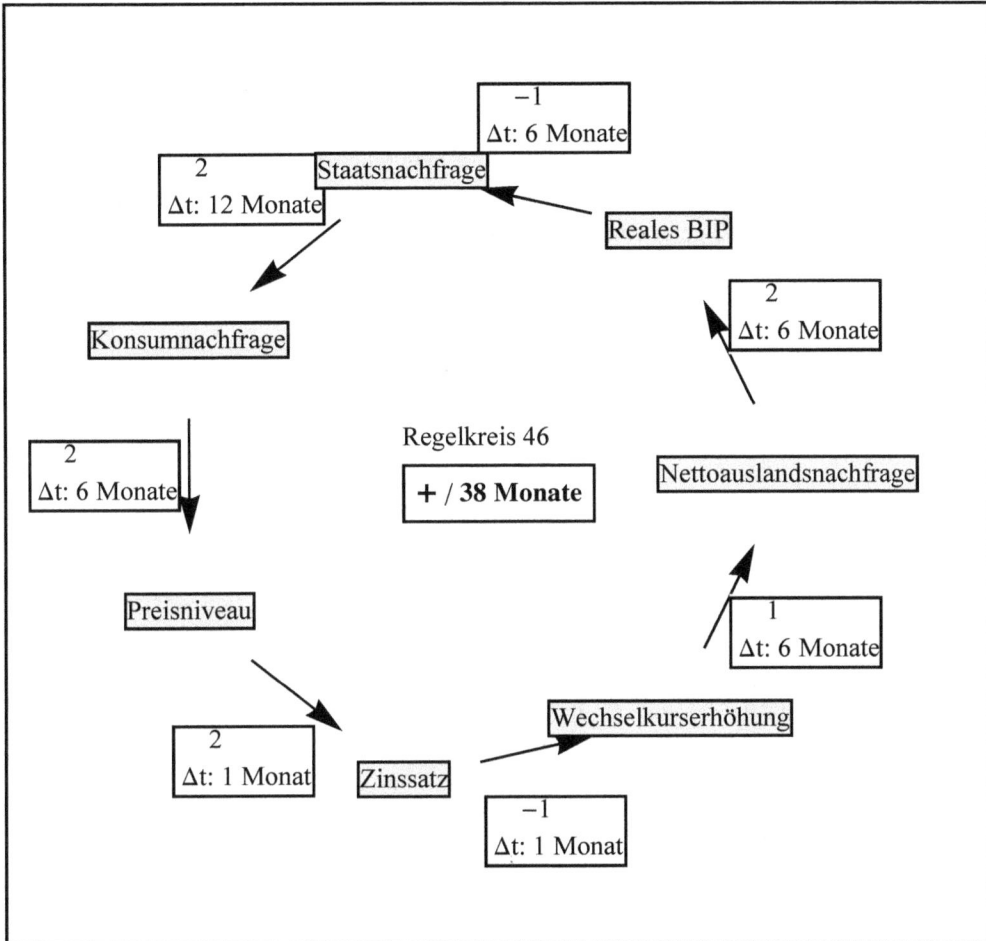

Abb. 4.29:   Darstellung des Regelkreises 46 aus Tab. 4.1.

Durch die Aufbereitung der Gesamtheit aller gefundenen Regelkreise lässt sich also eine Übersicht gewinnen über die Vernetztheit des zugrunde liegenden Graphen. Ebenso lassen sich diejenigen Variablen identifizieren, die in mehreren Regelkreisen eingebunden sind und somit bei einer Änderung nach verschieden langen Zeitintervallen starke Änderungen in den Werten anderer Variablen hervorrufen können. Dieses Verhalten ist unabhängig davon, ob diese Änderungen ihren Ursprung außerhalb oder innerhalb des Systems haben.

Beim Vergleich der Eigenschaften aller gefundenen Regelkreise fällt auf, dass vermehrt verstärkende Regelkreise, die viele Variablen enthalten und große Zeitverzögerungen aufweisen, einer kleineren Zahl abschwächender Regelkreise mit wenigen Variablen und kleineren Zeitverzögerungen gegenüberstehen. Vester charakterisiert solche Systeme als tendenziell nicht stabil (Vester, 2002), da positive Rückkopplungen über negative dominieren.

4.12   Allgemeine Wege und Erreichbarkeit von Variablen

4.12.1   Bestimmung

Von den in Abschnitt 4.4 berechneten 214624735 möglichen Wegen sind für uns nur 1844 interessant, da sie keine Schlaufen enthalten und jeden Knoten, also jede Variable nur einmal besuchen. Tabelle 4.12 zeigt eine kleine Auswahl dieser Wege. Ⓦ

Tab. 4.12:   Auswahl der möglichen 1844 Wege im gegebenen Graphen entsprechend der Variablenliste in Abschnitt 4.2.

$$
\begin{pmatrix}
1 & \{1,\ 2\} \\
2 & \{1,\ 7\} \\
3 & \{1,\ 10\} \\
4 & \{2,\ 7\} \\
5 & \{2,\ 10\} \\
6 & \{3,\ 2\} \\
7 & \vdots \\
8 & \{10,\ 9,\ 2,\ 7,\ 1\} \\
9 & \{10,\ 9,\ 2,\ 7,\ 4\} \\
10 & \{10,\ 9,\ 2,\ 7,\ 6\} \\
11 & \{10,\ 9,\ 2,\ 7,\ 8\} \\
12 & \{12,\ 2,\ 7,\ 1,\ 10\} \\
13 & \{12,\ 2,\ 7,\ 4,\ 10\} \\
14 & \{12,\ 2,\ 7,\ 4,\ 11\} \\
15 & \vdots \\
16 & \{12,\ 3,\ 10,\ 6,\ 13,\ 1,\ 2,\ 7,\ 4\} \\
17 & \{12,\ 3,\ 10,\ 6,\ 13,\ 1,\ 2,\ 7,\ 8\} \\
18 & \{12,\ 3,\ 10,\ 6,\ 13,\ 1,\ 2,\ 7,\ 9\} \\
19 & \{12,\ 3,\ 10,\ 6,\ 13,\ 1,\ 7,\ 4,\ 2\} \\
20 & \{12,\ 3,\ 10,\ 6,\ 13,\ 1,\ 7,\ 4,\ 11\} \\
21 & \{12,\ 3,\ 10,\ 6,\ 13,\ 1,\ 7,\ 9,\ 2\} \\
22 & \{12,\ 3,\ 10,\ 6,\ 13,\ 1,\ 7,\ 9,\ 11\}
\end{pmatrix}
$$

4.12.2   Visualisierung

Wir stellen in den folgenden Abbildungen einige Wege für unterschiedliche Längen inklusive der Variablenfolgen grafisch dar. Visualisierungen der Wege über die Verknüpfung der Komponenten in der Adjazenzmatrix findet der Leser im Internet: Ⓦ

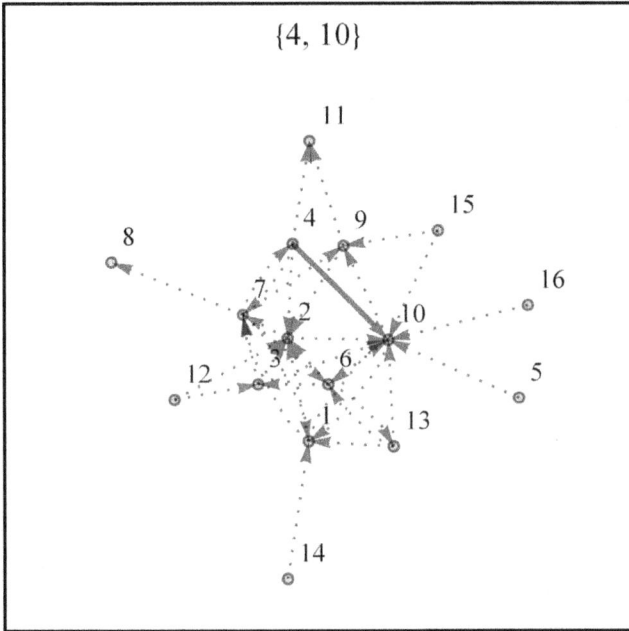

Abb. 4.30: Weg der Länge <u>eins</u> über die Variablen *Staatsnachfrage* → *Preisniveau* (4 → 10).

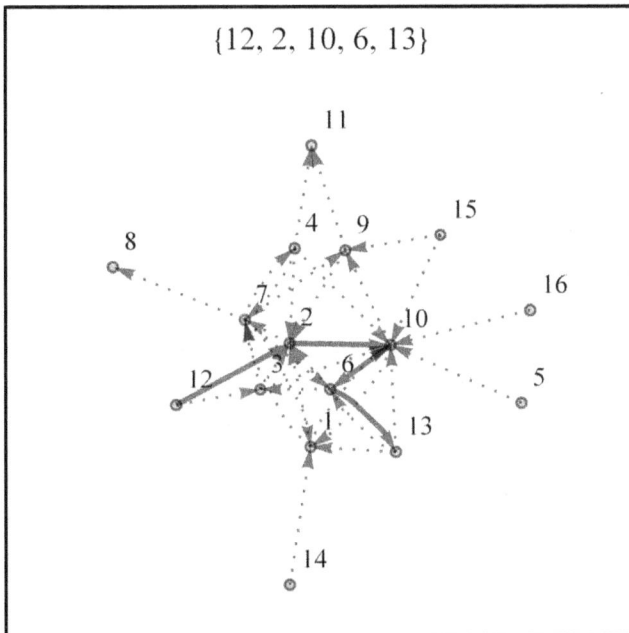

Abb. 4.31: Weg der Länge <u>vier</u> über die Variablen *Erwartungen* → *Konsumnachfrage* → *Preisniveau* → *Zinssatz* → *Wechselkurserhöhung* (12 → 2 → 10 → 6 → 13).

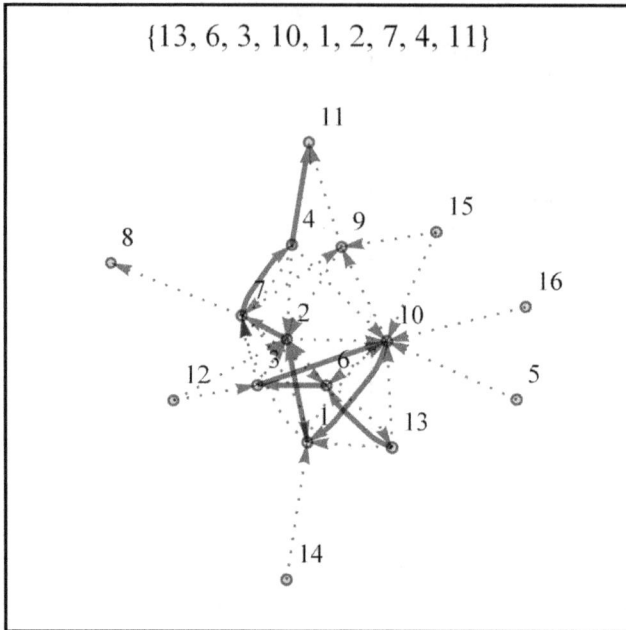

Abb. 4.32:   Weg der Länge <u>acht</u> über die Variablen *Wechselkurserhöhung → Zinssatz → Investitionsnachfrage → Preisniveau → Nettoauslandsnachfrage → Konsumnachfrage → Reales BIP → Staatsnachfrage → Budgetsaldo* (13 → 6 → 3 → 10 → 1 → 2 → 7 → 4 → 11).

4.12.3   Auswertung und Interpretation

Wir schauen uns zuerst wie in Abschnitt 4.11.3 eine Übersicht der Längen der Wege an (s. Abb. 4.33):

Die maximale Länge der allgemeinen Wege besteht aus neun Kanten. Die Abbildung 4.34 gibt einen ersten Hinweis darauf, welche der 16 Variablen an den einzelnen Wegen beteiligt sind.

Wie bei den Hamiltonkreisen erkennt man, dass die Variablen 1 (*Nettoauslandsnachfrage*), 2 (*Konsumnachfrage*), 6 (*Zinssatz*), 7 (*Reales BIP*) und 10 (*Preisniveau*) in sehr vielen Wegen eine Rolle spielen. Eine genaue Übersicht liefert Tabelle 4.13.

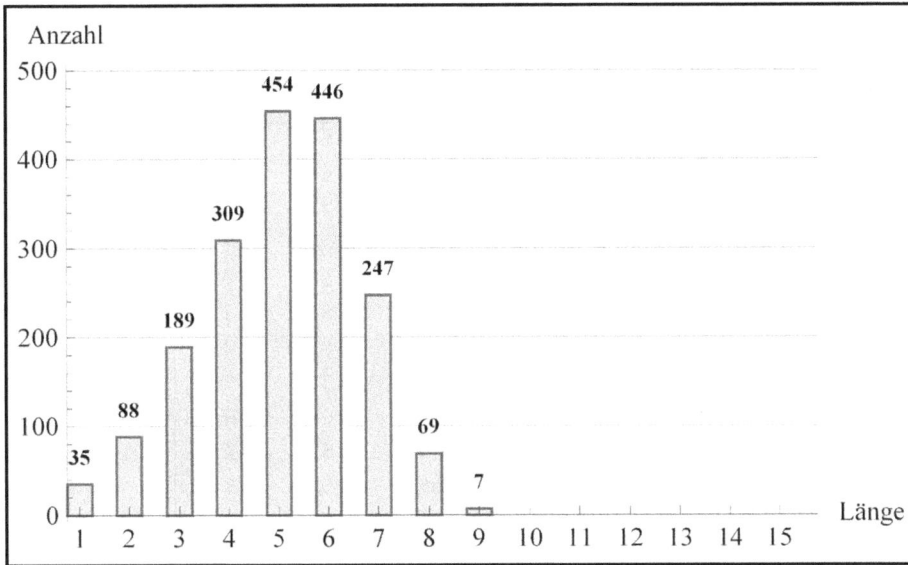

Abb. 4.33:   Histogramm der Längenverteilung aller allgemeinen Wege. Es gibt z. B. 309 Wege der Länge vier und 454 Wege der Länge fünf.

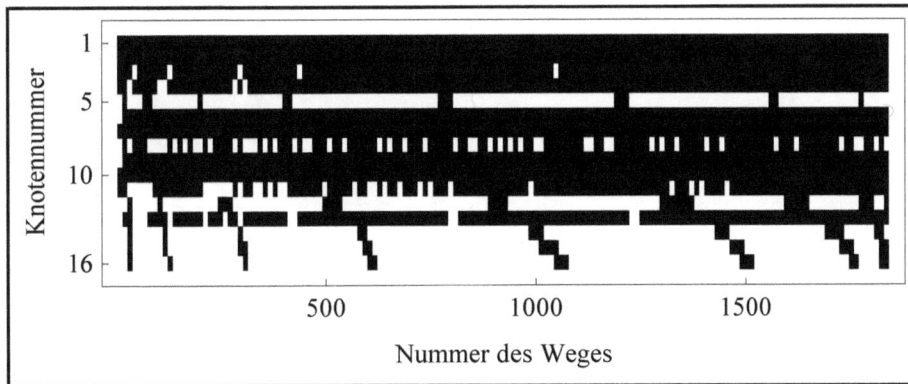

Abb. 4.34:   Verteilung der Knotennummern (Variablen), die in den Wegen enthalten sind.

Die Variable *Nettoauslandsnachfrage* ist also an 10,5% aller Wege beteiligt. Es wird auch deutlich, dass bereits sehr wenige Knoten (Variablen) viele Wege kontrollieren. Die Abb. 4.35 quantifiziert diesen Befund. Fünf der 16 Variablen sind an etwas mehr als 60% der Wege beteiligt. Dies sind die Variablen *Reales BIP, Preisniveau, Konsumnachfrage, Zinssatz* und *Nettoauslandsnachfrage*. Mit den nächsten fünf Variablen sind schon über 90% aller Wege beschrieben. Es sei noch angemerkt, dass wir bis jetzt eine Betrachtung der Wege über alle Längen hinweg vorgenommen haben.

Wir wollen uns nun die Wege gleicher Länge genauer ansehen und analysieren, welche Knoten sie verbinden. In Abbildung 4.33 haben wir gesehen, dass es Wege mit einer bis zu

Tab. 4.13:   Beteiligung der Variablen entsprechend der Variablenliste in Abschnitt 4.2 an den Wegen.

Nr.	Variable	Anzahl	Anteil in %
1	Nettoauslandsnachfrage	1167	10.5
2	Konsumnachfrage	1344	12.1
3	Investitionsnachfrage	878	7.9
4	Staatsnachfrage	651	5.8
5	Lohnstückkosten	82	0.7
6	Zinssatz	1286	11.5
7	Reales BIP	1588	14.2
8	Beschäftigung	131	1.2
9	Steuereinnahmen	794	7.1
10	Preisniveau	1563	14.0
11	Budgetsaldo	357	3.2
12	Erwartungen	245	2.2
13	Wechselkurserhöhung	732	6.6
14	Weltkonjunktur	117	1.0
15	Steuererhöhungen	131	1.2
16	Ölpreis	82	0.7

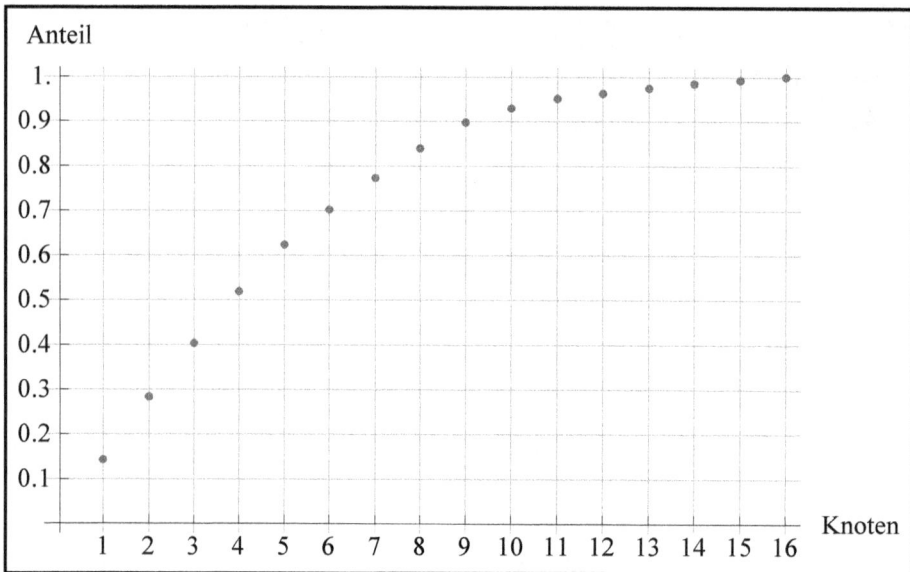

Abb. 4.35:   Kumulierte Anteile über der Anzahl der beteiligten Knoten. Die Ordnung ist nach den Anteilen in Tab. 4.13 vorgenommen. Der Knoten 1 hat also den höchsten Anteil, der Knoten 2 den zweithöchsten etc. Die zugehörigen Variablen sind Tab. 4.13 zu entnehmen.

neun Kanten gibt. Für jede dieser Längen werden wir im Folgenden eine getrennte Analyse der Häufigkeiten vornehmen.

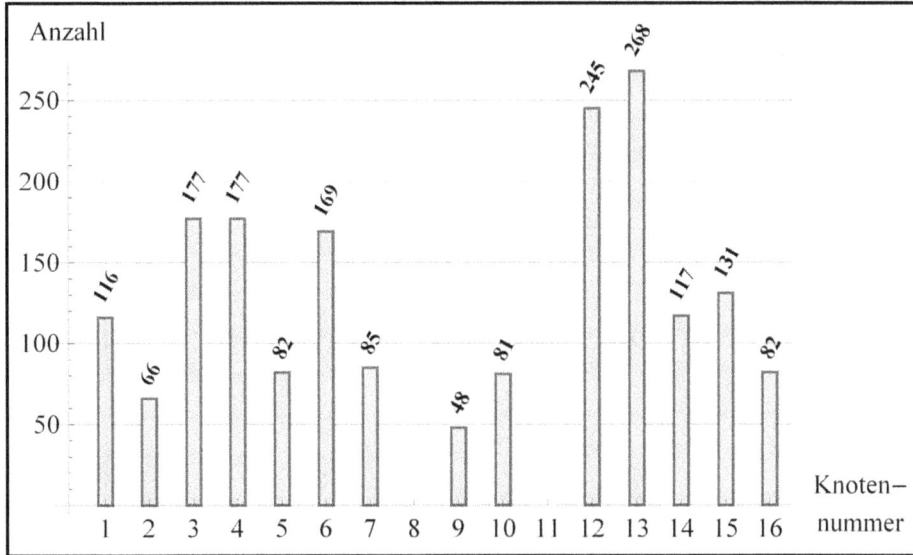

Abb. 4.36:   Anzahl der <u>Anfangs</u>knoten in den Wegen.

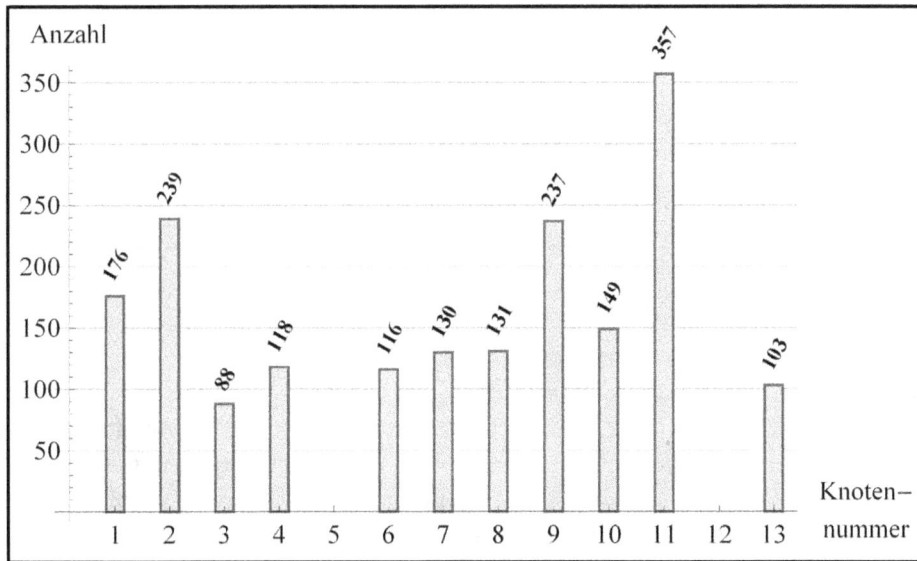

Abb. 4.37:   Anzahl der <u>End</u>knoten in den Wegen.

Die Abbildungen 4.36 und 4.37 zeigen die Häufigkeiten von Wegen, die an einem be-stimmten Knoten <u>beginnen</u> (Abb. 4.36) bzw. <u>enden</u> (Abb. 4.37). Sie stellen eine zusammen-fassende Beschreibung der Anfangs- und Endknoten dar.

Mit den Variablen 12 (*Erwartungen*) und 13 (*Wechselkurserhöhung*) beginnen somit fast
ein Drittel aller Wege (513 von 1844). Die meisten aller Wege (357) enden an Variable 11
(*Budgetsaldo*). Zusammen mit den nächsten drei Variablen, die als Endknoten häufig auftauchen, bilden sie mit einem Anteil von 54,7% die Endknoten der Wege. Es sind dies die
Variablen 2 (*Konsumnachfrage*), 9 (*Steuereinnahmen*) sowie die Variable 1 (*Nettoauslandsnachfrage*) mit abnehmenden Anteilen. In Abbildung 4.38 sind diese Informationen detail-
lierter wiedergegeben. Unabhängig von der Länge des Weges ist erkennbar, an welchem
Knoten ein Weg endet in Abhängigkeit davon, an welchem Knoten dieser Weg startet.

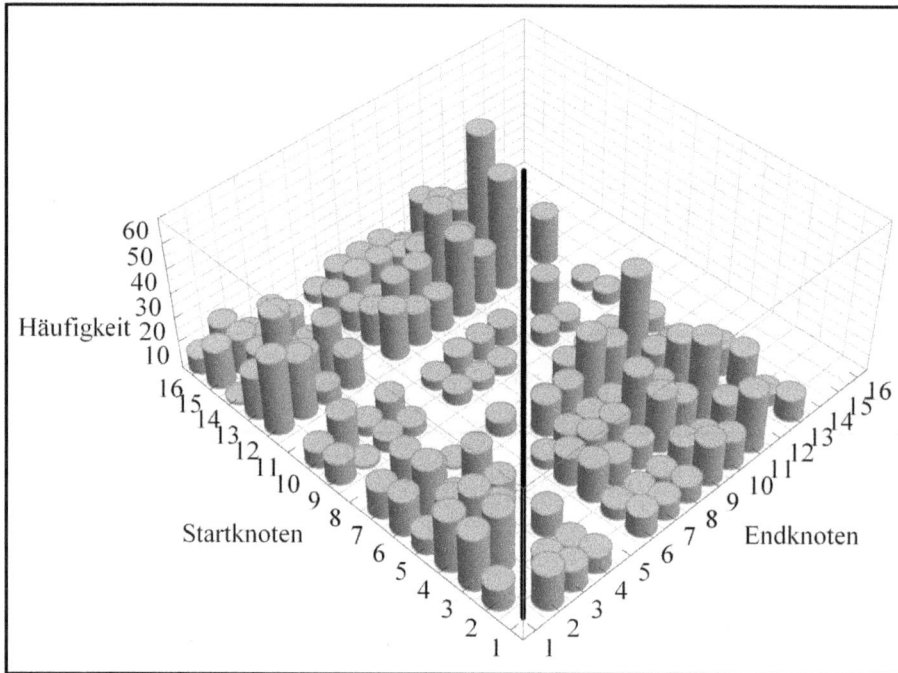

Abb. 4.38:   Häufigkeit von Wegen für alle vorkommenden Kombinationen von Start- und Endknoten.

Die genauere Analyse ergibt, dass insbesondere durch die Variablen 1 (*Nettoauslandsnachfrage*), 2 (*Konsumnachfrage*) und 9 (*Steuereinnahmen*) mit großer Häufigkeit die anderen
Knoten (Variablen) zu erreichen sind. Die durchgezogene schwarze Linie in Abbildung 4.38
kennzeichnet die Diagonalelemente. Sie sind unbesetzt, da hier nur die Hamiltonkreise zu
finden wären. Diese sind aber in Kapitel 4.11 besprochen worden. An den Variablen 8 (*Beschäftigung*) und 11 (*Budgetsaldo*) beginnen keine Wege, da von ihnen keine Kanten ausgehen.

Zudem wollen wir uns noch einen Überblick verschaffen, welche Knoten an den Wegen beteiligt sind. Dazu betrachten wir nur solche Knoten in einem Weg, die keinen Anfangs- und
Endknoten darstellen (s. Abb. 4.39).

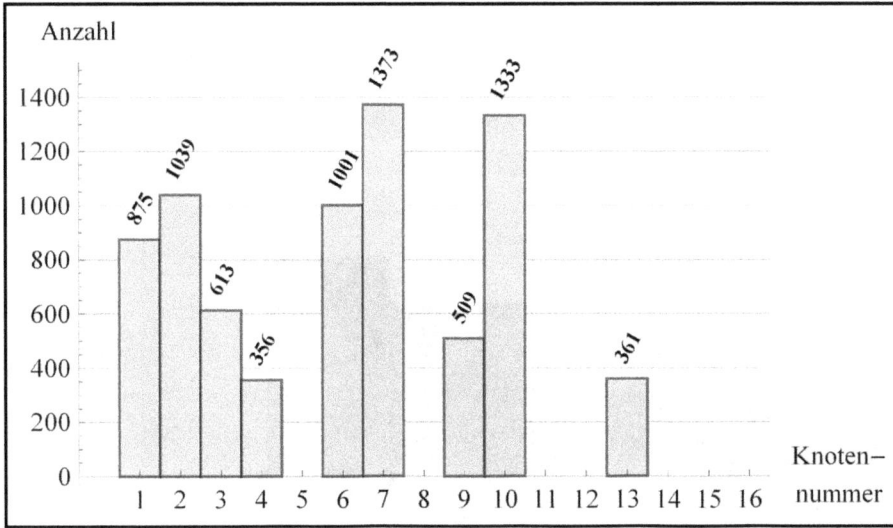

Abb. 4.39:   Anzahl der Wege, in denen die Knoten als Übergangsknoten in einem Weg auftauchen.

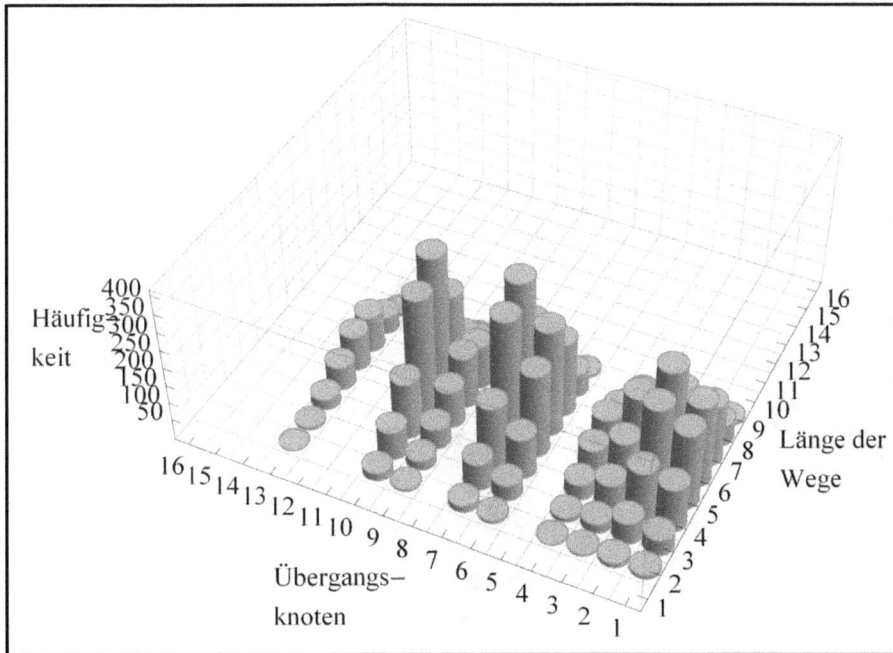

Abb. 4.40:   Häufigkeit, mit der die Knoten als Übergangsknoten in einem Weg auftauchen, geordnet
              nach der Länge der Wege.

Es ist zu erkennen, dass die Knoten fünf und acht nicht in Wegen enthalten sind. Diese Tatsache läßt sich in Abbildung 4.3 leicht verifizieren. Zu beachten ist, dass in Abbildung 4.39

für eine Knotennummer alle Wege mit verschiedenen Längen zusammengefasst sind. Die gleiche Information, aber aufgelöst nach der Länge der Wege zeigt Abbildung 4.40.

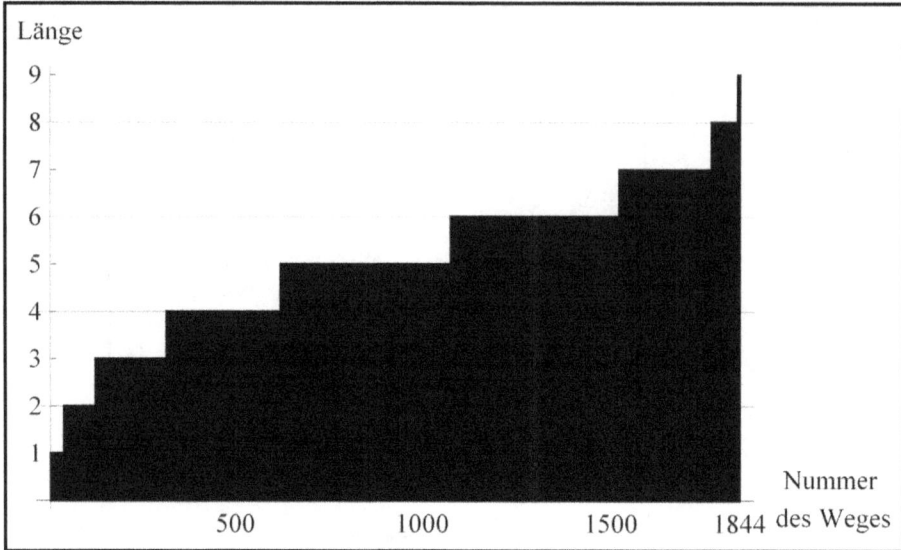

Abb. 4.41:   Länge über der Nummer des Weges.

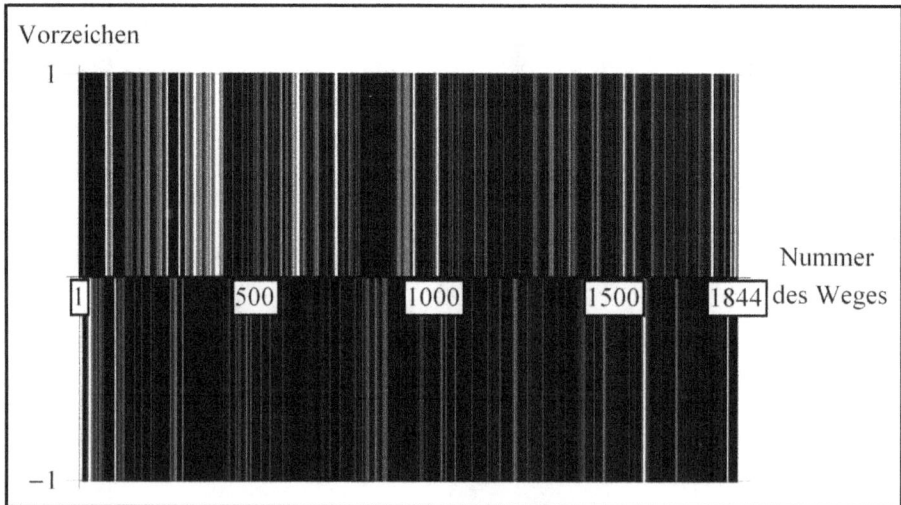

Abb. 4.42:   Vorzeichen über der Nummer des Weges.

Wir bemerken in Abbildung 4.40, dass die allgemeinen Wege häufig eine Länge von fünf bzw. sechs Kanten haben. In unserem System weisen die Variablen 7 (*Reales BIP*) und 10 (*Preisniveau*) die größte Häufigkeit auf gefolgt von den Variablen 2 (*Konsumnachfrage*) und 6 (*Zinssatz*).

Die Abbildungen 4.41–4.43 zeigen (wie in Abschnitt 4.11.3 für die Hamiltonkreise) verschiedene Zusammenhänge auf. Es werden die Eigenschaften *Länge*, *Vorzeichen* und *Zeitverzögerung* über der jeweiligen *Nummer des Weges* dargestellt.

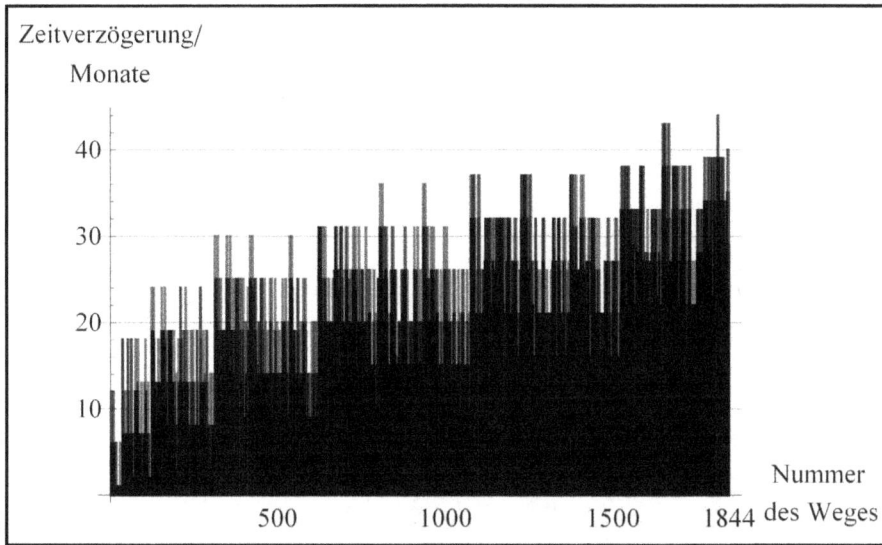

Abb. 4.43:   Zeitverzögerung über der Nummer des Weges.

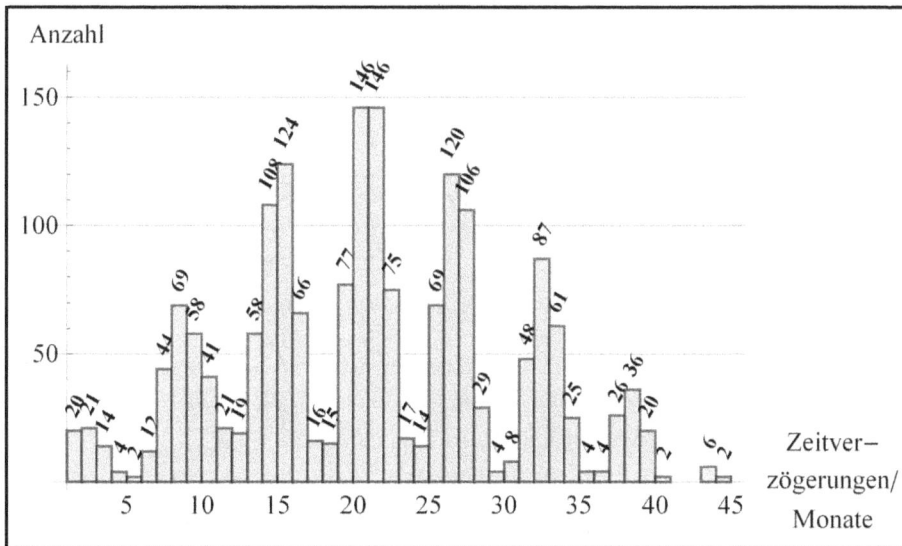

Abb. 4.44:   Histogram der Zeitverzögerungen für alle Wege.

Die Abbildungen 4.44–4.48 zeigen die möglichen Beziehungen zwischen jeweils zwei dieser Größen. Dabei handelt es sich um die Beziehungen zwischen der *Länge der Regelkreise* und *Vorzeichen* bzw. *Zeitverzögerungen* sowie die Verbindung zwischen *Zeitverzögerungen* und *Vorzeichen*. Die Abbildung 4.49 stellt wiederum alle Informationen in komprimierter Form dar.

Wir bemerken in Abbildung 4.42, dass es ähnlich viele positive und negative Wege gibt, genauer sind von den 1844 Wegen 777 positiv und 1067 negativ.

Es lässt sich eine Tendenz erkennen, dass die Zeitverzögerung mit der Länge des Weges (analog zur Nummer des Weges) ansteigt.

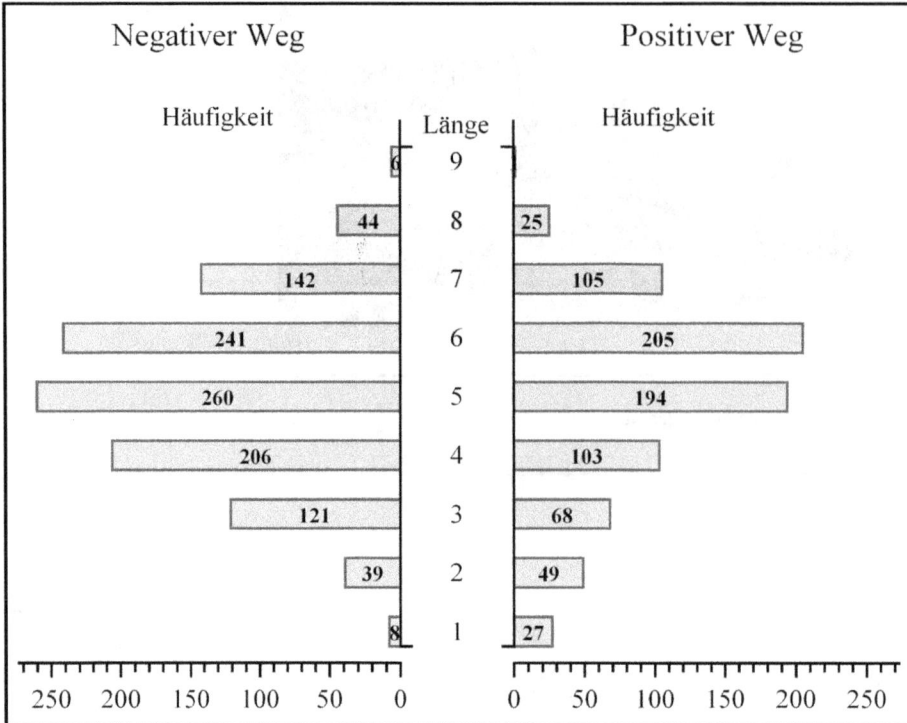

Abb. 4.45:   Häufigkeiten über der Länge der Wege, getrennt für negative und positive Wege.

Wie Abbildung 4.42 zeigt auch Abbildung 4.45, dass die Anzahlen der Wege mit negativen bzw. positiven Vorzeichen die gleiche Größenordnung haben. Bis auf Wege der Längen eins und zwei dominieren die negativen Wege leicht über die positiven.

Ebenso wie in Abbildung 4.24 sehen wir uns in Abbildung 4.46 für alle Wege an, welche Kombinationen von Zeitverzögerungen und Längen der Wege in dem betrachteten System überhaupt auftreten. Ein eindeutiger Zusammenhang ist auch hier nicht erkennbar. In der Tendenz sind größere Zeitverzögerungen verknüpft mit längeren Wegen. Allerdings ist in Abbildung 4.46 die Häufigkeit, mit der die Kombinationen von Zeitverzögerungen und Längen auftreten, nicht enthalten. Diesen Zusammenhang macht Abbildung 4.47 deutlich.

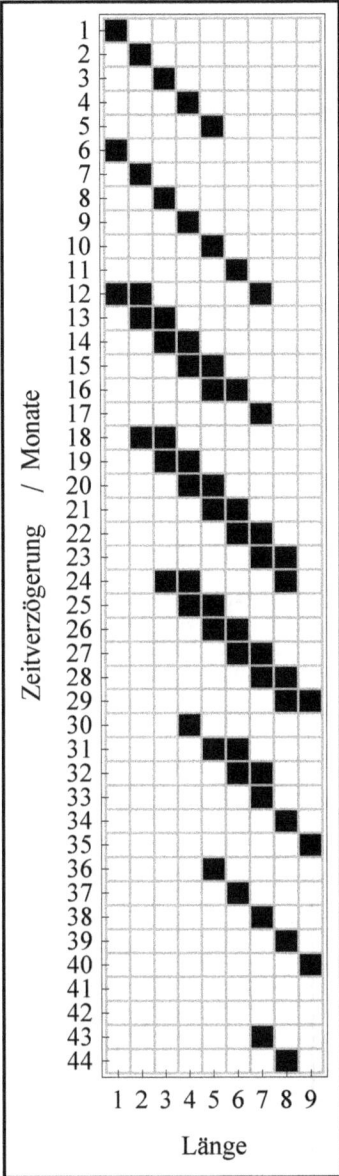

Abb. 4.46:   Zeitverzögerungen über der Länge der Wege.

Es ist zu sehen, dass es eine größere Häufigkeit gibt für Wege geringerer Länge und kleinerer Zeitverzögerung. Der Zusammenhang zwischen Zeitverzögerung und Vorzeichen ist in Abbildung 4.48 zu sehen. Auch in dieser Darstellung sieht man, dass negative Wege mit einer mittleren Zeitverzögerung tendenziell etwas häufiger auftreten.

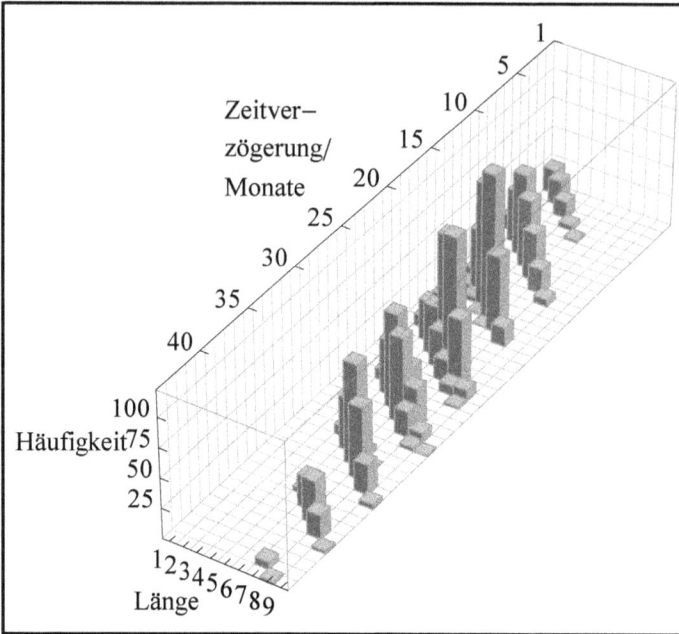

Abb. 4.47:   Häufigkeit für die Kombination aus Zeitverzögerungen und Längen der Wege.

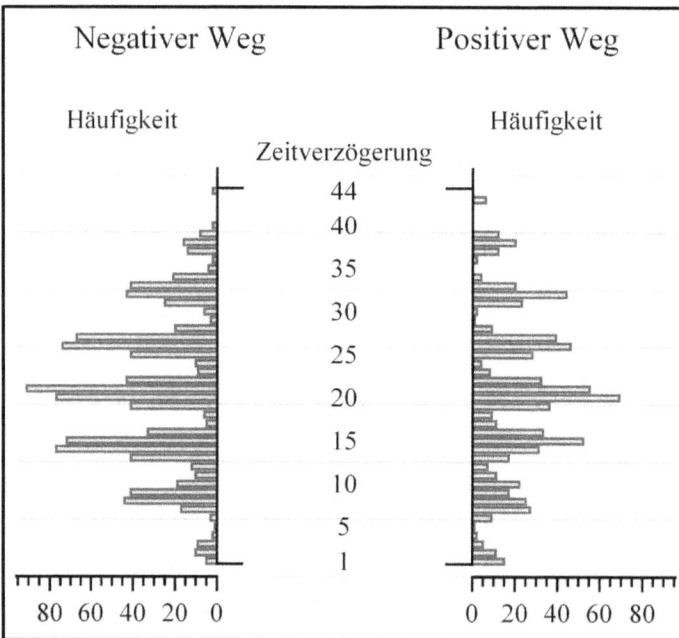

Abb. 4.48:   Häufigkeit über der Zeitverzögerung, getrennt für negative und positive Wege.

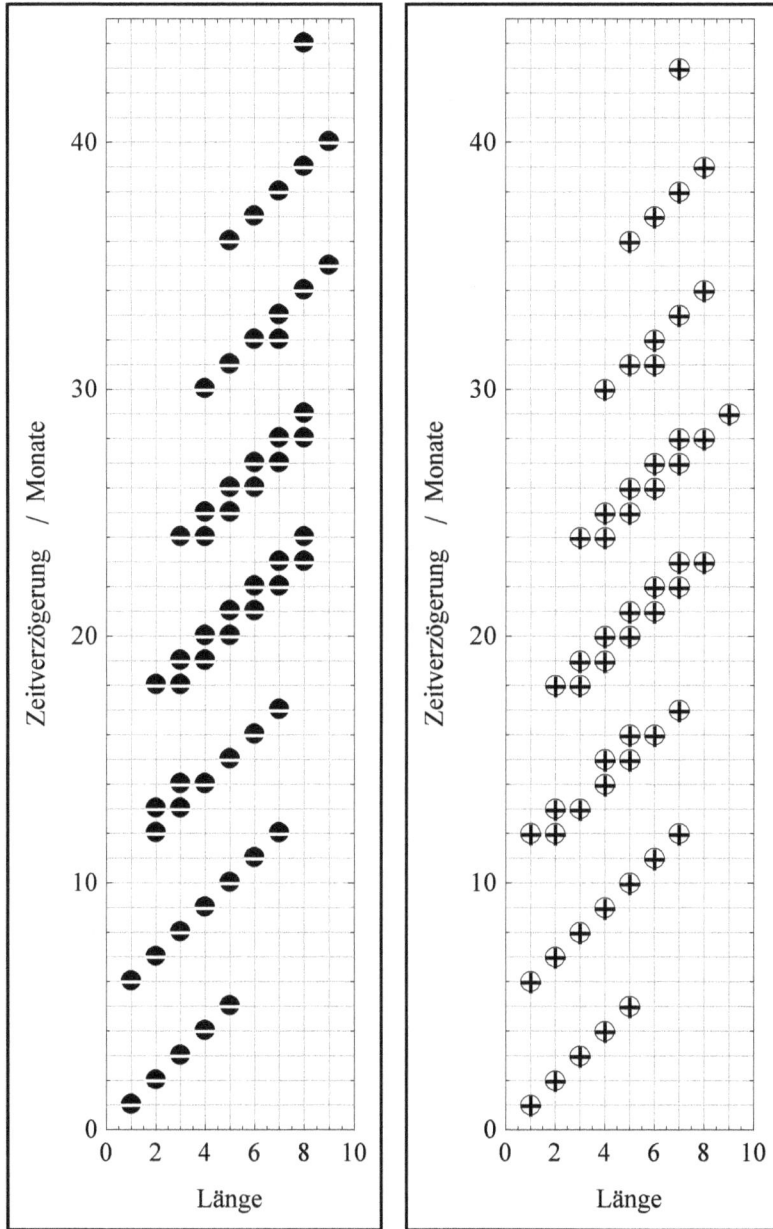

Abb. 4.49: Vorzeichen der Wege für die Zeitverzögerungen über der Länge der Wege. Die Darstellung links zeigt alle negativen, rechts alle positiven Wege.

Abbildung 4.49 enthält alle oben besprochenen Informationen über die vorhandenen Wege in einer Darstellung. Jeder Punkt hat auch hier die Koordinaten Länge und Zeitverzögerung. Positive Wege sind durch ein „+", negative durch ein „-" gekennzeichnet.

Wie im Fall der Hamiltonkreise können wir nun alle Informationen in der Einfluss- und Zeitverzögerungsmatrix zusammenführen. Die Zusammenhänge für einige ausgewählte Wege
zeigt Tabelle 4.14. Ⓦ

Tab. 4.14:   Einige Wege aus Tab. 4.12 einschließlich der Informationen über die Vorzeichen und Zeitverzöge-
                rungen für jede Verbindung zwischen zwei Variablen als auch für den ganzen Weg. Links oben ist
                die Nummer des Weges angegeben.

1844	+ / 29 Monate
Steuererhöhungen	3 $\longrightarrow$ Δt: 1 Monat
Steuereinnahmen	-2 $\longrightarrow$ Δt: 1 Monat
Konsumnachfrage	2 $\longrightarrow$ Δt: 6 Monate
Preisniveau	2 $\longrightarrow$ Δt: 1 Monat
Zinssatz	-1 $\longrightarrow$ Δt: 1 Monat
Wechselkurserhöhung	1 $\longrightarrow$ Δt: 6 Monate
Nettoauslandsnachfrage	2 $\longrightarrow$ Δt: 6 Monate
Reales BIP	-1 $\longrightarrow$ Δt: 6 Monate
Staatsnachfrage	-2 $\longrightarrow$ Δt: 1 Monat
Budgetsaldo	

600	+ / 9 Monate
Steuererhöhungen	3 $\longrightarrow$ Δt: 1 Monat
Steuereinnahmen	−2 $\longrightarrow$ Δt: 1 Monat
Konsumnachfrage	2 $\longrightarrow$ Δt: 6 Monate
Preisniveau	−1 $\longrightarrow$ Δt: 1 Monat
Nettoauslandsnachfrage	

1400	+ / 26 Monate
Wechselkurserhöhung	1 $\longrightarrow$ Δt: 1 Monat
Zinssatz	−1 $\longrightarrow$ Δt: 6 Monate
Konsumnachfrage	2 $\longrightarrow$ Δt: 6 Monate
Reales BIP	−1 $\longrightarrow$ Δt: 6 Monate
Staatsnachfrage	2 $\longrightarrow$ Δt: 6 Monate
Preisniveau	1 $\longrightarrow$ Δt: 1 Monat
Steuereinnahmen	

1	+ / 12 Monate
Nettoauslandsnachfrage	2 ————————→ Δt: 12 Monate
Konsumnachfrage	

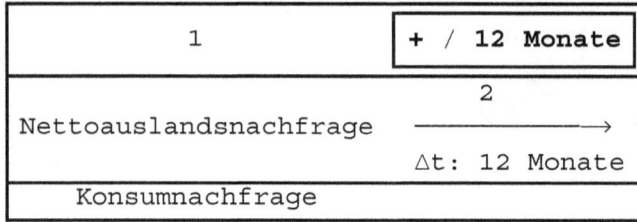

Da alle verfügbaren Informationen verknüpft werden können, lässt sich die Zusammen-
stellung leicht interpretieren. Der obenstehenden Weg mit der Nummer 1844 repräsentiert
einen verstärkenden Weg mit einer gesamten Zeitverzögerung von 29 Monaten beginnend
bei der Variable *Steuererhöhung* und endend bei der Variable *Budgetsaldo*.

Die Abbildungen 4.50–4.52 zeigen jeweils alle Informationen einiger Wege in Tabelle 4.14
zusammenfassend grafisch aufbereitet. Es ist zu beachten, dass im Vergleich zu den
Hamiltonkreisen die dargestellten Wege trotz der kreisförmigen grafischen Darstellung nicht
geschlossen sind. Die kreisförmige Anordnung der Variablen geschieht aus Gründen der
Übersichtlichkeit.

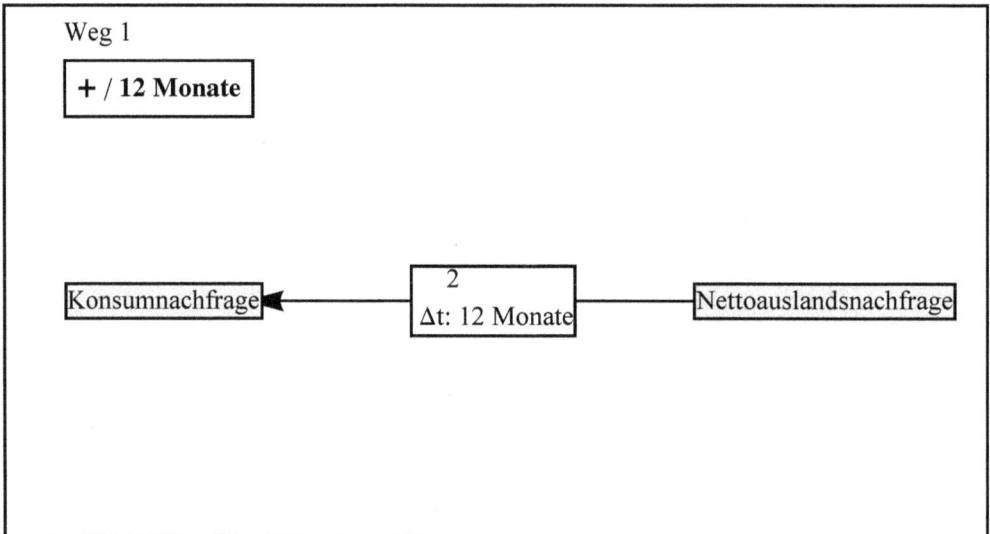

Abb. 4.50:   Darstellung des Weges 1 aus Tab. 4.14.

Weg 600

+ / 9 Monate

−2
Δt: 1 Monat

Steuereinnahmen

3
Δt: 1 Monat

Konsumnachfrage

Steuererhöhungen

2
Δt: 6 Monate

Preisniveau

Nettoauslandsnachfrage

−1
Δt: 1 Monat

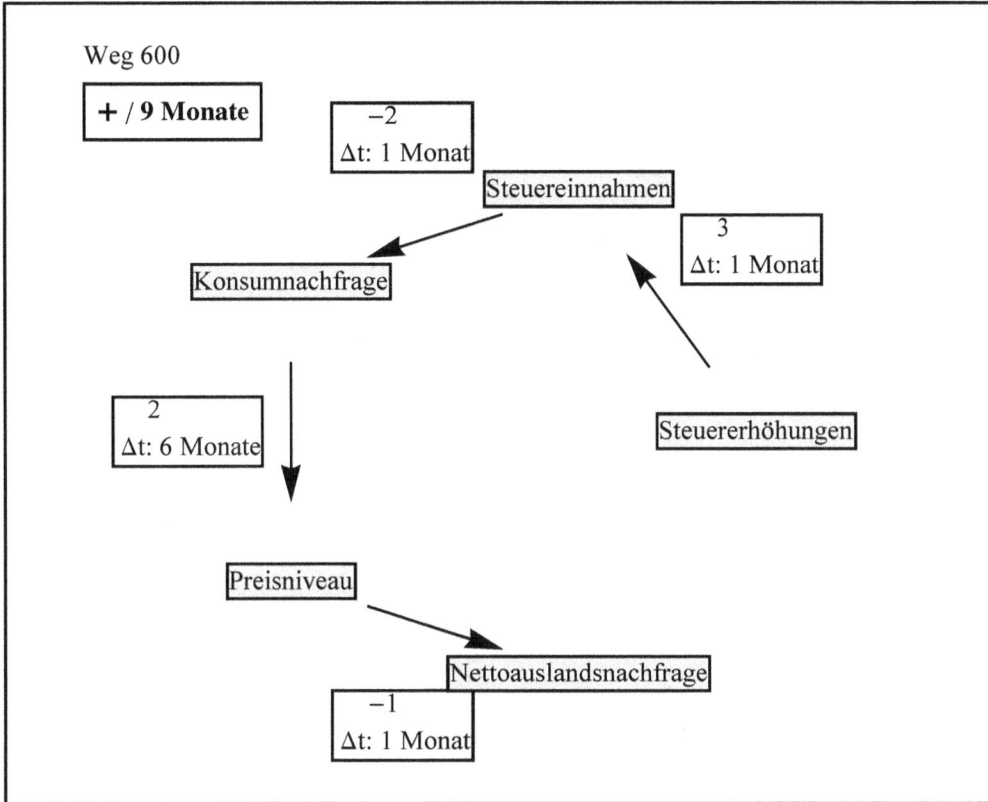

Abb. 4.51:   Darstellung des Weges 600 aus Tab. 4.14.

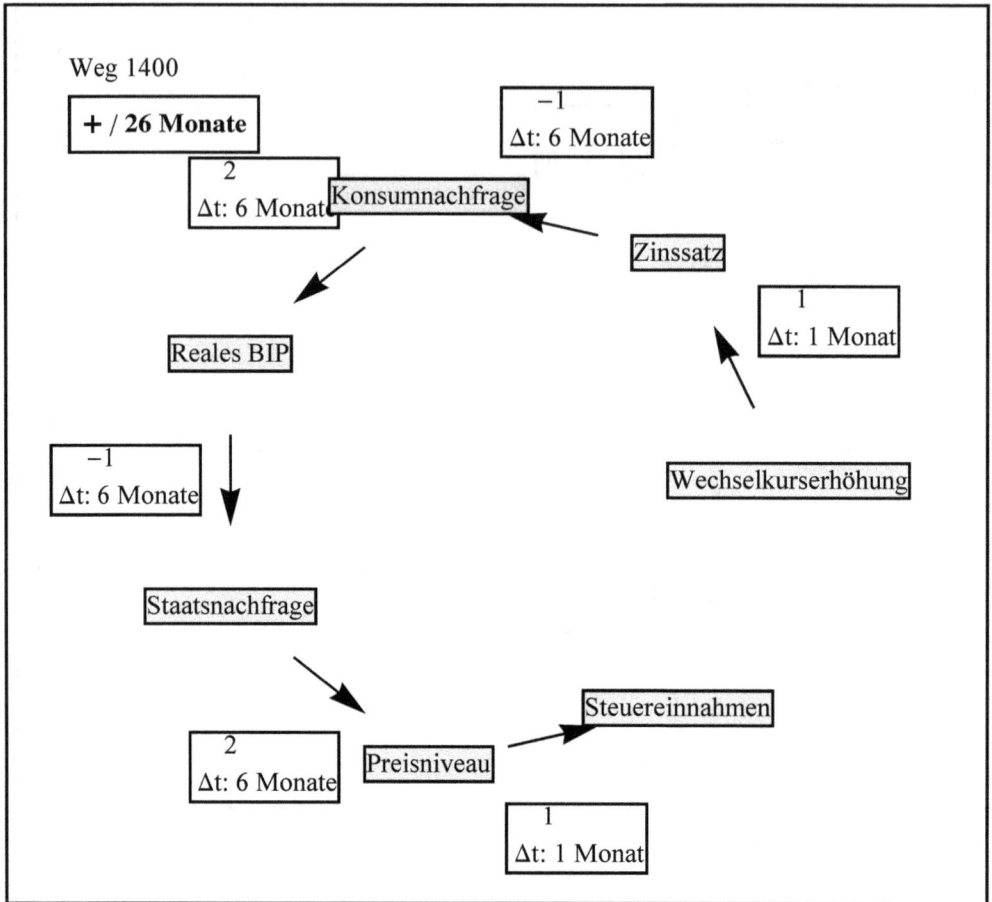

Abb. 4.52:   Darstellung des Weges 1400 aus Tab. 4.14.

Durch die Aufbereitung aller gefundenen Wege haben wir uns einen Überblick verschafft darüber, welche Wege verstärkend oder abschwächend mit welcher Zeitverzögerung über welche Anzahl von Variablen existieren. Erst mit diesen Informationen ist es möglich zu entscheiden, auf welche Weise man Variablen im System durch andere Variablen beeinflussen kann.

4.12.4   Analyse aller Beziehungen zwischen zwei Knoten (Variablen)

In Abbildung 4.38 sind die Häufigkeiten der Wege aufgetragen, die jeweils zwei Knoten bzw. Variablen miteinander verbinden. Es fällt auf, dass die Häufigkeiten sehr unterschiedliche Werte annehmen können. Die Verteilung dieser Werte zeigt Abbildung 4.53.

Der Grafik entnimmt man, dass es z. B. 15 Mengen von Zwei-Knoten-Kombinationen gibt, die genau vier Verbindungen enthalten. Auf der Abszisse ist die Anzahl von verschiedenen

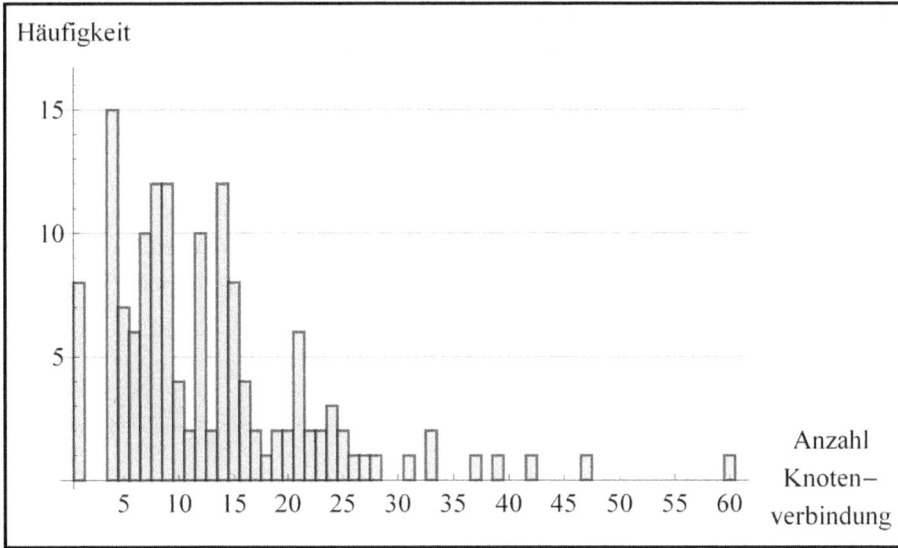

Abb. 4.53:   Häufigkeiten über der Anzahl von Knotenverbindungen. Es existiert z. B. eine Menge von 60 Wegen für eine Verbindung zwischen zwei Knoten.

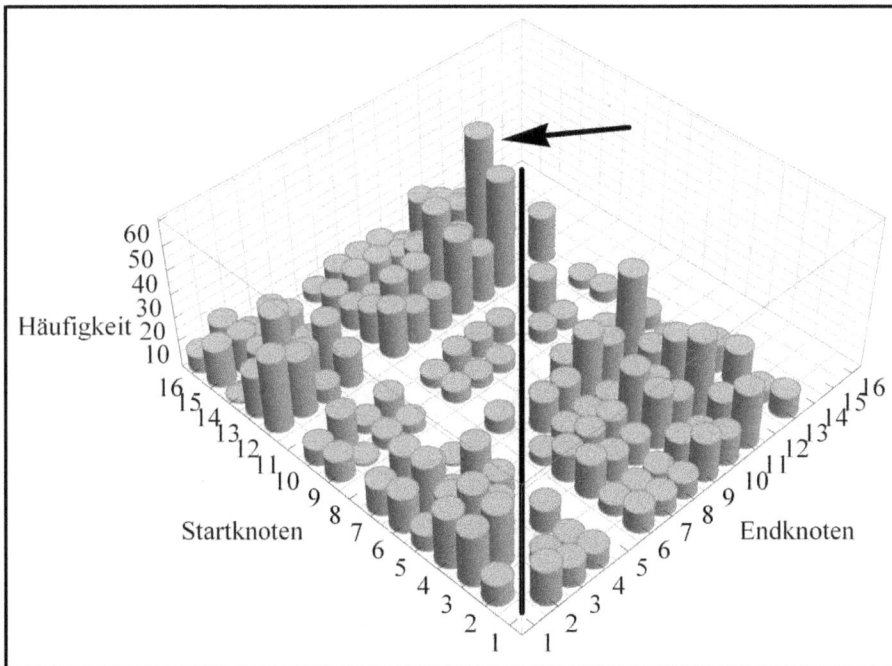

Abb. 4.54:   Häufigkeiten von Wegen für alle vorkommenden Kombinationen von Start- und Endknoten. Der Pfeil kennzeichnet die Menge von Wegen zwischen Startknoten 13 (*Wechselkurserhöhung*) und Endknoten 11 (*Budgetsaldo*).

Verbindungen zwischen zwei Knoten aufgetragen. Da in Abbildung 4.53 die kumulierte Häufigkeit dargestellt ist, kann aus ihr nicht entnommen werden, mit welcher Häufigkeit eine spezielle Verbindung (mit verschiedenen Längen) zwischen zwei Variablen existieren. Diese Information ist in Abbildung 4.54 zu sehen.

Für die weitere Analyse wollen wir uns beispielhaft die Menge mit 60 Verbindungen ansehen. Sie ist in Abbildung 4.54 mit einem Pfeil gekennzeichnet. Diese Menge stellt alle Wege von Startknoten 13 (*Wechselkurserhöhung*) zum Endknoten 11 (*Budgetsaldo*) dar. Faktisch führen wir in diesem Abschnitt eine gleichartige Analyse entsprechend derjenigen in Abschnitt 4.12.3 durch.

Eine Auswahl der 60 Wege zeigt die folgende Tabelle. 🅦

Tab. 4.15:   Auswahl der möglichen 60 Wege zwischen Startknoten 13 (*Wechselkurserhöhung*) und Endknoten 11 (*Budgetsaldo*) mit verschiedenen Längen.

$$
\begin{pmatrix}
1 & \{13, 10, 9, 11\} \\
2 & \{13, 1, 7, 4, 11\} \\
3 & \{13, 1, 7, 9, 11\} \\
4 & \{13, 1, 10, 9, 11\} \\
5 & \{13, 1, 2, 7, 4, 11\} \\
6 & \vdots \\
7 & \{13, 1, 10, 9, 2, 7, 4, 11\} \\
8 & \{13, 6, 2, 7, 1, 10, 9, 11\} \\
9 & \{13, 6, 2, 7, 4, 10, 9, 11\} \\
10 & \{13, 6, 2, 10, 1, 7, 4, 11\} \\
11 & \{13, 6, 2, 10, 1, 7, 9, 11\} \\
12 & \{13, 6, 3, 7, 1, 10, 9, 11\} \\
13 & \vdots \\
14 & \{13, 6, 3, 2, 10, 1, 7, 9, 11\} \\
15 & \{13, 6, 3, 7, 1, 2, 10, 9, 11\} \\
16 & \{13, 6, 3, 7, 4, 2, 10, 9, 11\} \\
17 & \{13, 6, 3, 10, 1, 2, 7, 4, 11\} \\
18 & \{13, 6, 3, 10, 1, 2, 7, 9, 11\} \\
19 & \{13, 6, 3, 10, 9, 2, 7, 4, 11\}
\end{pmatrix}
$$

Die Abbildungen 4.55–4.57 zeigen einige Wege, die die Variable 13 mit der Variablen 11 verbinden.

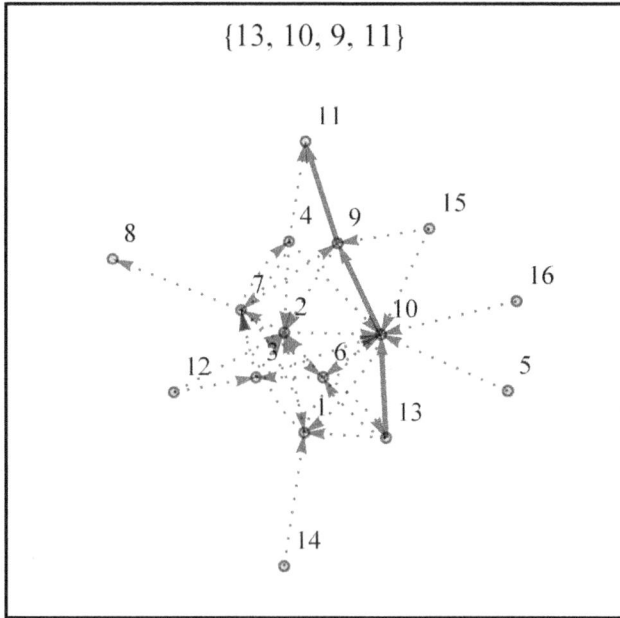

Abb. 4.55: Weg 1/60 der Länge <u>drei</u> über die Variablen *Wechselkurserhöhung → Preisniveau → Steuereinnahmen → Budgetsaldo* (13 → 10 → 9 → 11).

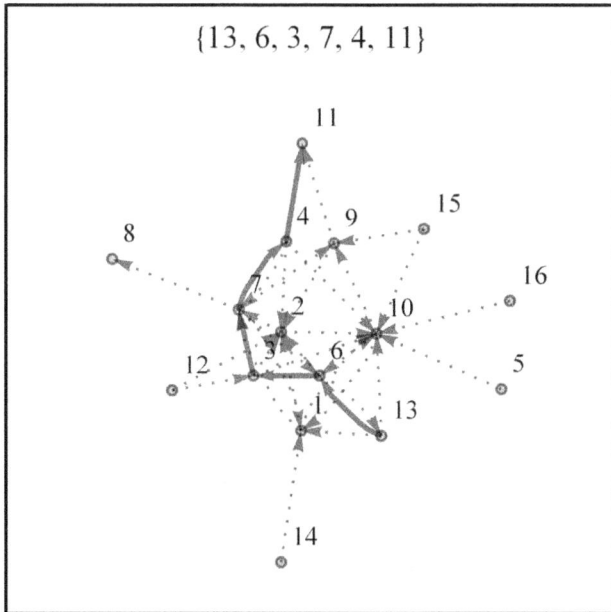

Abb. 4.56: Weg 11/60 der Länge <u>fünf</u> über die Variablen *Wechselkurserhöhung → Zinssatz → Investitionsnachfrage → Reales BIP → Staatsnachfrage → Budgetsaldo* (13 → 6 → 3 → 7 → 4 → 11).

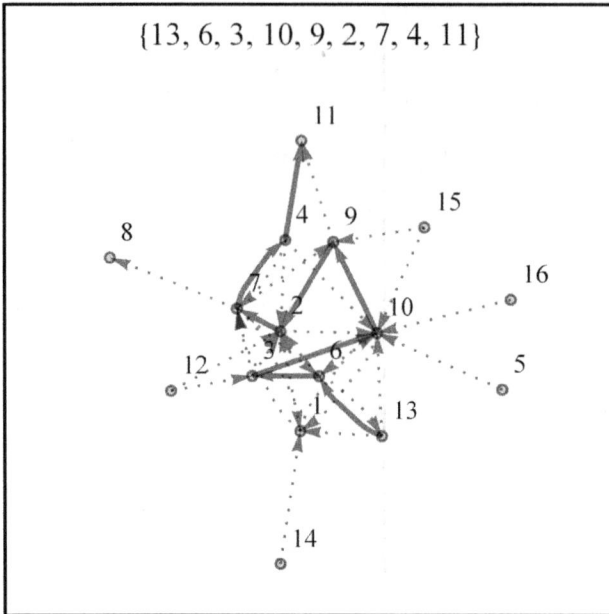

{13, 6, 3, 10, 9, 2, 7, 4, 11}

Abb. 4.57:   Weg 60/60 der Länge <u>acht</u> über die Variablen *Wechselkurserhöhung → Zinssatz → Investitions-*
               nachfrage → Preisniveau → Steuereinnahmen → Konsumnachfrage → Reales BIP → Staats-
               nachfrage → Budgetsaldo (13 → 6 → 3 → 10 → 9 → 2 → 7 → 4 → 11).

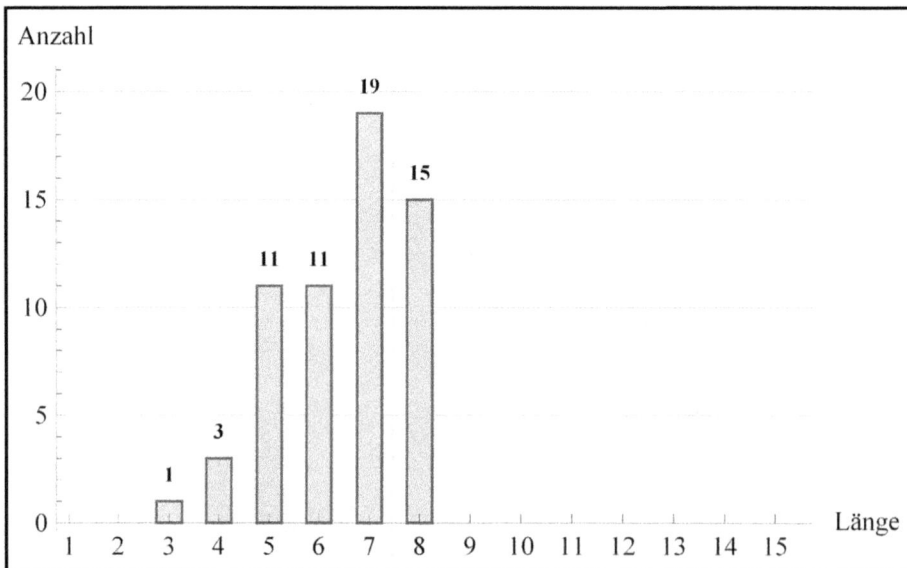

Abb. 4.58:   Histogramm der Längenverteilung der 60 Wege zwischen Startknoten 13 (*Wechselkurserhöhung*)
               und Endknoten 11 (*Budgetsaldo*). Es gibt z. B. 19 Wege der Länge sieben.

Die maximale Länge in den 60 Wegen besteht aus acht Kanten (s. Abb. 4.58). Die nächste Abbildung zeigt uns, welche der 16 Variablen besucht werden.

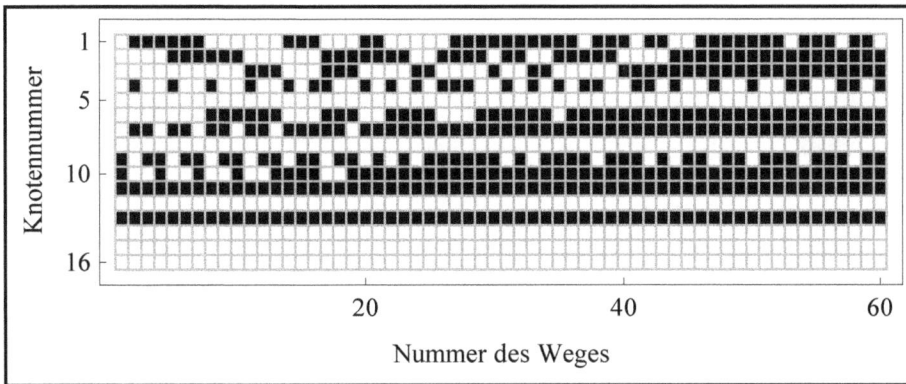

Abb. 4.59:   Verteilung der Knotennummern (Variablen), die in den 60 Wegen enthalten sind.

Anhand der Abbildung 4.59 gewinnt man einen ersten Überblick, welche Variablen an den Wegen beteiligt sind. Tabelle 4.16 erlaubt einen genaueren Blick auf die Anteile der einzelnen Variablen.

Tab. 4.16 Beteiligung der Variablen entsprechend der Variablenliste in Abschnitt 4.2 an den 60 Wegen.

Nr.	Variable	Anzahl	Anteil in %
1	Nettoauslandsnachfrage	38	11.6
2	Konsumnachfrage	41	12.5
3	Investitionsnachfrage	32	9.7
4	Staatsnachfrage	28	8.5
5	Lohnstückkosten	0	0
6	Zinssatz	44	13.4
7	Reales BIP	54	16.4
8	Beschäftigung	0	0
9	Steuereinnahmen	42	12.8
10	Preisniveau	50	15.2
11	Budgetsaldo	–	–
12	Erwartungen	0	0
13	Wechselkurserhöhung	–	–
14	Weltkonjunktur	0	0
15	Steuererhöhungen	0	0
16	Ölpreis	0	0

Wir sehen, dass neben den Variablen 11 und 13, die den Start- und Endknoten stellen, die Variablen 7, 10, 6, 9 und 2 wesentliche Anteile an den 60 Wegen haben.

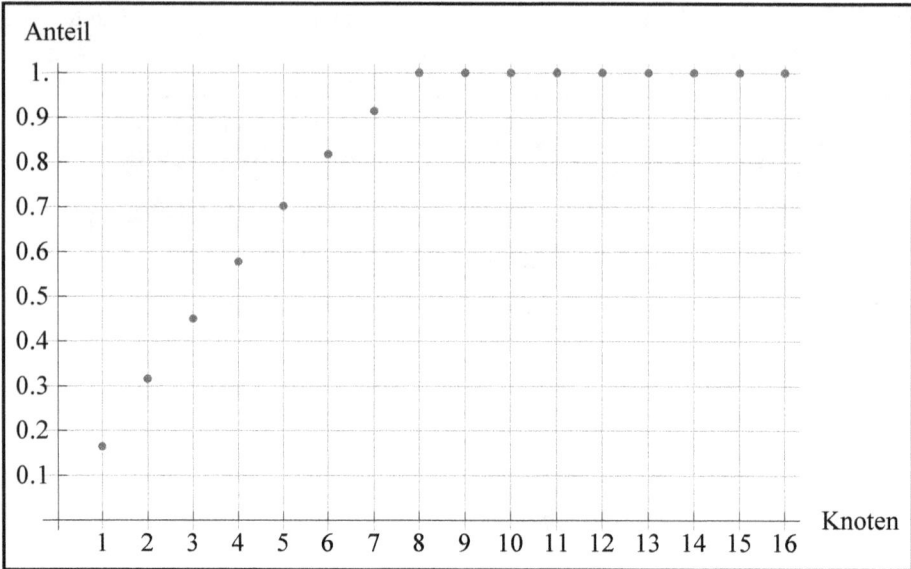

Abb. 4.60:   Kumulierte Anteile über der Anzahl der beteiligten Knoten. Die Ordnung ist nach den Anteilen in
              Tab. 4.16 vorgenommen. Der Knoten 1 hat also den höchsten Anteil, der Knoten 2 den zweit-
              höchsten etc. Die zugehörigen Variablen sind Tab. 4.16 zu entnehmen.

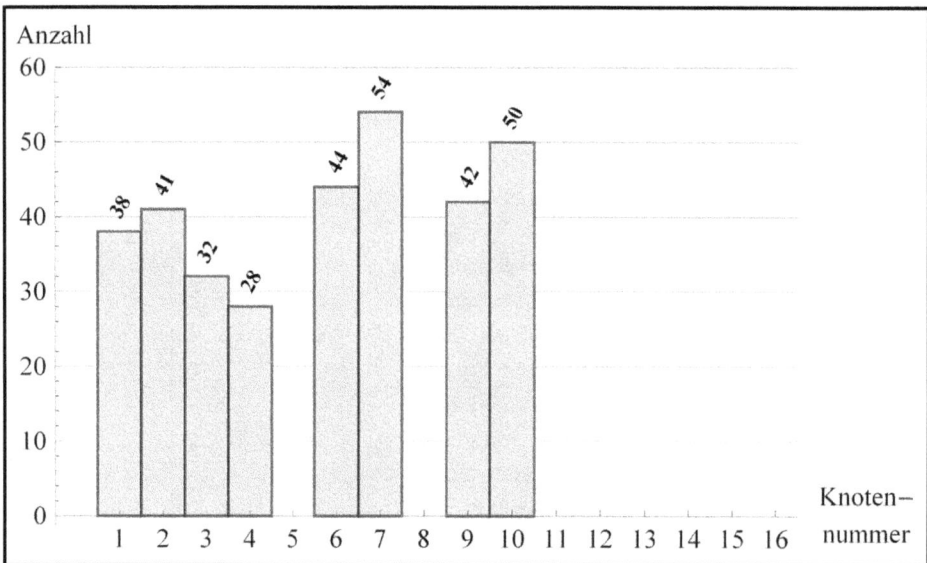

Abb. 4.61:   Anzahl der Wege, in denen die Knoten als Übergangsknoten auftauchen.

Die Frage nach den Anfangs- und Endknoten in den 60 Wegen und deren Verteilung (s.
Abb. 4.36–4.38) macht hier keinen Sinn, da diese Informationen bekannt und für alle Wege
gleich sind. Wir wenden uns der Frage zu, wie die Verteilung der Übergangsknoten aus-
sieht. Abbildung 4.61 zeigt das Resultat.

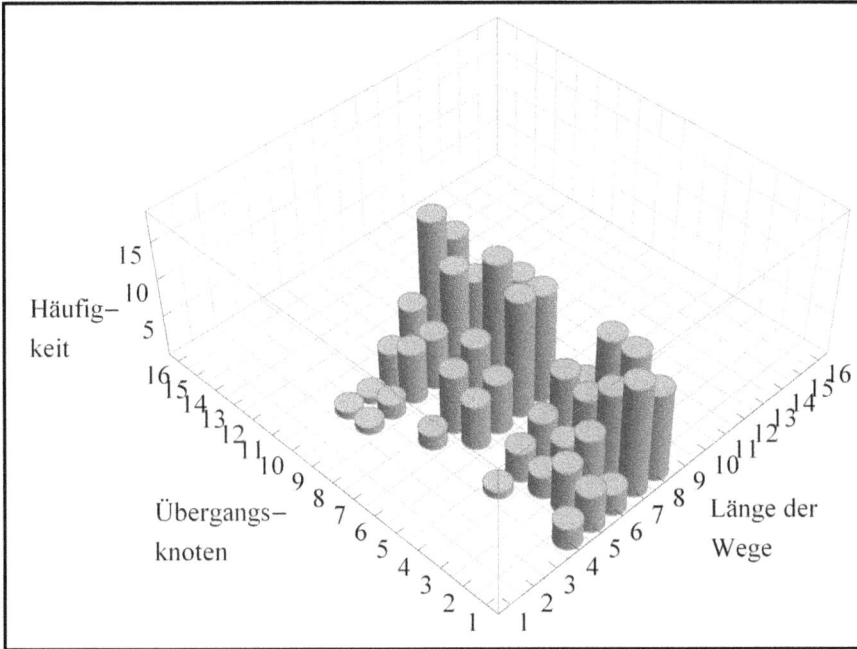

Abb. 4.62:   Häufigkeit, mit der die Knoten als Übergangsknoten in einem der 60 Wege auftauchen, geordnet
             nach der Länge der Wege.

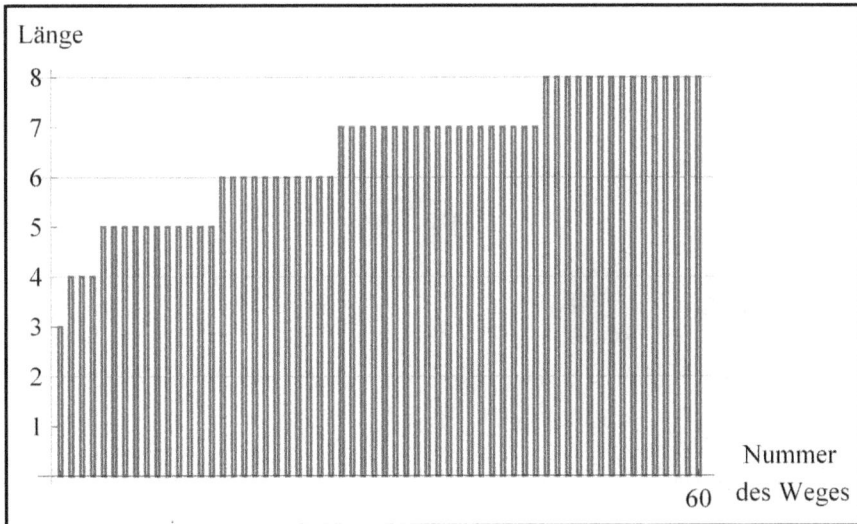

Abb. 4.63:   Länge über der Nummer des Weges.

Der Vergleich mit Abbildung 4.39 bzgl. der Gesamtheit von Wegen zeigt, dass bis auf
Variable 13 (*Wechselkurserhöhung*) alle Variablen an den 60 Wegen beteiligt sind. Wird

die in Abbildung 4.61 enthaltene zusammenfassende Information nach den Längen der Wege unterschieden, ergibt sich die Situation in Abbildung 4.62.

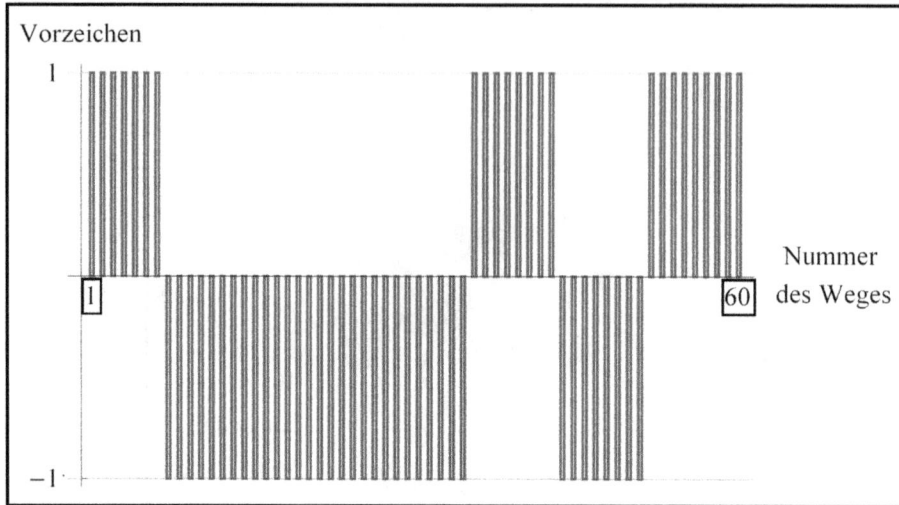

Abb. 4.64:   Vorzeichen über der Nummer des Weges.

Wir bemerken in Abbildung 4.64, dass die Anzahl negativer Wege leicht größer ist als die der positiven.

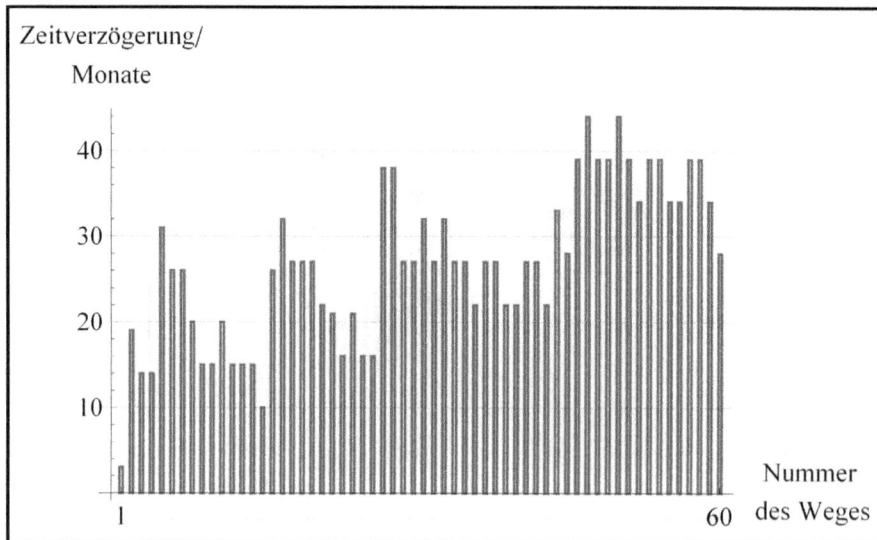

Abb. 4.65:   Zeitverzögerung über der Nummer des Weges.

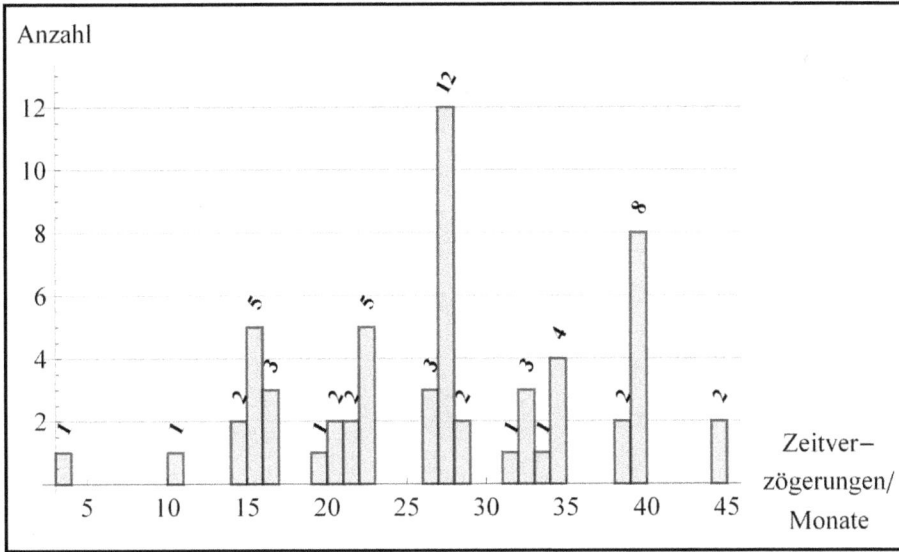

Abb. 4.66:   Histogram der Zeitverzögerungen für alle Wege.

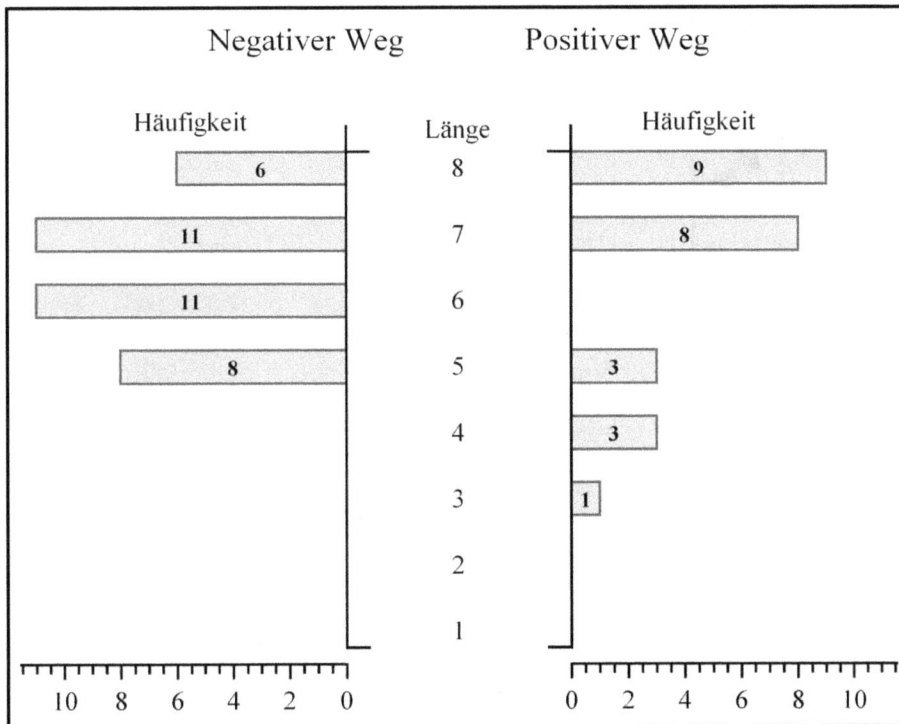

Abb. 4.67:   Häufigkeiten über der Länge der Wege, getrennt für negative und positive Wege.

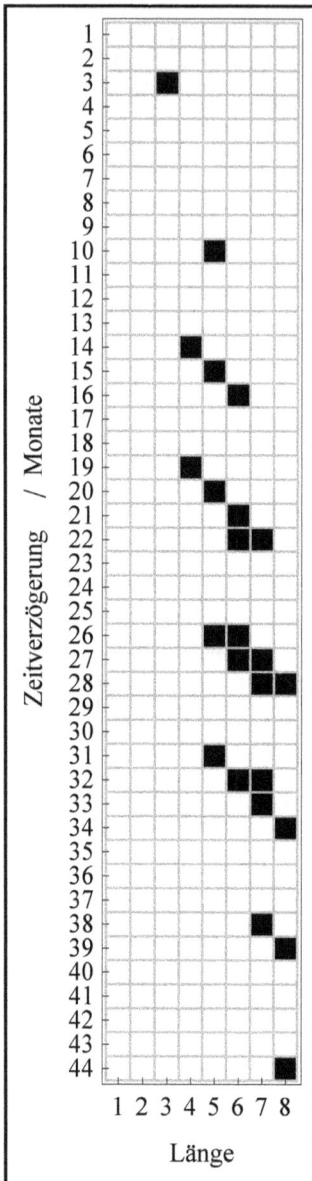

Abb. 4.68:   Zeitverzögerungen über der Länge der Wege.

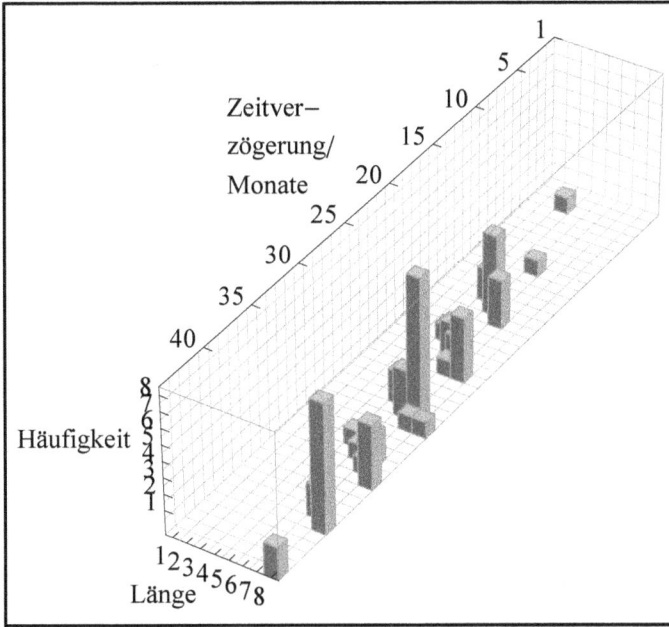

Abb. 4.69:   Häufigkeit für die Kombination aus Zeitverzögerungen und Längen der Wege.

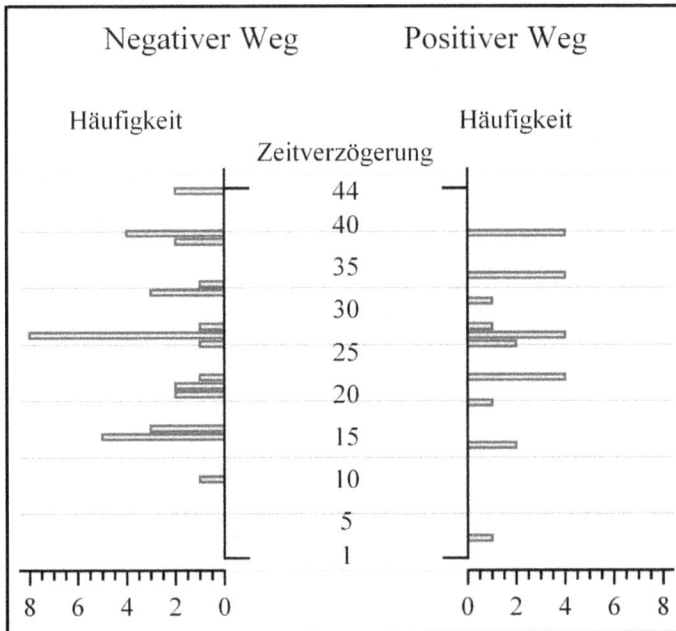

Abb. 4.70:   Häufigkeit über der Zeitverzögerung, getrennt für negative und positive Wege.

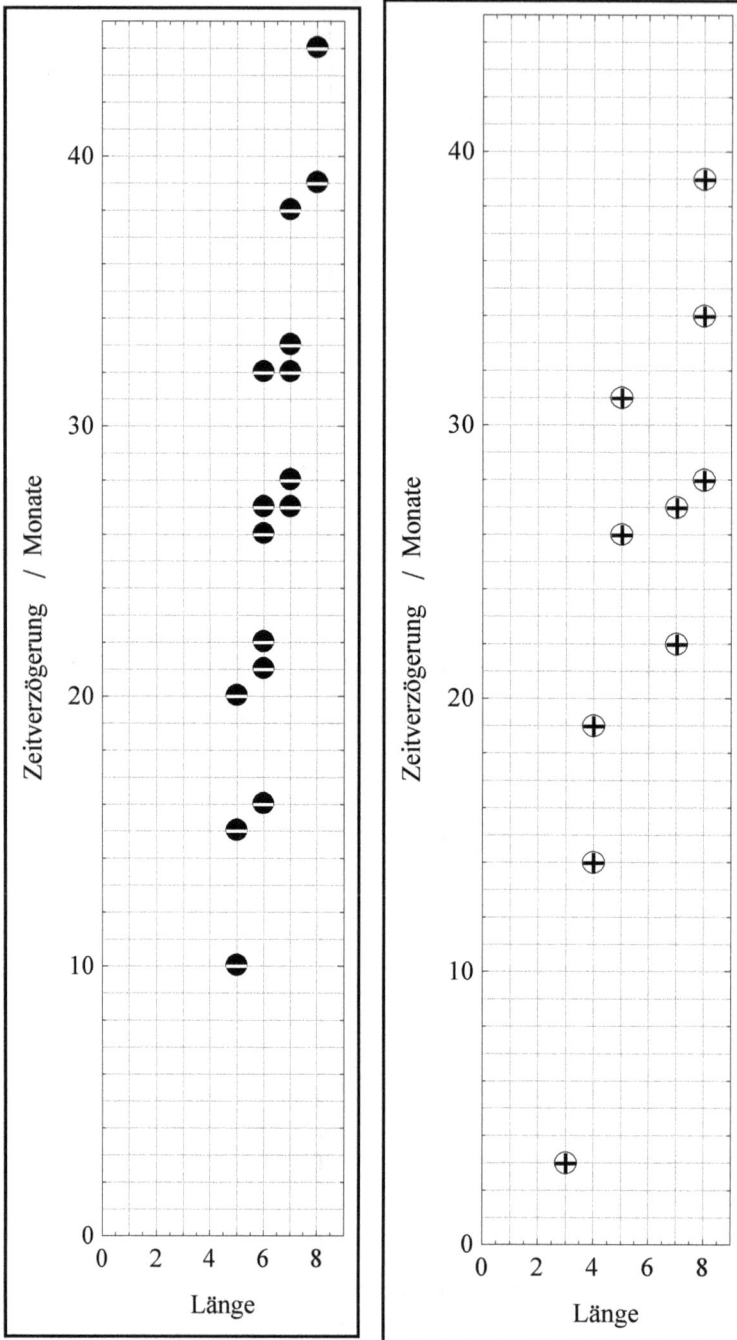

Abb. 4.71:   Vorzeichen der Wege für die Zeitverzögerungen über der Länge der Wege. Die Darstellung links
              zeigt alle negativen, rechts alle positiven Wege.

Es ist in Abbildung 4.69 zu sehen, dass es eine größere Häufigkeit gibt für längere Wege und größere Zeitverzögerung.

Tabelle 4.17 zeigt zwei der 60 Wege mit der gleichen Zeitverzögerung. An diesen beiden Wegen mit den Nummern 21 und 36 ist zu sehen, dass in einer realen Situation zwei Wege existieren können, die bei gleicher Zeitverzögerung einmal negativ (d. h. abschwächend) und ein anderes Mal positiv (d. h. verstärkend) sein können.

Tab. 4.17: Zwei Wege aus Tab. 4.15 einschließlich der Informationen über die Vorzeichen und Zeitverzögerungen für jede Verbindung zwischen zwei Variablen als auch für den ganzen Weg. Links oben ist die Nummer des Weges angegeben.

21	– / 22 Monate
Wechselkurserhöhung	1 ⟶ Δt: 1 Monat
Preisniveau	– 1 ⟶ Δt: 1 Monat
Nettoauslandsnachfrage	2 ⟶ Δt: 12 Monate
Konsumnachfrage	2 ⟶ Δt: 6 Monate
Reales BIP	1 ⟶ Δt: 1 Monat
Steuereinnahmen	2 ⟶ Δt: 1 Monat
Budgetsaldo	

36	+ / 22 Monate
Wechselkurserhöhung	1 $\longrightarrow$ Δt: 1 Monat
Zinssatz	-1 $\longrightarrow$ Δt: 6 Monate
Konsumnachfrage	2 $\longrightarrow$ Δt: 6 Monate
Reales BIP	-1 $\longrightarrow$ Δt: 1 Monat
Nettoauslandsnachfrage	2 $\longrightarrow$ Δt: 6 Monate
Preisniveau	1 $\longrightarrow$ Δt: 1 Monat
Steuereinnahmen	2 $\longrightarrow$ Δt: 1 Monat
Budgetsaldo	

Die Abbildungen 4.72 und 4.73 zeigen für die beiden Wege 21 und 36 die in Tabelle 4.15 enthaltenen Informationen in grafischer Form verknüpft mit den Informationen über die Vorzeichen und Zeitverzögerungen.

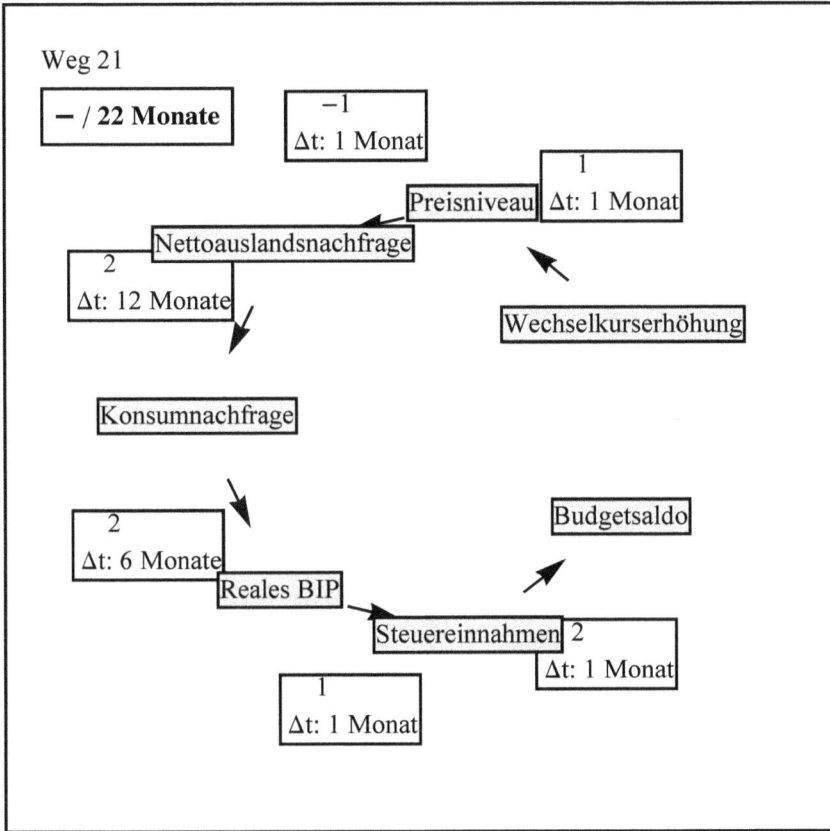

Abb. 4.72: Darstellung des Weges 21 aus Tab. 4.15.

Weg 36

+ / 22 Monate

Konsumnachfrage ◄─────── Zinssatz

-1
Δt: 6 Monate

2
Δt: 6 Monate

Reales BIP

1
Δt: 1 Monat

Wechselkurserhöhung

-1
Δt: 1 Monat

Nettoauslandsnachfrage   Budgetsaldo

2
Δt: 6 Monate

2
Δt: 1 Monat

1
Δt: 1 Monat

Preisniveau ───────► Steuereinnahmen

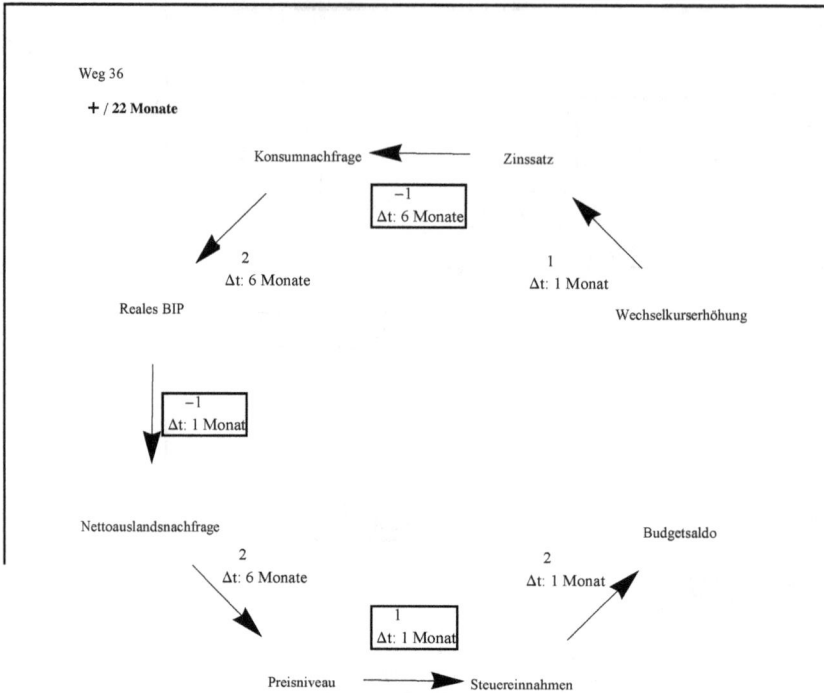

Abb. 4.73:   Darstellung des Weges 36 aus Tab. 4.15.

In diesem Abschnitt ist exemplarisch nur eine Menge von Wegen für die Verbindung von zwei Knoten bzw. Variablen untersucht worden. Abbildung 4.54 zeigt alle in diesem System vorhandenen Verbindungen, die sich mit der hier vorgestellten Systematik in der gleichen Art und Weise untersuchen lassen. Man beachte, dass es immerhin noch mehr als 1750 Wege in den verschiedenen Mengen gibt, die in Abbildung 4.54 dargestellt sind.

4.13   Literatur

Einführende Literatur

Bardmann, Theodor M. und Alexander Lamprecht, Systemtheorie verstehen, VS Verlag für Sozialwissenschaften, Wiesbaden, 1999

Heine, Michael, Hansjörg Herr und Cornelia Kaiser, Wirtschaftspolitische Regime westlicher Industrienationen, Nomos-Verlag, 2006

Vester, Frederic, Die Kunst vernetzt zu denken. Ideen und Werkzeuge für einen neuen Umgang mit Komplexität, dtv, München, 2002

Weiterführende Literatur

Bertalanffy, Ludwig von, General System Theory. Foundations, Development, Applications, George Braziller, New York, 1969

Brand, Frank, Transdisziplinarität - Voraussetzung für naturwissenschaftlichen und mathematischen Erkenntnisgewinn? in: Brand, Frank und Franz Schaller, Harald Völker (Hrsg.), Transdisziplinarität, Bestandsaufnahme und Perspektiven, Beiträge zur THESIS-Arbeitstagung im Oktober 2003 in Göttingen, 2004, 1. Aufl., Universitätsverlag Göttingen, Göttingen, 2004

Brand, Frank, Ökonomische Fragestellungen mit vielen Einflussgrüßen als Netzwerke,

Working Papers of the Institute of Management Berlin, Berlin School of Economics and Law (HWR Berlin), 2007

Dieckmann, Johann, Einführung in die Systemtheorie, Wilhelm Fink Verlag, 2005

Forrester, Jay Wright., Principles of Systems, Pegasus Communications, 2000

Malik, Fredmund, Strategie des Managements komplexer Systeme, Haupt Verlag, Bern, Stuttgart, Wien, 2002

Rapoport, Anatol, Allgemeine Systemtheorie, Verlag Darmstädter Blätter, Darmstadt, 1988

Teil II

Praktische Beispiele

5   Vorbemerkungen

5.1   Datenqualität der Beispiele

Wie wir im ersten Teil des Buches gesehen haben, kommt der vollständigen Angabe aller erforderlichen Daten zur Beschreibung eines komplexen Systems große Bedeutung zu. Insbesondere im vierten Kapitel haben wir dargestellt, welche Möglichkeiten es gibt, nach der Bestimmung der geschlossenen Regelkreise und allgemeinen Wege eine Verknüpfung mit den Informationen in der Einfluss- und Zeitverzögerungsmatrix vorzunehmen. An dieser Stelle sei insbesondere auf die Abschnitte 4.10–4.12 verwiesen.

In der Praxis findet man bzgl. der Diskussion und Analyse komplexer Systeme fast ausnahmslos Situationen vor, in denen auf die Angaben der Zeitverzögerungen verzichtet wird. Dies mag sehr verschiedene Gründe haben. Ein wichtiger scheint darin zu liegen, dass erstens nur Experten in den jeweiligen Anwendungsgebieten in der Lage sein dürften, diese Informationen zu liefern. Zweitens scheint sich die Tatsache, dass es die Zeitverzögerungen sind, die das Handeln in und die Analyse von komplexen Systemen erschweren, noch nicht überall wirklich durchgesetzt zu haben. Aus diesem Grund sind in der Literatur praktisch keine vollständigen Informationen zur kompletten Beschreibung von Systemen zu finden. Diese Tatsache hat natürlich auch Auswirkungen auf die Auswertungen und Abbildungen, die für ein Beispiel generiert werden können. Im nächsten Abschnitt ist die komplette Liste aller Informationen aufgeführt, die ein Beispiel vollständig beschreiben.

5.2   Beschreibung der Auswertungen und Abbildungen

Die ein komplexes System beschreibenden Informationen sowie die berechneten Regelkreise und allgemeinen Wege inklusive der Abbildungen und Tabellen sind in den Beispielkapiteln und den Zusatzmaterialien nach dem folgenden einheitlichen Schema wiedergegeben:

- Einführung,
- Variablenliste,
- Adjazenzmatrix **A** und Kantenmenge

- – Adjazenzmatrix
- – Kantenliste
- – Abb.: Grafische Darstellung der Adjazenzmatrix,
- Potenzen von **A** und Erreichbarkeitsmatrix **E**
  - – Potenzen der Adjazenzmatrix
  - – Potenzen der Adjazenzmatrix (*SlideView*)
  - – Erreichbarkeitsmatrix
  - – Gesamtzahl aller Wege im System,
- Visualisierungen des Systems
  - – Abb.: Zweimensionale Darstellung (Variablennummern)
  - – Abb.: Zweidimensionale Darstellung (Variablennamen und -nummern)
  - – Abb.: Dreidimensionale Darstellung (Variablennamen und -nummern)
  - – Abb.: Dreidimensionale Darstellung (Variablennummern),
- Knotengrade,
- Einflussmatrix **I**
  - – Einflussmatrix
  - – Abb.: Grafische Darstellung der Einflussmatrix,
- Zeitverzögerungsmatrix **T**
  - – Zeitverzögerungsmatrix
  - – Abb.: Grafische Darstellung der Zeitverzögerungsmatrix,
- Das Zusammenspiel der Matrizen **A, I, T** und **E,**
- Berechnung und Interpretation verschiedener Indizes für die Variablen des Systems
  - – Tab.: Aktivsummen
  - – Tab.: Passivsummen
  - – Tab.: Produkte aus Aktiv- und Passivsummen
  - – Tab.: Quotienten aus Aktiv- und Passivsummen
  - – Tab.: Variablen mit den Werten für Aktiv- und Passivsummen, Produkten und Quotienten aus Aktiv- und Passivsummen
  - – Abb.: Gegenüberstellung von Aktiv- und Passivsummen
  - – Abb.: Gegenüberstellung von Produkten und Quotienten aus Aktiv- und Passivsummen
  - – Abb.: Variablen mit ihren Wertepaaren (Passivsumme / Aktivsumme)
  - – Tab.: Einteilung der Variablen anhand der Kriterien aktiv und reaktiv
  - – Tab.: Einteilung der Variablen anhand der Kriterien kritisch und puffernd,
- Geschlossene Regelkreise (Hamiltonkreise)
  - – Tab.: Übersicht aller Hamiltonkreise
  - – Nummernfolgen der Hamiltonkreise (*SlideView*)

- Tab.: Übersicht aller Hamiltonkreise (Vorzeichen, Zeitverzögerung)
- Hamiltonkreise mit Vorzeichen und Zeitverzögerung (*SlideView*)
- Visualisierung der Regelkreise (*SlideView*)
- Abb.: Histogramm der Längenverteilung
- Abb.: Verteilung der Knotennummern, die in den Regelkreisen enthalten sind
- Tab.: Beteiligung der Variablen an den Regelkreisen
- Abb.: Kumulierte Wahrscheinlichkeit über der Anzahl der beteiligten Knoten
- Abb.: Länge über der Nummer des Regelkreises
- Abb.: Vorzeichen über der Nummer des Regelkreises
- Abb.: Zeitverzögerung über der Nummer des Regelkreises
- Abb.: Häufigkeiten über der Länge der Regelkreise (negativ, positiv)
- Abb.: Zeitverzögerungen über der Länge der Regelkreise
- Abb.: Häufigkeit für die Kombination aus Zeitverzögerungen und Längen
- Abb.: Häufigkeit über der Zeitverzögerung (negativ, positiv)
- Abb.: Vorzeichen der Regelkreise für die Zeitverzögerungen über der Länge,

- Allgemeine Wege und Erreichbarkeit von Variablen
  - Tab.: Übersicht der allgemeinen Wege
  - Nummernfolgen der allgemeinen Wege (*SlideView*)
  - Tab.: Übersicht der allgemeinen Wege (Vorzeichen und Zeitverzögerung)
  - Allgemeine Wege mit Vorzeichen und Zeitverzögerung (*SlideView*)
  - Visualisierung der allgemeine Wege (*SlideView*)
  - Abb.: Histogramm der Längenverteilung
  - Abb.: Verteilung der Knotennummern, die in den Wegen enthalten sind
  - Tab.: Beteiligung der Variablen entsprechend der Variablenliste
  - Abb.: Kumulierte Anteile über der Anzahl der beteiligten Knoten
  - Abb.: Anzahl der Anfangsknoten in den Wegen
  - Abb.: Anzahl der Endknoten in den Wegen
  - Abb.: Häufigkeit von Wegen für Kombinationen von Start- und Endknoten
  - Abb.: Anzahl der Wege, in denen die Knoten als Übergangsknoten auftauchen
  - Abb.: Häufigkeit, mit der die Knoten als Übergangsknoten auftauchen
  - Abb.: Länge über der Nummer des Weges
  - Abb.: Vorzeichen über der Nummer des Weges
  - Abb.: Zeitverzögerung über der Nummer des Weges
  - Abb.: Histogramm der Zeitverzögerungen für alle Wege
  - Abb.: Häufigkeiten über der Länge der Wege (negativ, positiv)
  - Abb.: Zeitverzögerungen über der Länge der Wege
  - Abb.: Häufigkeit für die Kombination aus Zeitverzögerungen und Längen der Wege

– Abb.: Häufigkeit über der Zeitverzögerung (negativ, positiv)

– Abb.: Vorzeichen der Wege für die Zeitverzögerungen über der Länge der Wege.

Sind, wie in Abschnitt 5.1 geschildert, Informationen über die Zeitverzögerungen nicht ver-fügbar, dann entfallen selbstverständlich auch die zugehörigen Tabellen und Abbildungen, die die Zeitverzögerungen zum Thema haben. Dies bedeutet, dass in den entsprechenden Kapiteln und in den Zusatzmaterialien nur eine Untermenge der oben aufgeführten Abbil-dungen und Tabellen zu finden ist. Formal sind in diesem Fall alle Zeitverzögerungen zu eins gesetzt, um die Routinen zur Generierung der Abbildungen und Tabellen verwenden zu können.

In Kapitel vier sind alle oben aufgeführten Punkte am Beispiel der Modellierung einer natio-nalen Ökonomie im Euroraum ausführlich dargestellt worden. Der Leser möge für die Inter-pretation der Tabellen und Abbildungen der folgenden Beispiele die jeweiligen Abschnitte im vierten Kapitel konsultieren.

In obiger Liste ist zu einigen Punkten der Hinweis *SlideView* zu finden. Er zeigt an, dass in den Zusatzmaterialien Informationen in Art einer Powerpoint-Präsentation in der Datei zur Verfügung stehen. Dieser Mechanismus erlaubt eine leichte Organisation umfangreicher Da-ten, da diese quasi hintereinander angeordnet organisiert und gespeichert werden. Durch ei-nen Klick auf den Menüpunkt ▷ kann der nächste Eintrag angesehen werden. Bei einigen Beispielen ist der Datenumfang aber so groß, dass die Daten weder in Buchform noch in ei-ner Datei präsentiert werden können.

5.3   Liste der Beispiele

Die folgenden Beispiele zeichnen sich dadurch aus, dass neben der Variablenliste sowohl die Adjazenzmatrix **A** als auch die Einflussmatrix **I** gegeben sind. Die Zeitmatrizen **T** sind nicht verfügbar. Die Daten für das Beispiel *Strategische Marktforschung* sind dem Buch von Weber entnommen. Informationen zu den übrigen Beispielen stammen aus dem Buch von Hub, der die ein Beispiel beschreibenden Daten systematisch zusammengestellt hat. Überwiegend sind die Kapitelüberschriften beibehalten worden. In Klammern hinter den Beispielen sind die Buchkapitel angegeben, in denen man die Auswertung findet. Bei dem Hinweis auf Zusatzmaterial ist der Leser gehalten, sich die entsprechende Datei von der Webseite das Oldenbourg-Verlages herunterzuladen (s. Kap. 1).

- Strategische Marktforschung (Kapitel 6),
- Banksteuerung
  - Unternehmerischer Erfolg (Kapitel 7)
  - Existenzsicherung (Zusatzmaterial),
- Erfolgsfaktoren für Unternehmensgründungen (Kapitel 8),

- Strassenverkehrsentwicklung (Kapitel 9),
- Kundenorientierung und Kundenzufriedenheit (Zusatzmaterial),
- Outsourcing (Zusatzmaterial).

5.4   Literatur

Hub, Hans, (Hrsg.) Praxisbeispiele zum Ganzheitlich-vernetzten Denken – mit einem Methodik-Leitfaden am praktischen Fall, 1. Aufl., DMG-Verlag, Nürtingen, 2002

Weber, Günter, Strategische Marktforschung, 1. Aufl., Oldenbourg Verlag, München, 1996

6 Strategische Marktforschung

6.1 Einführung

Dieses Beispiel ist dem Buch von Weber (S. 122ff) entnommen. Die Adjazenzmatrix wurde aus dem Graphen (Abb. 4-14, S. 195) hergeleitet. Allerdings fällt beim Vergleich des Graphen mit der auf Seite 190 in Tabelle 4-24 wiedergegebenen Konsens-Einflussmatrix nach Vester auf, dass den Matrixkomponenten (4, 6) und (4, 7) keine Werte für die Wirkung zugeordnet worden ist. Die Verbindung im zugehörigen Graphen ist aber vorhanden. Aus diesem Grund sind diese beiden Komponenten in der Einflussmatrix zu 1 bzw. -1 gesetzt worden. Die Vorzeichen konnten aus der Visualisierung der Kanten gewonnen werden. Werte für die Zeitverzögerung sind von Weber nicht angegeben worden. Deshalb sind alle Werte mit der Zeitverzögerung von einem Monat versehen worden, um alle in Kapitel vier vorgestellten Algorithmen in der gleichen Art und Weise verwenden zu können.

Die Anzahl der Regelkreise wird bei Weber mit 303 angegeben; dies wird bestätigt. Über die Anzahl aller möglichen Wege in diesem komplexen System gibt es bei Weber keine Aussage. Eigene Rechnungen zeigen, dass es genau 21061 mögliche Wege in diesem Graphen gibt, die an dieser Stelle wegen de Umfanges nicht weiter diskutiert werden.

6.2 Die Variablenliste

Die Variablen können der folgenden Liste entnommen werden:

1 Konkurrenzdruck
2 Sortimentsumfang
3 Gesetzliche Restriktionen
4 Image
5 Distributionsintensität

6	Distributionsqualität
7	Preisaggressivität
8	Kommunikationsanstrengungen
9	Ausstattungsniveau
10	Marktattraktivität
11	Produktinvolvement Bier
12	Ökolog. Verhalten d. Unternehmen
13	Ökolog. Verhalten d. Konsumenten
14	Segmentierungsgrad
15	Kosten
16	Macht d. Absatzmittler
17	Marktposition

6.3   Adjazenzmatrix **A** und Kantenmenge

Die Adjazenzmatrix für dieses System lautet:

$$A =$$

	1	2	3	4	5	6	7	8	9	10	11	12	13	14	15	16	17
1	0	0	0	0	0	0	1	1	0	1	0	0	0	0	0	1	0
2	0	0	0	0	0	0	0	1	0	0	0	0	0	0	1	0	0
3	0	0	0	0	0	0	0	0	0	1	0	1	1	0	1	0	0
4	0	0	0	0	0	1	1	0	0	0	0	0	0	0	0	1	1
5	0	0	0	0	0	0	0	0	0	0	0	0	0	0	1	1	1
6	0	0	0	1	0	0	0	0	1	0	0	0	0	0	1	0	0
7	0	0	0	1	0	0	0	0	0	0	0	0	0	0	0	0	1
8	0	0	0	1	0	0	0	0	0	0	1	0	0	0	1	0	0
9	0	0	0	1	0	0	0	0	0	0	0	0	0	0	1	0	0
10	1	0	0	0	0	0	1	0	0	0	0	0	0	1	0	0	0
11	0	0	0	0	0	0	0	0	0	0	0	0	1	0	0	0	0
12	0	0	0	0	0	0	0	0	1	0	0	0	0	0	1	0	0
13	0	1	1	0	0	0	0	0	0	0	0	1	0	0	0	0	0
14	0	0	0	0	1	0	0	1	0	0	0	0	0	0	1	0	0
15	0	0	0	0	0	0	1	0	0	0	0	0	0	0	0	0	1
16	1	0	0	0	0	0	1	0	0	0	0	0	0	0	0	0	0
17	1	0	0	1	0	0	0	0	0	0	0	0	0	0	0	1	0

Kantenliste

$$\{1 \to 7, \; 1 \to 8, \; 1 \to 10, \; 1 \to 16, \; 2 \to 8, \; 2 \to 15, \; 3 \to 10,$$
$$3 \to 12, \; 3 \to 13, \; 3 \to 15, \; 4 \to 6, \; 4 \to 7, \; 4 \to 16, \; 4 \to 17,$$
$$5 \to 15, \; 5 \to 16, \; 5 \to 17, \; 6 \to 4, \; 6 \to 9, \; 6 \to 15, \; 7 \to 4,$$
$$7 \to 17, \; 8 \to 4, \; 8 \to 11, \; 8 \to 15, \; 9 \to 4, \; 9 \to 15, \; 10 \to 1,$$
$$10 \to 7, \; 10 \to 14, \; 11 \to 13, \; 12 \to 9, \; 12 \to 15, \; 13 \to 2,$$
$$13 \to 3, \; 13 \to 12, \; 14 \to 5, \; 14 \to 8, \; 14 \to 15, \; 15 \to 7,$$
$$15 \to 17, \; 16 \to 1, \; 16 \to 7, \; 17 \to 1, \; 17 \to 4, \; 17 \to 16\}$$

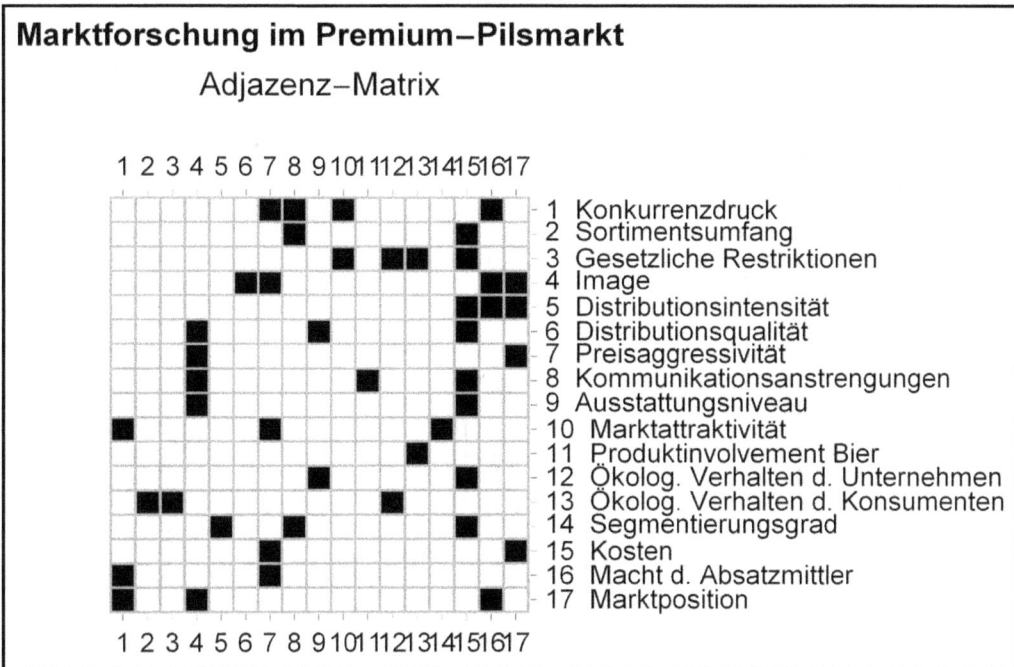

Abb. 6.1:   Grafische Darstellung der Adjazenzmatrix **A**.

6.4   Potenzen von **A** und Erreichbarkeitsmatrix **E**

$$A^3 =$$

	1	2	3	4	5	6	7	8	9	10	11	12	13	14	15	16	17
1	1	0	0	3	1	2	5	3	0	2	0	0	1	0	1	5	5
2	1	0	0	2	0	1	2	0	0	0	0	0	1	0	0	2	3
3	1	0	0	4	1	0	2	3	1	2	0	1	1	0	5	2	3
4	2	0	0	3	0	3	7	2	0	2	0	0	0	0	1	6	5
5	2	0	0	3	0	1	4	2	0	2	0	0	0	0	0	4	3
6	3	0	0	5	0	1	3	0	1	0	0	0	0	0	1	3	4
7	3	0	0	3	0	1	4	1	1	1	0	0	0	0	1	3	2
8	3	1	1	5	0	0	1	0	1	0	0	1	0	0	1	2	2
9	3	0	0	5	0	0	1	0	1	0	0	0	0	0	1	2	2
10	3	0	0	4	0	1	4	0	0	0	2	0	0	1	3	3	4
11	0	0	0	0	0	0	0	1	1	1	0	1	1	0	3	0	0
12	1	0	0	2	0	1	2	0	0	0	0	0	0	0	0	2	3
13	1	1	1	2	0	0	4	0	1	0	1	1	0	1	3	0	3
14	3	0	0	3	0	1	4	0	0	0	0	0	1	0	0	3	4
15	2	0	0	1	0	2	4	1	0	1	0	0	0	0	0	4	2
16	3	0	0	3	0	1	3	0	0	0	1	0	0	1	1	2	2
17	4	0	0	6	0	0	4	1	1	1	1	0	0	1	2	2	3

$$A^5 =$$

	1	2	3	4	5	6	7	8	9	10	11	12	13	14	15	16	17
1	21	0	0	28	2	15	44	15	4	13	1	1	4	1	11	37	33
2	11	0	0	13	0	6	19	6	3	6	1	1	1	1	7	15	12
3	22	0	0	32	2	9	32	10	5	8	1	1	4	1	11	28	29
4	23	0	0	33	2	17	47	15	3	13	2	0	2	2	10	41	36
5	17	0	0	24	2	10	32	11	3	9	2	0	2	2	8	26	24
6	24	0	0	30	0	9	33	7	5	7	3	0	0	3	9	25	23
7	19	0	0	26	1	9	29	7	3	6	3	0	1	3	8	23	23
8	21	1	1	28	0	4	26	4	6	4	4	1	0	4	11	15	19
9	20	0	0	26	0	4	22	4	5	4	3	0	0	3	8	15	16
10	25	2	2	33	0	9	32	7	4	7	4	2	0	3	10	28	25
11	3	0	0	8	1	2	6	3	1	2	0	1	2	0	5	6	9
12	11	0	0	13	0	6	19	5	2	5	1	0	0	1	4	15	12
13	17	2	2	21	0	8	24	3	3	3	3	2	0	2	8	21	20
14	20	0	0	23	0	9	30	8	4	8	3	1	1	3	10	23	19
15	12	0	0	18	1	9	26	8	1	7	2	0	1	2	6	21	20
16	18	1	1	24	0	6	23	4	3	4	4	1	0	3	9	18	18
17	29	1	1	38	1	9	35	7	6	6	5	1	1	4	13	28	28

Erreichbarkeitsmatrix **E**

$$\mathbf{E} =$$

	1	2	3	4	5	6	
1	10 858 231	219 156	219 156	14 666 286	487 290	5 178 027	⋯
2	4 782 498	96 758	96 758	6 459 391	214 294	2 279 120	⋯
3	9 426 541	191 021	191 021	12 731 276	421 948	4 490 246	⋯
4	11 718 552	236 679	236 679	15 828 086	525 678	5 587 282	⋯
5	8 185 123	165 503	165 503	11 055 246	366 915	3 901 372	⋯
6	8 630 799	175 248	175 248	11 656 037	385 840	4 108 984	⋯
	⋮	⋮	⋮	⋮	⋮	⋮	⋱

6.5 Visualisierungen des Systems

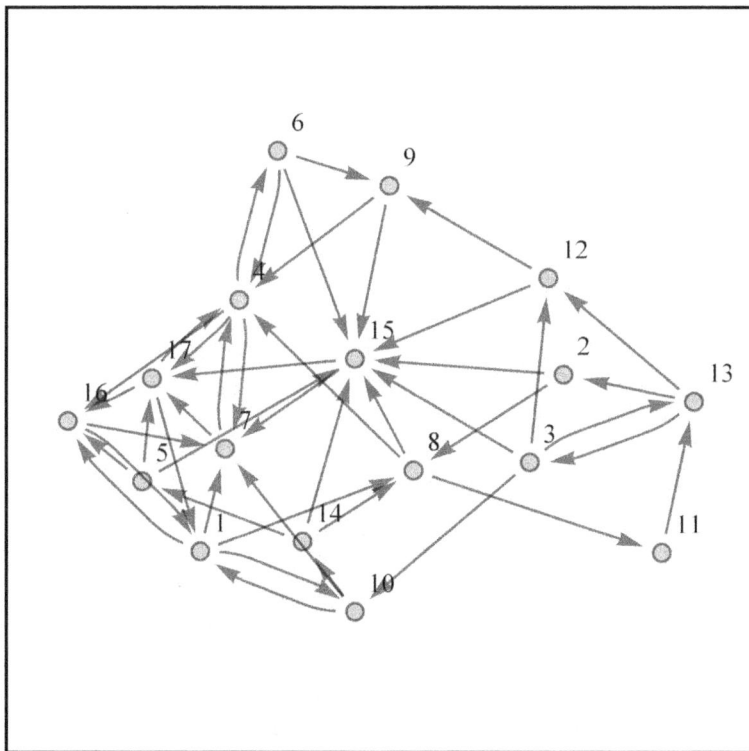

Abb. 6.2:   Zweimensionale Darstellung des Graphen mit Variablennummern aber ohne Variablennamen.

6.6   Knotengrade

	In	Out	Grad
1	3	4	7
2	5	2	7
3	3	3	6
4	2	3	5
5	4	2	6
6	1	2	3
7	8	2	10
8	1	4	5
9	2	2	4
10	2	3	5
11	5	4	9
12	1	3	4
13	4	3	7
14	1	3	4
15	2	2	4
16	1	1	2
17	1	3	4

6.7   Einflussmatrix (Impactmatrix) $\mathbf{I}$

Die Einflussmatrix für unser System lautet:

$\mathbf{I} =$

	1	2	3	4	5	6	7	8	9	10	11	12	13	14	15	16	17
1	0	0	0	0	0	0	2	2	0	-3	0	0	0	0	0	1	0
2	0	0	0	0	0	0	0	2	0	0	0	0	0	0	3	0	0
3	0	0	0	0	0	0	0	0	0	-2	0	3	1	0	3	0	0
4	0	0	0	0	0	1	-1	0	0	0	0	0	0	0	0	-1	3
5	0	0	0	0	0	0	0	0	0	0	0	0	0	0	2	-2	1
6	0	0	0	1	0	0	0	0	1	0	0	0	0	0	3	0	0
7	0	0	0	-3	0	0	0	0	0	0	0	0	0	0	0	0	1
8	0	0	0	3	0	0	0	0	0	0	3	0	0	0	3	0	0
9	0	0	0	2	0	0	0	0	0	0	0	0	0	0	3	0	0
10	-3	0	0	0	0	0	-2	0	0	0	0	0	0	2	0	0	0
11	0	0	0	0	0	0	0	0	0	0	0	0	2	0	0	0	0
12	0	0	0	0	0	0	0	0	-2	0	0	0	0	2	0	0	0
13	0	2	2	0	0	0	0	0	0	0	0	3	0	0	0	0	0
14	0	0	0	0	2	0	0	3	0	0	0	0	0	0	3	0	0
15	0	0	0	0	0	0	-2	0	0	0	0	0	0	0	0	0	-2
16	3	0	0	0	0	0	2	0	0	0	0	0	0	0	0	0	0
17	-3	0	0	2	0	0	0	0	0	0	0	0	0	0	0	-2	0

Marktforschung im Premium–Pilsmarkt

Impact–Matrix

1 2 3 4 5 6 7 8 9 10 11 21 31 41 51 61 7

1 Konkurrenzdruck
2 Sortimentsumfang
3 Gesetzliche Restriktionen
4 Image
5 Distributionsintensität
6 Distributionsqualität
7 Preisaggressivität
8 Kommunikationsanstrengungen
9 Ausstattungsniveau
10 Marktattraktivität
11 Produktinvolvement Bier
12 Ökolog. Verhalten d. Unternehmen
13 Ökolog. Verhalten d. Konsumenten
14 Segmentierungsgrad
15 Kosten
16 Macht d. Absatzmittler
17 Marktposition

1 2 3 4 5 6 7 8 9 10 11 21 31 41 51 61 7

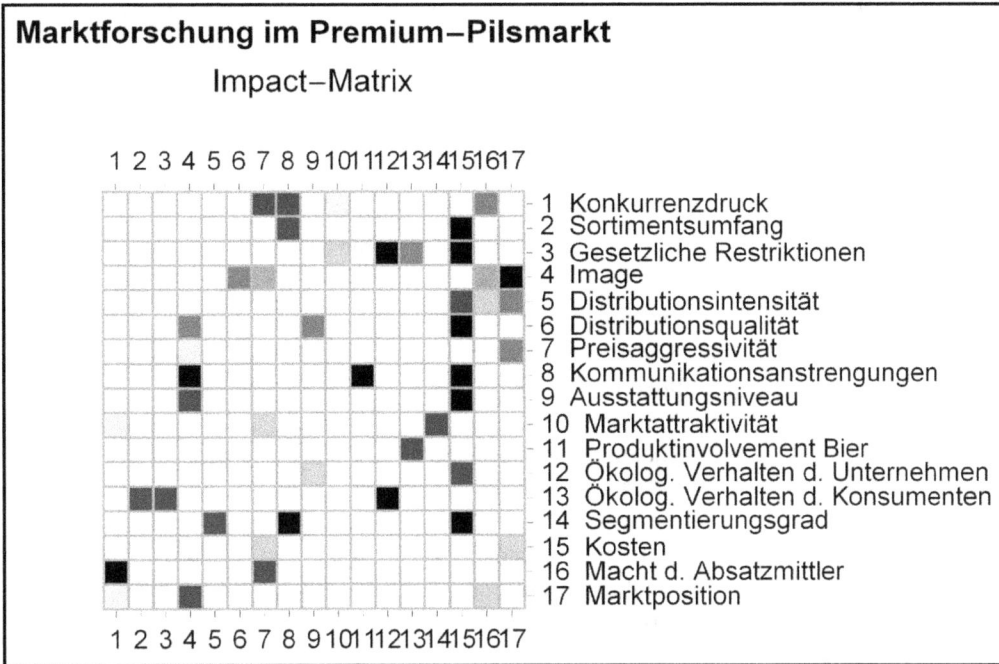

Abb. 6.3:   Grafische Darstellung der Einflussmatrix **I**.

6.8   Zeitverzögerungsmatrix **T**

Daten nicht verfügbar.

6.9   Das Zusammenspiel der Matrizen **A, I, T** und **E**

Siehe Abbildung 4.8 in Kapitel 4.9.

6.10 Berechnung / Interpretation verschiedener Indizes

6.10.1 Aktiv- und Passivsummen

Tab. 6.1:   Aktivsummen für die Variablen des Systems.

	Variable	Aktiv-summe
1	Kommunikationsanstrengungen	9
2	Gesetzliche Restriktionen	9
3	Segmentierungsgrad	8
4	Konkurrenzdruck	8
5	Marktposition	7
6	Ökolog. Verhalten d. Konsumenten	7
7	Marktattraktivität	7
8	Image	6
9	Macht d. Absatzmittler	5
10	Ausstattungsniveau	5
11	Distributionsqualität	5
12	Distributionsintensität	5
13	Sortimentsumfang	5
14	Kosten	4
15	Ökolog. Verhalten d. Unternehmen	4
16	Preisaggressivität	4
17	Produktinvolvement Bier	2

Tab. 6.2:   Passivsummen für die Variablen des Systems.

	Variable	Passiv-summe
1	Kosten	22
2	Image	11
3	Preisaggressivität	9
4	Konkurrenzdruck	9
5	Marktposition	7
6	Kommunikationsanstrengungen	7
7	Macht d. Absatzmittler	6
8	Ökolog. Verhalten d. Unternehmen	6
9	Marktattraktivität	5
10	Ökolog. Verhalten d. Konsumenten	3
11	Produktinvolvement Bier	3
12	Ausstattungsniveau	3
13	Segmentierungsgrad	2
14	Distributionsintensität	2
15	Gesetzliche Restriktionen	2
16	Sortimentsumfang	2
17	Distributionsqualität	1

6.10.2   Produkte und Verhältnisse der Aktiv- und Passivsummen

Tab. 6.3:   Produkte aus Aktiv- und Passivsummen für die Variablen des Systems.

	Variable	Produkt (Aktivsumme × Passivsumme)
1	Kosten	88
2	Konkurrenzdruck	72
3	Image	66
4	Kommunikationsanstrengungen	63
5	Marktposition	49
6	Preisaggressivität	36
7	Marktattraktivität	35
8	Macht d. Absatzmittler	30
9	Ökolog. Verhalten d. Unternehmen	24
10	Ökolog. Verhalten d. Konsumenten	21
11	Gesetzliche Restriktionen	18
12	Segmentierungsgrad	16
13	Ausstattungsniveau	15
14	Distributionsintensität	10
15	Sortimentsumfang	10
16	Produktinvolvement Bier	6
17	Distributionsqualität	5

Tab. 6.4:   Quotienten aus Aktiv- und Passivsummen für jede Variable multipliziert mit dem Faktor 100.

	Variable	Quotient×100 (Aktivsumme / Passivsumme)×100
1	Distributionsqualität	500
2	Gesetzliche Restriktionen	450
3	Segmentierungsgrad	400
4	Distributionsintensität	250
5	Sortimentsumfang	250
6	Ökolog. Verhalten d. Konsumenten	233
7	Ausstattungsniveau	167
8	Marktattraktivität	140
9	Kommunikationsanstrengungen	129
10	Marktposition	100
11	Konkurrenzdruck	89
12	Macht d. Absatzmittler	83
13	Ökolog. Verhalten d. Unternehmen	67
14	Produktinvolvement Bier	67
15	Image	55
16	Preisaggressivität	44
17	Kosten	18

6.10.3   Verknüpfung aller Indizes

Tab. 6.5:   Liste der Variablen des Systems mit den Werten für Aktiv- und Passivsummen sowie der Produkte und Quotienten aus diesen beiden Summen.

	Variable	Aktiv-summe	Passiv-summe	Produkt	Quotient ×100
1	Konkurrenzdruck	8	9	72	89
2	Sortimentsumfang	5	2	10	250
3	Gesetzliche Restriktionen	9	2	18	450
4	Image	6	11	66	55
5	Distributionsintensität	5	2	10	250
6	Distributionsqualität	5	1	5	500
7	Preisaggressivität	4	9	36	44
8	Kommunikationsanstrengungen	9	7	63	129
9	Ausstattungsniveau	5	3	15	167
10	Marktattraktivität	7	5	35	140
11	Produktinvolvement Bier	2	3	6	67
12	Ökolog. Verhalten d. Unternehmen	4	6	24	67
13	Ökolog. Verhalten d. Konsumenten	7	3	21	233
14	Segmentierungsgrad	8	2	16	400
15	Kosten	4	22	88	18
16	Macht d. Absatzmittler	5	6	30	83
17	Marktposition	7	7	49	100

6.10.4   Visualisierungen der Indizes

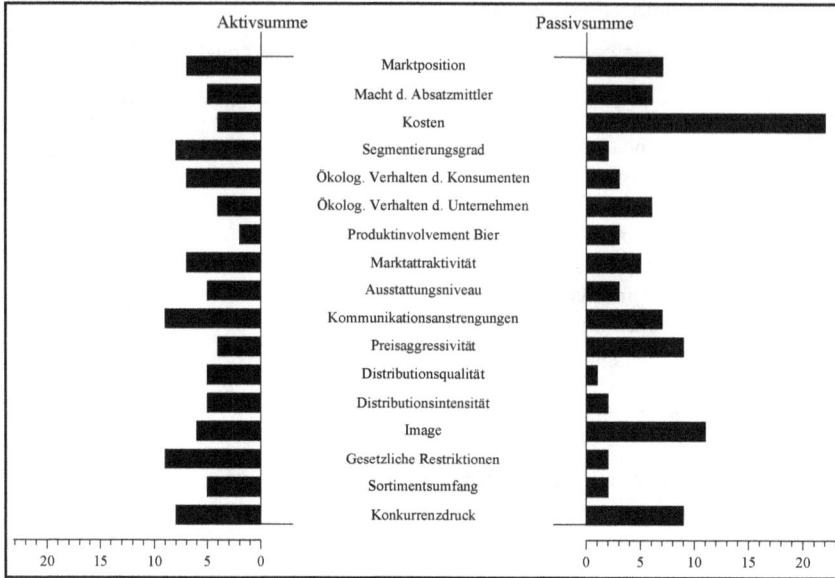

Abb. 6.4:   Gegenüberstellung von Aktiv- und Passivsummen für jede Variable.

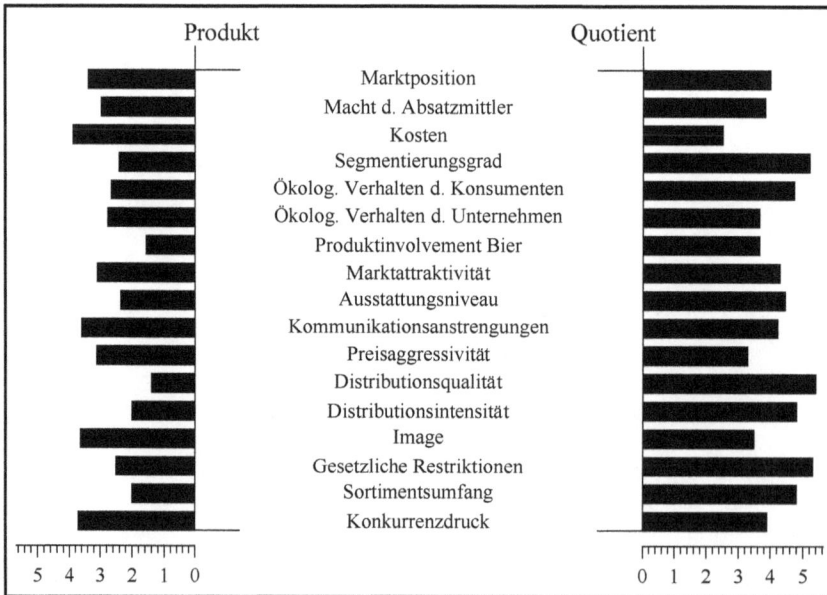

Abb. 6.5:   Gegenüberstellung von Produkten und Quotienten aus Aktiv- und Passivsummen für jede Variable.

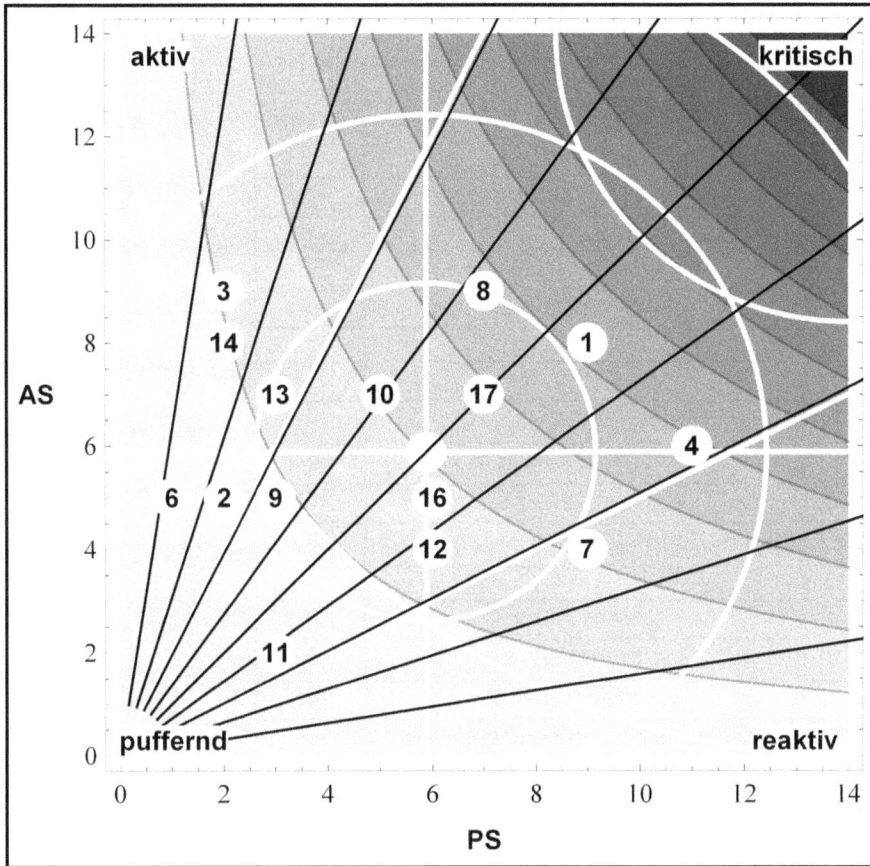

Abb. 6.6:   Alle Variablen des komplexen Systems sind sind mit ihren Wertepaaren (Passivsumme / Aktiv-
             summe) in der Abbildung eingetragen. Einige Variablen liegen entweder direkt auf der
             Abszisse oder auf der Ordinate.

6.10.5   Charakterisierungen der Variablen

Tab. 6.6:   Einteilung der Variablen anhand der Kriterien aktiv und reaktiv.

#	Charakter	Q·100
	Hoch Aktiv	
6	Distributionsqualität	500
3	Gesetzliche Restriktionen	450
	Aktiv	
14	Segmentierungsgrad	400
2	Sortimentsumfang	250
5	Distributionsintensität	250
13	Ökolog. Verhalten d. Konsumenten	233
	Leicht Aktiv	
9	Ausstattungsniveau	167
10	Marktattraktivität	140
8	Kommunikationsanstrengungen	129
	Neutral	
17	Marktposition	100
1	Konkurrenzdruck	89
16	Macht d. Absatzmittler	83
	Leicht Passiv	
11	Produktinvolvement Bier	67
12	Ökolog. Verhalten d. Unternehmen	67
4	Image	55
	Passiv	
7	Preisaggressivität	44
	Hoch Passiv	
15	Kosten	18

Tab. 6.7: Einteilung der Variablen anhand der Kriterien kritisch und puffernd.

#	Charakter	P
	Hochkritisch	**88.0**
15	Kosten	88
	Kritisch	**75.4**
1	Konkurrenzdruck	72
4	Image	66
8	Kommunikationsanstrengungen	63
	Leicht kritisch	**62.9**
	– – –	
	Neutral	**50.3**
17	Marktposition	49
	Schwach puffernd	**37.7**
7	Preisaggressivität	36
10	Marktattraktivität	35
16	Macht d. Absatzmittler	30
	Puffernd	**25.1**
12	Ökolog. Verhalten d. Unternehmen	24
13	Ökolog. Verhalten d. Konsumenten	21
3	Gesetzliche Restriktionen	18
14	Segmentierungsgrad	16
9	Ausstattungsniveau	15
	Stark puffernd	**12.6**
2	Sortimentsumfang	10
5	Distributionsintensität	10
11	Produktinvolvement Bier	6
6	Distributionsqualität	5

6.11   Geschlossene Regelkreise (Hamiltonkreise)

6.11.1   Bestimmung

Tab. 6.8:   Übersicht der Hamiltonkreise entsprechend der obigen Variablenliste.

$$
\begin{array}{c|l}
1 & \{1,\ 10,\ 1\} \\
2 & \{1,\ 16,\ 1\} \\
3 & \{3,\ 13,\ 3\} \\
4 & \{4,\ 6,\ 4\} \\
5 & \{4,\ 7,\ 4\} \\
6 & \{4,\ 17,\ 4\} \\
7 & \{1,\ 7,\ 17,\ 1\} \\
8 & \vdots \\
9 & \{1,\ 8,\ 11,\ 13,\ 12,\ 15,\ 7,\ 17,\ 1\} \\
10 & \{1,\ 8,\ 11,\ 13,\ 12,\ 15,\ 17,\ 16,\ 1\} \\
11 & \{1,\ 10,\ 7,\ 4,\ 6,\ 9,\ 15,\ 17,\ 1\} \\
12 & \{1,\ 10,\ 7,\ 4,\ 6,\ 15,\ 17,\ 16,\ 1\} \\
13 & \{1,\ 10,\ 14,\ 5,\ 15,\ 7,\ 4,\ 16,\ 1\} \\
14 & \{1,\ 10,\ 14,\ 5,\ 15,\ 7,\ 4,\ 17,\ 1\} \\
15 & \{1,\ 10,\ 14,\ 5,\ 15,\ 7,\ 17,\ 16,\ 1\} \\
16 & \{1,\ 10,\ 14,\ 5,\ 15,\ 17,\ 4,\ 16,\ 1\} \\
17 & \vdots \\
18 & \{1,\ 8,\ 11,\ 13,\ 3,\ 10,\ 14,\ 5,\ 15,\ 7,\ 17,\ 1\} \\
19 & \{1,\ 8,\ 11,\ 13,\ 3,\ 10,\ 14,\ 5,\ 15,\ 17,\ 16,\ 1\} \\
20 & \{1,\ 8,\ 11,\ 13,\ 3,\ 10,\ 14,\ 5,\ 16,\ 7,\ 17,\ 1\} \\
21 & \{1,\ 8,\ 11,\ 13,\ 3,\ 10,\ 14,\ 5,\ 17,\ 4,\ 16,\ 1\} \\
22 & \{1,\ 8,\ 11,\ 13,\ 3,\ 10,\ 14,\ 15,\ 7,\ 4,\ 16,\ 1\} \\
23 & \{1,\ 8,\ 11,\ 13,\ 3,\ 10,\ 14,\ 15,\ 7,\ 4,\ 17,\ 1\} \\
24 & \{1,\ 8,\ 11,\ 13,\ 3,\ 10,\ 14,\ 15,\ 7,\ 17,\ 16,\ 1\} \\
25 & \{1,\ 8,\ 11,\ 13,\ 3,\ 10,\ 14,\ 15,\ 17,\ 4,\ 16,\ 1\}
\end{array}
$$

6.11.2   Visualisierung

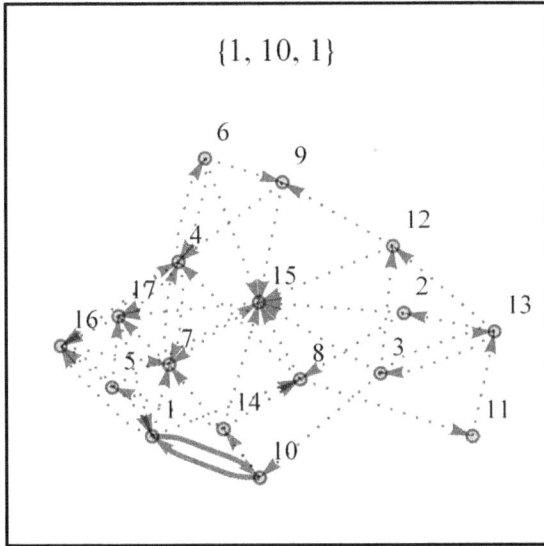

Abb. 6.7:   Beispiel für einen Regelkreis.

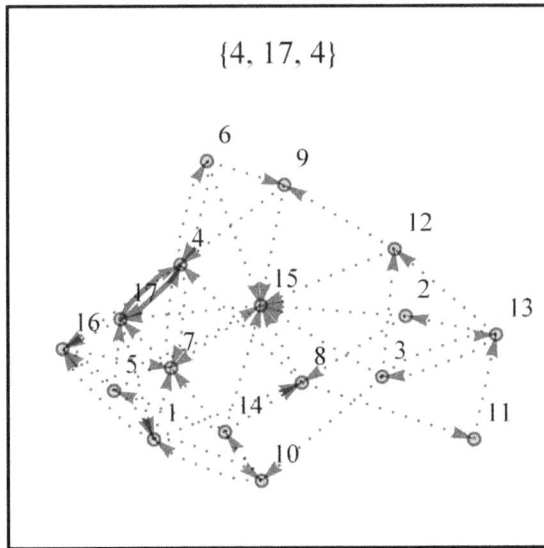

Abb. 6.8:   Beispiel für einen Regelkreis.

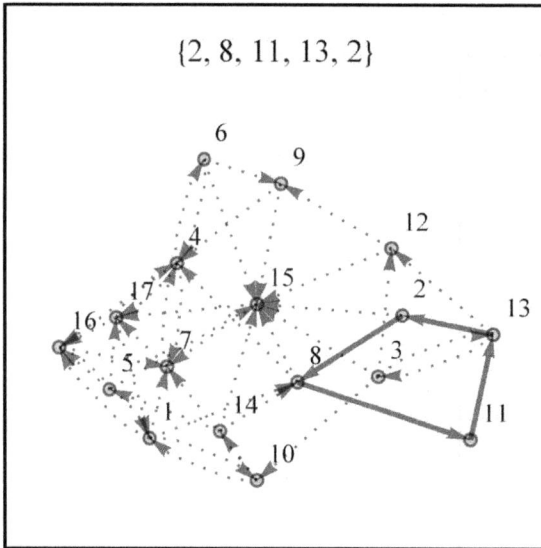

Abb. 6.9:   Beispiel für einen Regelkreis.

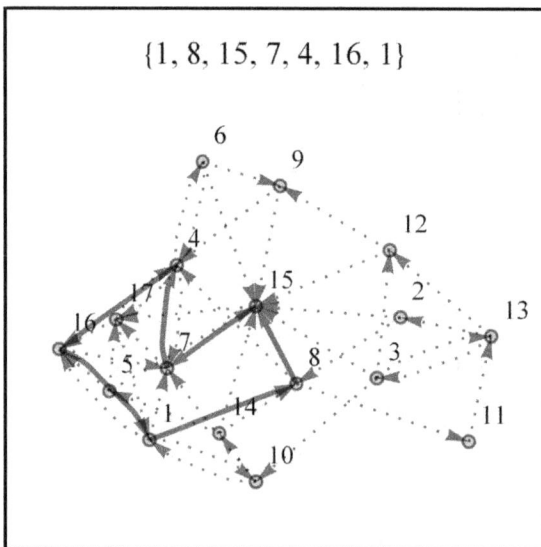

Abb. 6.10:   Beispiel für einen Regelkreis.

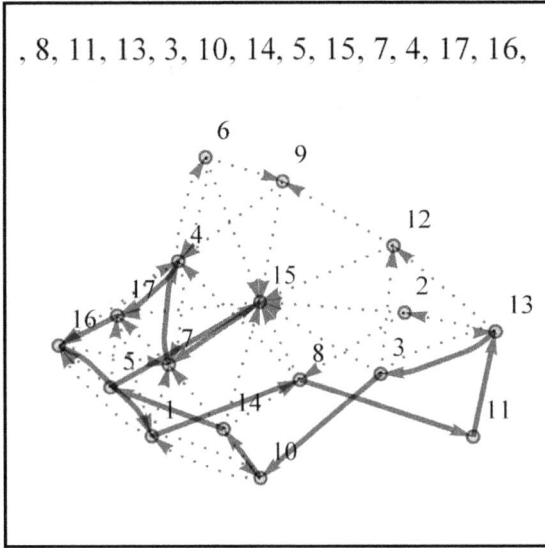

, 8, 11, 13, 3, 10, 14, 5, 15, 7, 4, 17, 16,

Abb. 6.11:   Beispiel für einen Regelkreis.

6.11.3   Auswertung und Interpretation

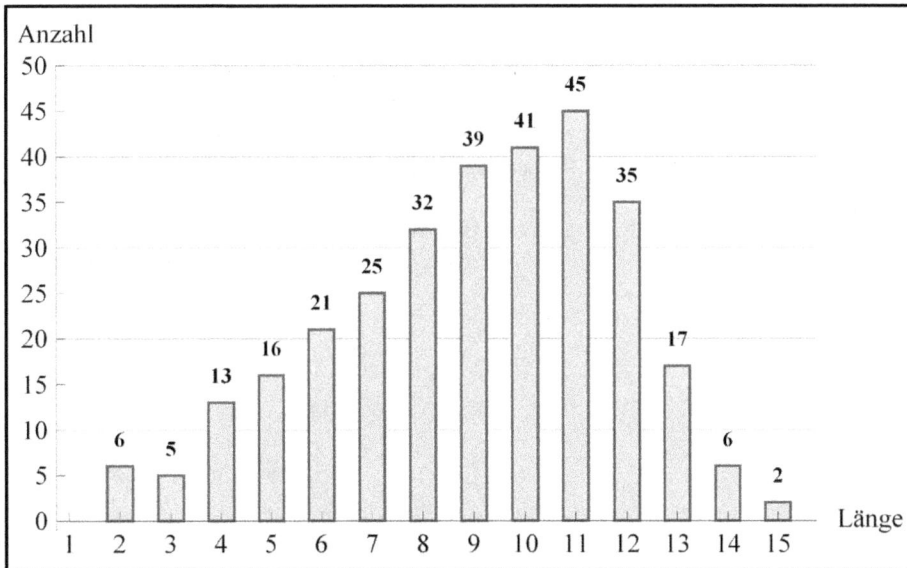

Abb. 6.12:   Histogramm der Längenverteilung der Regelkreise.

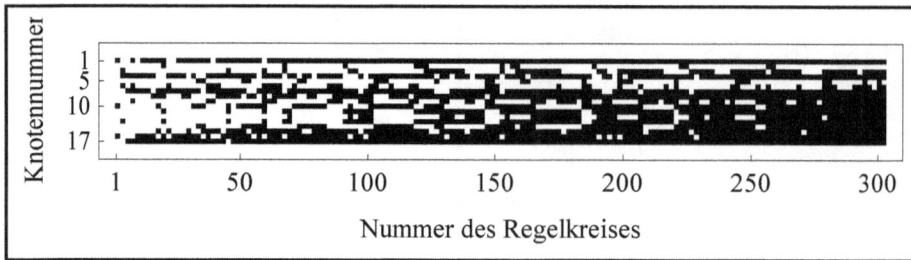

Abb. 6.13:   Verteilung der Knotennummern (Variablen), die in den Regelkreisen enthalten sind.

Tab. 6.9:   Beteiligung der Variablen entsprechend der Variablenliste.

Nr.	Variable	Anzahl	Anteil in %
1	Konkurrenzdruck	283	10.4
2	Sortimentsumfang	19	0.7
3	Gesetzliche Restriktionen	113	4.1
4	Image	209	7.7
5	Distributionsintensität	34	1.2
6	Distributionsqualität	60	2.2
7	Preisaggressivität	196	7.2
8	Kommunikationsanstrengungen	233	8.5
9	Ausstattungsniveau	98	3.6
10	Marktattraktivität	172	6.3
11	Produktinvolvement Bier	187	6.9
12	Ökolog. Verhalten d. Unternehmen	112	4.1
13	Ökolog. Verhalten d. Konsumenten	188	6.9
14	Segmentierungsgrad	150	5.5
15	Kosten	220	8.1
16	Macht d. Absatzmittler	191	7.0
17	Marktposition	262	9.6

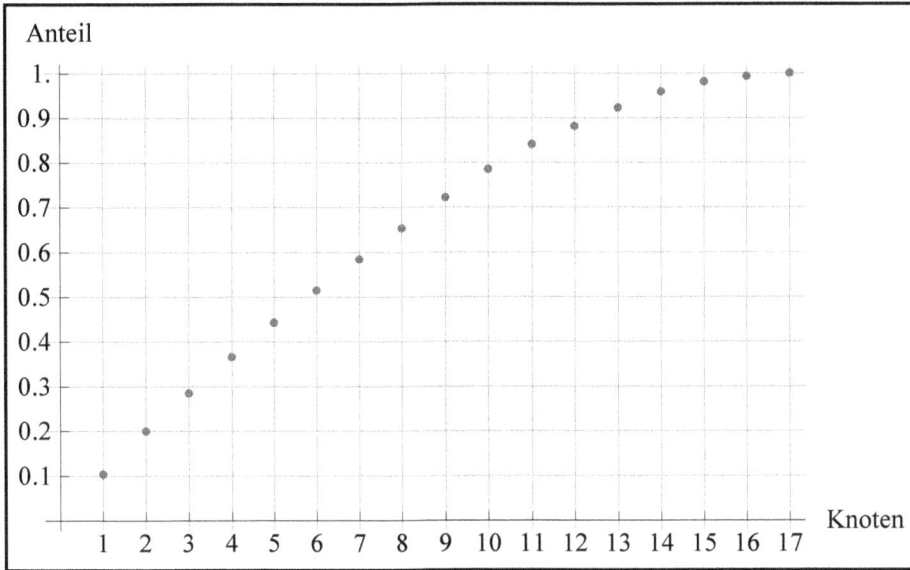

Abb. 6.14:   Kumulierte Wahrscheinlichkeit über der Anzahl der beteiligten Knoten. Der Knoten 1 hat also
den höchsten Anteil, der Knoten 2 den zweithöchsten etc.

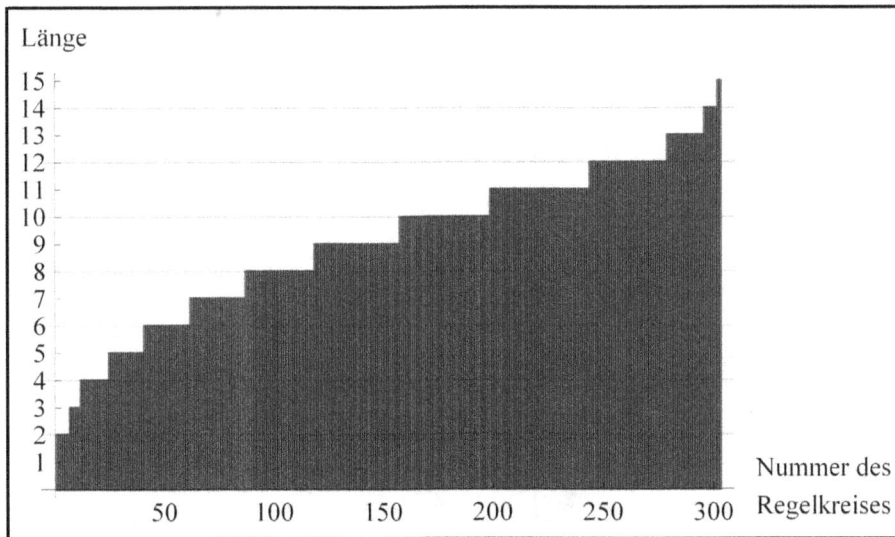

Abb. 6.15:   Länge über der Nummer des Regelkreises.

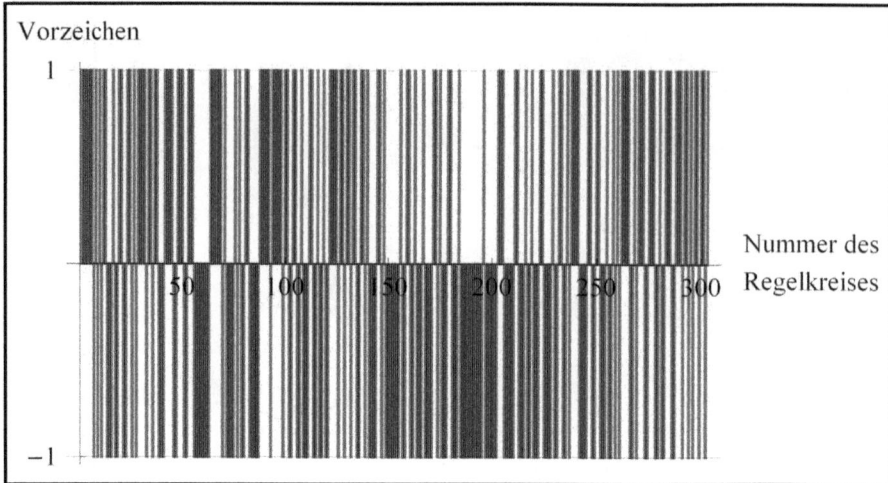

Abb. 6.16:   Vorzeichen über der Nummer des Regelkreises.

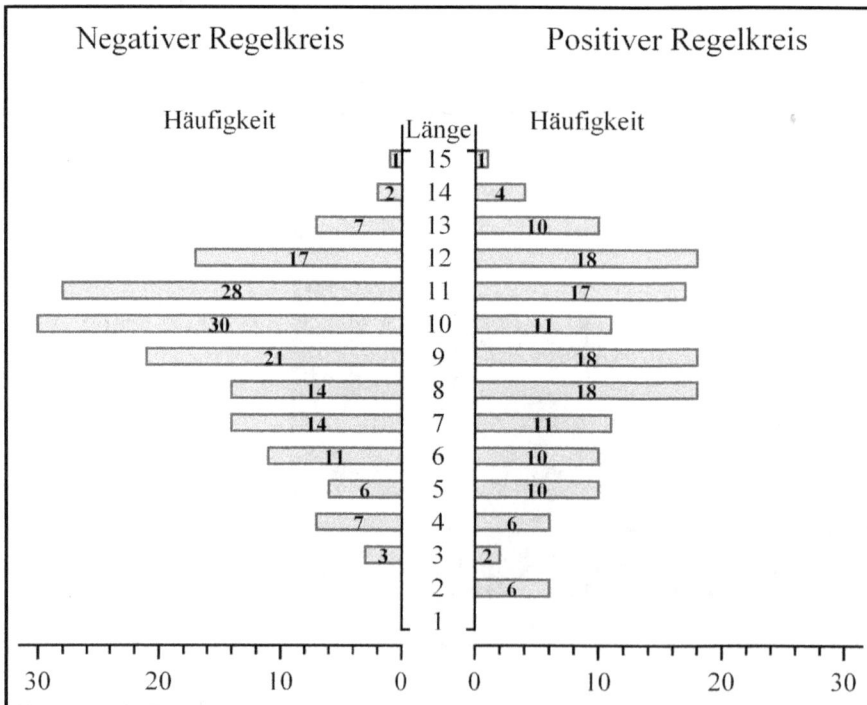

Abb. 6.17:   Häufigkeiten über der Länge der Regelkreise, getrennt für negative und positive Regelkreise.

Tab. 6.10:   Einige Regelkreise einschließlich der Informationen über die Vorzeichen und Zeitverzögerungen für
              jede Verbindung zwischen zwei Variablen als auch für den ganzen Regelkreis.

1	+ / 2 Monate

Konkurrenzdruck	− 3
	Δt: 1 Monat
Marktattraktivität	− 3
	Δt: 1 Monat
Konkurrenzdruck	

6	+ / 2 Monate

Image	3
	Δt: 1 Monat
Marktposition	2
	Δt: 1 Monat
Image	

20	+ / 4 Monate

Sortimentsumfang	2
	Δt: 1 Monat
Kommunikationsanstrengungen	3
	Δt: 1 Monat
Produktinvolvement Bier	2
	Δt: 1 Monat
Ökolog. Verhalten d. Konsumenten	2
	Δt: 1 Monat
Sortimentsumfang	

46	$-$ / 6 Monate

Konkurrenzdruck	2 $\longrightarrow$ Δt: 1 Monat
Kommunikationsanstrengungen	3 $\longrightarrow$ Δt: 1 Monat
Kosten	-2 $\longrightarrow$ Δt: 1 Monat
Preisaggressivität	-3 $\longrightarrow$ Δt: 1 Monat
Image	-1 $\longrightarrow$ Δt: 1 Monat
Macht d. Absatzmittler	3 $\longrightarrow$ Δt: 1 Monat
Konkurrenzdruck	

150	– / 9 **Monate**
Konkurrenzdruck	– 3 ——————⟶ Δt: 1 Monat
Marktattraktivität	2 ——————⟶ Δt: 1 Monat
Segmentierungsgrad	3 ——————⟶ Δt: 1 Monat
Kommunikationsanstrengungen	3 ——————⟶ Δt: 1 Monat
Image	1 ——————⟶ Δt: 1 Monat
Distributionsqualität	1 ——————⟶ Δt: 1 Monat
Ausstattungsniveau	3 ——————⟶ Δt: 1 Monat
Kosten	– 2 ——————⟶ Δt: 1 Monat
Marktposition	– 3 ——————⟶ Δt: 1 Monat
Konkurrenzdruck	

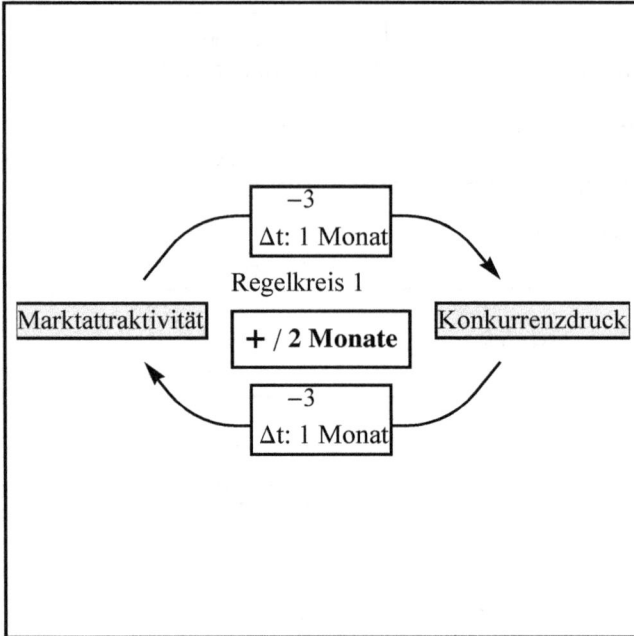

Abb. 6.18:   Darstellung eines Regelkreises.

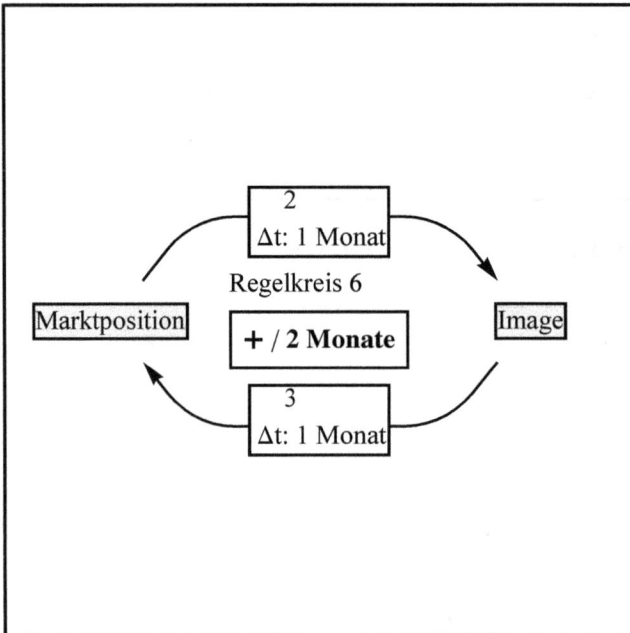

Abb. 6.19:   Darstellung eines Regelkreises.

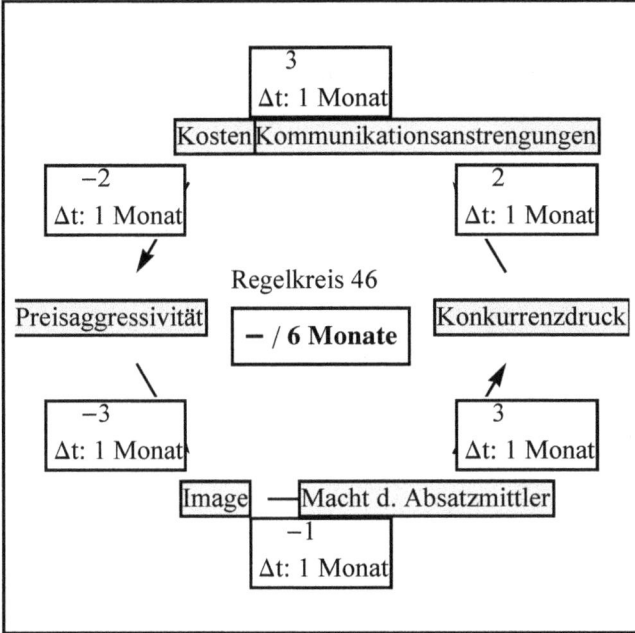

Abb. 6.20:   Darstellung eines Regelkreises.

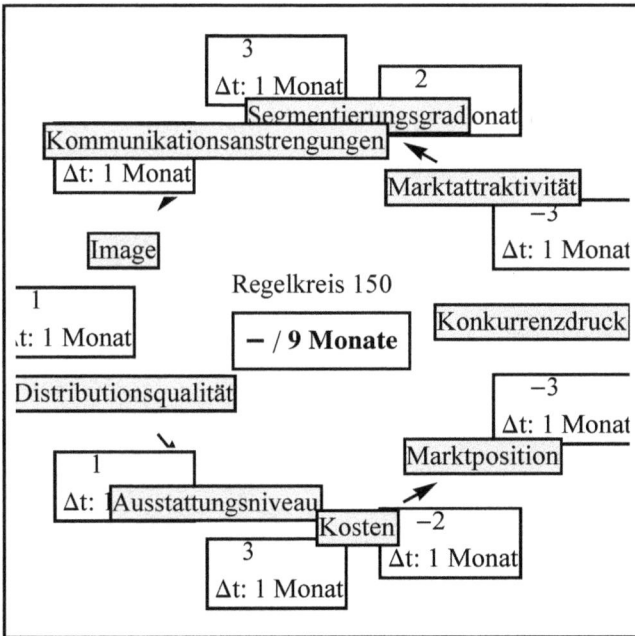

Abb. 6.21:   Darstellung eines Regelkreises.

6.12 Literatur

Weber, Günter, Strategische Marktforschung, 1. Aufl., Oldenbourg Verlag, München, 1996

7 Banksteuerung – Unternehmerischer Erfolg

7.1 Einführung

Dieses Beispiel ist dem Buch von Hub (S. 50–51) entnommen. Allgemeines Ziel ist es, im Rahmen einer neuen Strategie, in einer Bank den wirtschaftlichen Ertrag zu steigern und die Abschlußqualität zu erhöhen. Der Leser möge dieses System vergleichen mit dem Beispiel *Banksteuerung – Existenzsicherung* in den Zusatzmaterialien. Es wird deutlich, dass ein anderer Fokus zu einem völlig verschiedenen System führt, welches ganz verschiedene Eigenschaften ausweist.

7.2 Die Variablenliste

Die Variablen können der folgenden Liste entnommen werden:

1	unternehm. Erfolg
2	Abschlußqualität
3	wirtschaftl. Ertrag
4	Kundenzinssatz
5	Einstandssätze
6	Personalkosten
7	Sachkosten
8	Kunde
9	Verbandsumlage
10	Abschlußhöhe
11	gesetzl. Restriktionen
12	Ausfallrisiko
13	eigener Anspruch
14	Beratungsqualität
15	Konkurrenz
16	Marktlage

7.3   Adjazenzmatrix **A** und Kantenmenge

Die Adjazenzmatrix für dieses System lautet:

$$
A = \begin{pmatrix}
 & 1 & 2 & 3 & 4 & 5 & 6 & 7 & 8 & 9 & 10 & 11 & 12 & 13 & 14 & 15 & 16 \\
1 & 0 & 0 & 0 & 0 & 0 & 0 & 0 & 0 & 0 & 0 & 0 & 0 & 1 & 0 & 1 & 0 \\
2 & 1 & 0 & 0 & 0 & 0 & 1 & 0 & 1 & 0 & 0 & 0 & 0 & 0 & 0 & 0 & 0 \\
3 & 1 & 0 & 0 & 0 & 0 & 0 & 0 & 0 & 0 & 0 & 0 & 0 & 0 & 0 & 0 & 0 \\
4 & 0 & 1 & 1 & 0 & 0 & 0 & 0 & 1 & 0 & 1 & 0 & 0 & 0 & 0 & 1 & 0 \\
5 & 0 & 0 & 1 & 1 & 0 & 0 & 0 & 0 & 0 & 0 & 0 & 0 & 0 & 0 & 0 & 0 \\
6 & 0 & 0 & 1 & 0 & 0 & 0 & 0 & 0 & 0 & 0 & 0 & 0 & 0 & 0 & 0 & 0 \\
7 & 0 & 0 & 1 & 0 & 0 & 0 & 0 & 0 & 0 & 0 & 0 & 0 & 0 & 0 & 0 & 0 \\
8 & 0 & 1 & 1 & 1 & 0 & 0 & 0 & 0 & 0 & 1 & 0 & 1 & 0 & 0 & 1 & 1 \\
9 & 0 & 0 & 1 & 0 & 0 & 0 & 0 & 0 & 0 & 0 & 0 & 0 & 0 & 0 & 0 & 0 \\
10 & 0 & 0 & 1 & 1 & 0 & 0 & 0 & 0 & 0 & 0 & 0 & 1 & 0 & 0 & 0 & 0 \\
11 & 0 & 1 & 1 & 0 & 0 & 0 & 0 & 0 & 0 & 0 & 0 & 0 & 0 & 1 & 0 & 1 \\
12 & 0 & 0 & 1 & 0 & 0 & 0 & 0 & 0 & 0 & 0 & 0 & 0 & 0 & 0 & 0 & 0 \\
13 & 0 & 1 & 1 & 0 & 0 & 1 & 1 & 0 & 0 & 1 & 0 & 1 & 0 & 1 & 0 & 0 \\
14 & 0 & 1 & 1 & 0 & 0 & 0 & 0 & 1 & 0 & 0 & 0 & 1 & 0 & 0 & 0 & 0 \\
15 & 0 & 0 & 0 & 1 & 0 & 0 & 0 & 1 & 0 & 0 & 0 & 0 & 0 & 0 & 0 & 0 \\
16 & 0 & 0 & 1 & 0 & 1 & 0 & 0 & 1 & 0 & 0 & 0 & 0 & 1 & 0 & 1 & 0 \\
\end{pmatrix}
$$

Kantenliste

$$
\begin{aligned}
\{&1 \to 13,\ 1 \to 15,\ 2 \to 1,\ 2 \to 6,\ 2 \to 8,\ 3 \to 1,\ 4 \to 2,\ 4 \to 3, \\
&4 \to 8,\ 4 \to 10,\ 4 \to 15,\ 5 \to 3,\ 5 \to 4,\ 6 \to 3,\ 7 \to 3,\ 8 \to 2, \\
&8 \to 3,\ 8 \to 4,\ 8 \to 10,\ 8 \to 12,\ 8 \to 15,\ 8 \to 16,\ 9 \to 3, \\
&10 \to 3,\ 10 \to 4,\ 10 \to 12,\ 11 \to 2,\ 11 \to 3,\ 11 \to 14, \\
&11 \to 16,\ 12 \to 3,\ 13 \to 2,\ 13 \to 3,\ 13 \to 6,\ 13 \to 7,\ 13 \to 10, \\
&13 \to 12,\ 13 \to 14,\ 14 \to 2,\ 14 \to 3,\ 14 \to 8,\ 14 \to 12, \\
&15 \to 4,\ 15 \to 8,\ 16 \to 3,\ 16 \to 5,\ 16 \to 8,\ 16 \to 13,\ 16 \to 15\}
\end{aligned}
$$

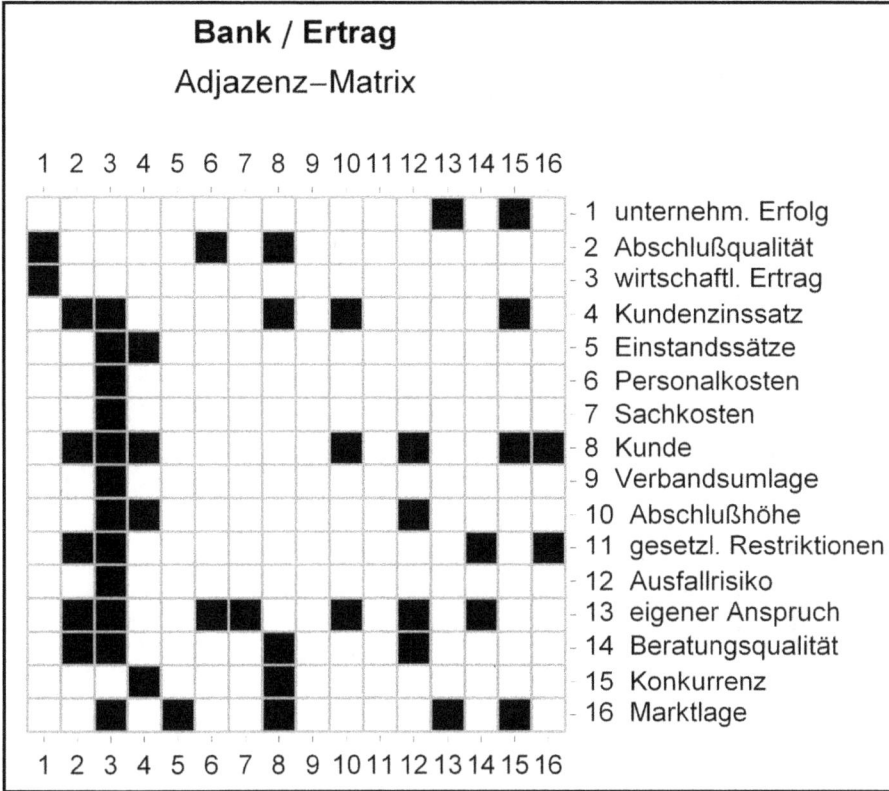

Abb. 7.1: Grafische Darstellung der Adjazenzmatrix **A**.

7.4 Potenzen von **A** und Erreichbarkeitsmatrix **E**

$$A^3 =$$

	1	2	3	4	5	6	7	8	9	10	11	12	13	14	15	16
1	2	3	7	2	0	1	0	3	0	2	0	3	0	0	2	1
2	3	2	5	3	1	2	1	5	0	2	0	2	1	1	2	0
3	0	1	1	1	0	1	1	1	0	1	0	1	0	1	0	0
4	3	5	10	4	1	1	0	6	0	5	0	3	3	0	8	2
5	2	1	2	3	0	1	0	2	0	1	0	2	1	0	2	1
6	0	0	0	0	0	0	0	0	0	0	0	0	1	0	1	0
7	0	0	0	0	0	0	0	0	0	0	0	0	1	0	1	0
8	5	7	11	8	0	2	1	5	0	7	0	6	2	1	8	4
9	0	0	0	0	0	0	0	0	0	0	0	0	1	0	1	0
10	3	1	2	3	0	1	0	2	0	1	0	2	1	0	2	1
11	3	4	7	5	0	2	1	2	0	4	0	4	2	1	5	3
12	0	0	0	0	0	0	0	0	0	0	0	0	1	0	1	0
13	6	3	6	2	0	1	0	2	0	3	0	2	2	0	5	2
14	3	2	6	3	1	1	0	4	0	2	0	2	3	0	5	1
15	4	2	6	5	1	2	0	6	0	2	0	3	1	0	3	1
16	5	5	12	4	1	2	0	8	0	4	0	4	2	0	6	1

$$A^5 =$$

	1	2	3	4	5	6	7	8	9	10	11	12	13	14	15	16
1	17	18	35	22	3	8	3	23	0	18	0	16	13	3	28	8
2	28	22	49	28	5	13	3	37	0	21	0	21	12	3	30	8
3	10	5	12	7	1	3	0	8	0	5	0	5	3	0	8	3
4	38	47	93	49	6	18	5	57	0	44	0	40	21	5	60	19
5	17	16	32	22	2	9	3	22	0	15	0	17	5	3	17	7
6	2	3	7	2	0	1	0	3	0	2	0	3	0	0	2	1
7	2	3	7	2	0	1	0	3	0	2	0	3	0	0	2	1
8	52	59	109	69	5	25	9	65	0	57	0	54	23	9	71	28
9	2	3	7	2	0	1	0	3	0	2	0	3	0	0	2	1
10	17	17	33	23	2	10	4	23	0	16	0	18	5	4	17	7
11	34	37	68	43	2	16	6	38	0	35	0	35	13	6	42	18
12	2	3	7	2	0	1	0	3	0	2	0	3	0	0	2	1
13	20	32	56	32	2	14	8	32	0	30	0	28	11	8	33	12
14	27	30	62	33	4	14	4	40	0	27	0	28	12	4	35	11
15	33	29	61	40	6	17	5	47	0	28	0	29	14	5	37	11
16	40	43	89	49	8	20	6	61	0	41	0	38	25	6	60	16

Erreichbarkeitsmatrix **E**

$$
E = \begin{pmatrix}
 & 1 & 2 & 3 & 4 & 5 & \\
1 & 6\,600\,380 & 6\,801\,886 & 13\,541\,517 & 8\,049\,504 & 931\,319 & \cdots \\
2 & 8\,552\,016 & 8\,814\,580 & 17\,546\,670 & 10\,431\,240 & 1\,206\,339 & \cdots \\
3 & 2\,141\,028 & 2\,206\,965 & 4\,393\,415 & 2\,611\,515 & 302\,029 & \cdots \\
4 & 15\,148\,972 & 15\,612\,312 & 31\,081\,116 & 18\,476\,367 & 2\,137\,812 & \cdots \\
5 & 5\,608\,750 & 5\,781\,304 & 11\,508\,696 & 6\,841\,390 & 791\,335 & \cdots \\
 & \vdots & \vdots & \vdots & \vdots & \vdots & \ddots
\end{pmatrix}
$$

7.5 Visualisierungen des Systems

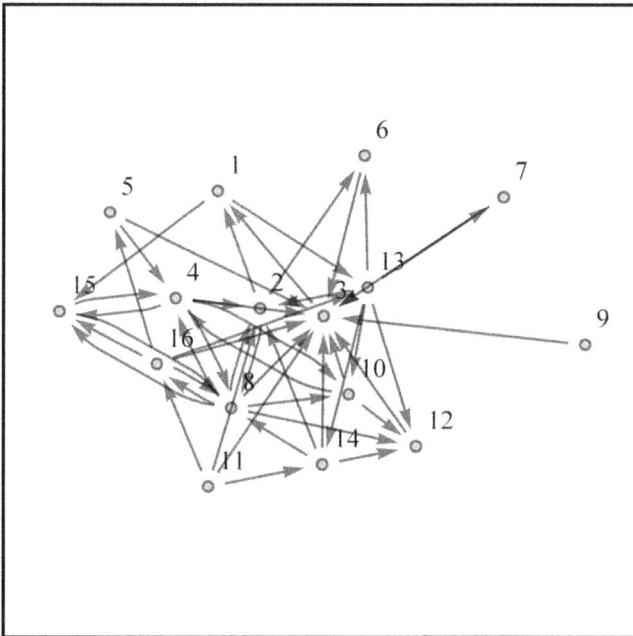

Abb. 7.2:   Zweimensionale Darstellung des Graphen mit Variablennummern aber ohne Variablennamen.

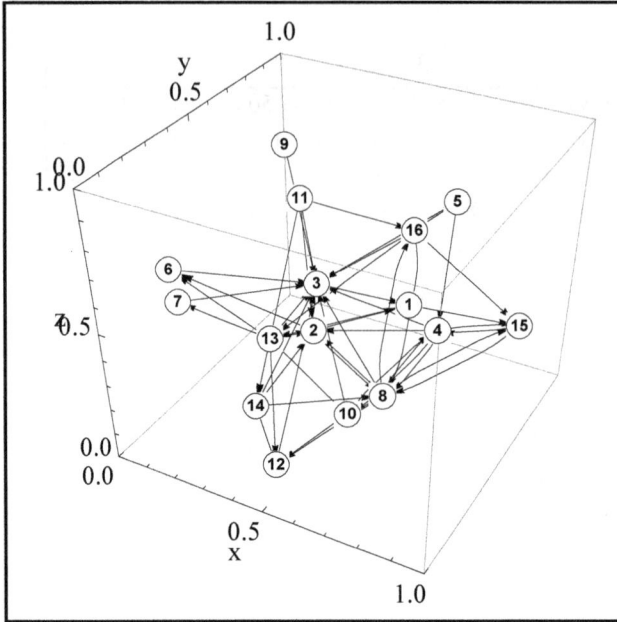

Abb. 7.3:   Dreidimensionale Darstellung des Graphen mit Variablennummern aber ohne Variablennamen.

7.6   Knotengrade

	In	Out	Grad
1	2	2	4
2	2	7	9
3	4	2	6
4	5	3	8
5	2	1	3
6	5	7	12
7	12	1	13
8	4	5	9
9	3	3	6
10	1	2	3
11	1	1	2
12	4	1	5
13	2	5	7
14	0	1	1
15	0	4	4
16	2	4	6

7.7 Einflussmatrix (Impactmatrix) **I**

Die Einflussmatrix für dieses System lautet:

$$
\mathbf{I} =
\begin{array}{c|cccccccccccccccc}
 & 1 & 2 & 3 & 4 & 5 & 6 & 7 & 8 & 9 & 10 & 11 & 12 & 13 & 14 & 15 & 16 \\
\hline
1 & 0 & 0 & 0 & 0 & 0 & 0 & 0 & 0 & 0 & 0 & 0 & 0 & 1 & 0 & 1 & 0 \\
2 & 2 & 0 & 0 & 0 & 0 & 1 & 0 & 1 & 0 & 0 & 0 & 0 & 0 & 0 & 0 & 0 \\
3 & 2 & 0 & 0 & 0 & 0 & 0 & 0 & 0 & 0 & 0 & 0 & 0 & 0 & 0 & 0 & 0 \\
4 & 0 & -1 & -2 & 0 & 0 & 0 & 0 & 1 & 0 & 2 & 0 & 0 & 0 & 0 & 1 & 0 \\
5 & 0 & 0 & -1 & 2 & 0 & 0 & 0 & 0 & 0 & 0 & 0 & 0 & 0 & 0 & 0 & 0 \\
6 & 0 & 0 & -2 & 0 & 0 & 0 & 0 & 0 & 0 & 0 & 0 & 0 & 0 & 0 & 0 & 0 \\
7 & 0 & 0 & -2 & 0 & 0 & 0 & 0 & 0 & 0 & 0 & 0 & 0 & 0 & 0 & 0 & 0 \\
8 & 0 & 2 & -2 & 1 & 0 & 0 & 0 & 0 & 0 & 2 & 0 & -1 & 0 & 0 & 1 & 2 \\
9 & 0 & 0 & -2 & 0 & 0 & 0 & 0 & 0 & 0 & 0 & 0 & 0 & 0 & 0 & 0 & 0 \\
10 & 0 & 0 & 1 & 1 & 0 & 0 & 0 & 0 & 0 & 0 & 0 & 1 & 0 & 0 & 0 & 0 \\
11 & 0 & -1 & -1 & 0 & 0 & 0 & 0 & 0 & 0 & 0 & 0 & 0 & 0 & 1 & 0 & -2 \\
12 & 0 & 0 & -2 & 0 & 0 & 0 & 0 & 0 & 0 & 0 & 0 & 0 & 0 & 0 & 0 & 0 \\
13 & 0 & 2 & 2 & 0 & 0 & 1 & 1 & 0 & 0 & 2 & 0 & 2 & 0 & 2 & 0 & 0 \\
14 & 0 & 2 & 2 & 0 & 0 & 0 & 0 & 2 & 0 & 0 & 0 & -2 & 0 & 0 & 0 & 0 \\
15 & 0 & 0 & 0 & 1 & 0 & 0 & 0 & 2 & 0 & 0 & 0 & 0 & 0 & 0 & 0 & 0 \\
16 & 0 & 0 & 1 & 0 & 2 & 0 & 0 & 2 & 0 & 0 & 0 & 0 & 1 & 0 & 1 & 0 \\
\end{array}
$$

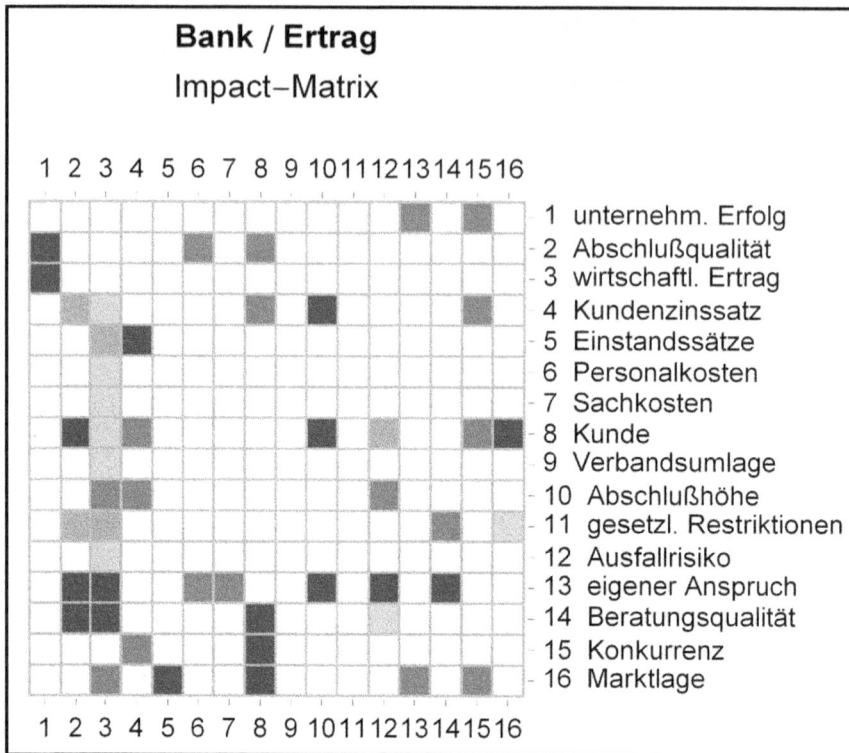

Bank / Ertrag
Impact–Matrix

1 unternehm. Erfolg
2 Abschlußqualität
3 wirtschaftl. Ertrag
4 Kundenzinssatz
5 Einstandssätze
6 Personalkosten
7 Sachkosten
8 Kunde
9 Verbandsumlage
10 Abschlußhöhe
11 gesetzl. Restriktionen
12 Ausfallrisiko
13 eigener Anspruch
14 Beratungsqualität
15 Konkurrenz
16 Marktlage

Abb. 7.4:   Grafische Darstellung der Einflussmatrix **I**.

7.8   Zeitverzögerungsmatrix **T**

Daten nicht verfügbar.

7.9   Das Zusammenspiel der Matrizen **A**, **I**, **T** und **E**

Siehe Abbildung 4.8 in Kapitel 4.9.

7.10 Berechnung / Interpretation verschiedener Indizes

7.10.1 Aktiv- und Passivsummen

Tab. 7.1:   Aktivsummen für die Variablen des Systems.

	Variable	Aktiv-summe
1	eigener Anspruch	12
2	Kunde	11
3	Beratungsqualität	8
4	Marktlage	7
5	Kundenzinssatz	7
6	gesetzl. Restriktionen	5
7	Abschlußqualität	4
8	Konkurrenz	3
9	Abschlußhöhe	3
10	Einstandssätze	3
11	Ausfallrisiko	2
12	Verbandsumlage	2
13	Sachkosten	2
14	Personalkosten	2
15	wirtschaftl. Ertrag	2
16	unternehm. Erfolg	2

Tab. 7.2:   Passivsummen für die Variablen des Systems.

	Variable	Passiv-summe
1	wirtschaftl. Ertrag	20
2	Kunde	8
3	Abschlußqualität	8
4	Ausfallrisiko	6
5	Abschlußhöhe	6
6	Kundenzinssatz	5
7	Marktlage	4
8	Konkurrenz	4
9	unternehm. Erfolg	4
10	Beratungsqualität	3
11	eigener Anspruch	2
12	Personalkosten	2
13	Einstandssätze	2
14	Sachkosten	1
15	gesetzl. Restriktionen	0
16	Verbandsumlage	0

7.10.2   Produkte und Verhältnisse der Aktiv- und Passivsummen

Tab. 7.3:   Produkte aus Aktiv- und Passivsummen für die Variablen des Systems.

	Variable	Produkt (Aktivsumme × Passivsumme)
1	Kunde	88
2	wirtschaftl. Ertrag	40
3	Kundenzinssatz	35
4	Abschlußqualität	32
5	Marktlage	28
6	Beratungsqualität	24
7	eigener Anspruch	24
8	Abschlußhöhe	18
9	Konkurrenz	12
10	Ausfallrisiko	12
11	unternehm. Erfolg	8
12	Einstandssätze	6
13	Personalkosten	4
14	Sachkosten	2
15	gesetzl. Restriktionen	0
16	Verbandsumlage	0

Tab. 7.4:   Quotienten aus Aktiv- und Passivsummen für die Variablen des Systems multipliziert mit dem Faktor
             100.

	Variable	Quotient×100 (Aktivsumme / Passivsumme)×100
1	gesetzl. Restriktionen	∞
2	Verbandsumlage	∞
3	eigener Anspruch	600
4	Beratungsqualität	267
5	Sachkosten	200
6	Marktlage	175
7	Einstandssätze	150
8	Kundenzinssatz	140
9	Kunde	138
10	Personalkosten	100
11	Konkurrenz	75
12	Abschlußhöhe	50
13	Abschlußqualität	50
14	unternehm. Erfolg	50
15	Ausfallrisiko	33
16	wirtschaftl. Ertrag	10

7.10.3 Verknüpfung aller Indizes

Tab. 7.5: Liste der Variablen des Systems mit den Werten für Aktiv- und Passivsummen sowie der Produkte und Quotienten aus diesen beiden Summen.

	Variable	Aktivsumme	Passivsumme	Produkt	Quotient ×100
1	unternehm. Erfolg	2	4	8	50
2	Abschlußqualität	4	8	32	50
3	wirtschaftl. Ertrag	2	20	40	10
4	Kundenzinssatz	7	5	35	140
5	Einstandssätze	3	2	6	150
6	Personalkosten	2	2	4	100
7	Sachkosten	2	1	2	200
8	Kunde	11	8	88	138
9	Verbandsumlage	2	0	0	∞
10	Abschlußhöhe	3	6	18	50
11	gesetzl. Restriktionen	5	0	0	∞
12	Ausfallrisiko	2	6	12	33
13	eigener Anspruch	12	2	24	600
14	Beratungsqualität	8	3	24	267
15	Konkurrenz	3	4	12	75
16	Marktlage	7	4	28	175

7.10.4   Visualisierungen der Indizes

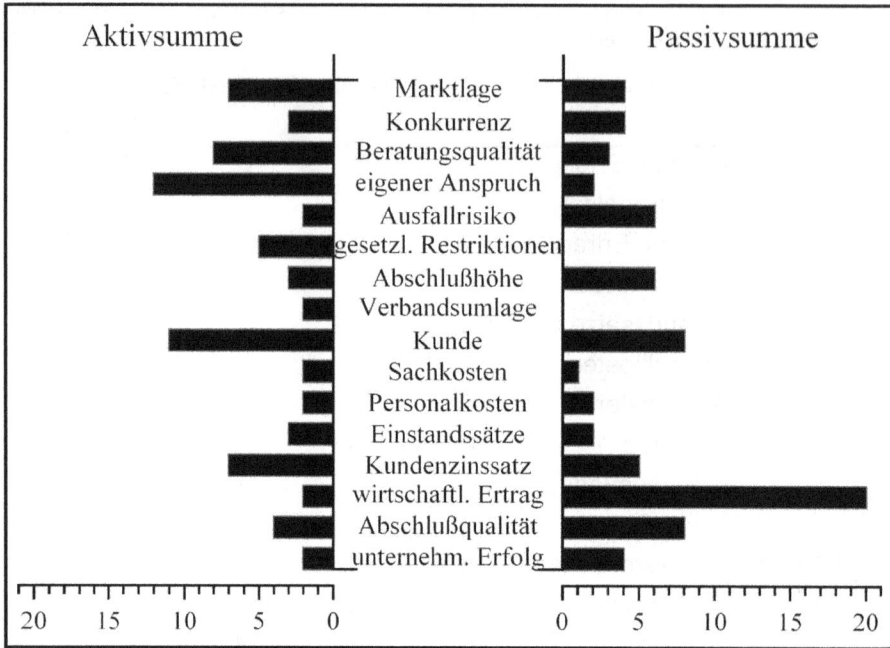

Abb. 7.5:   Gegenüberstellung von Aktiv- und Passivsummen für jede Variable.

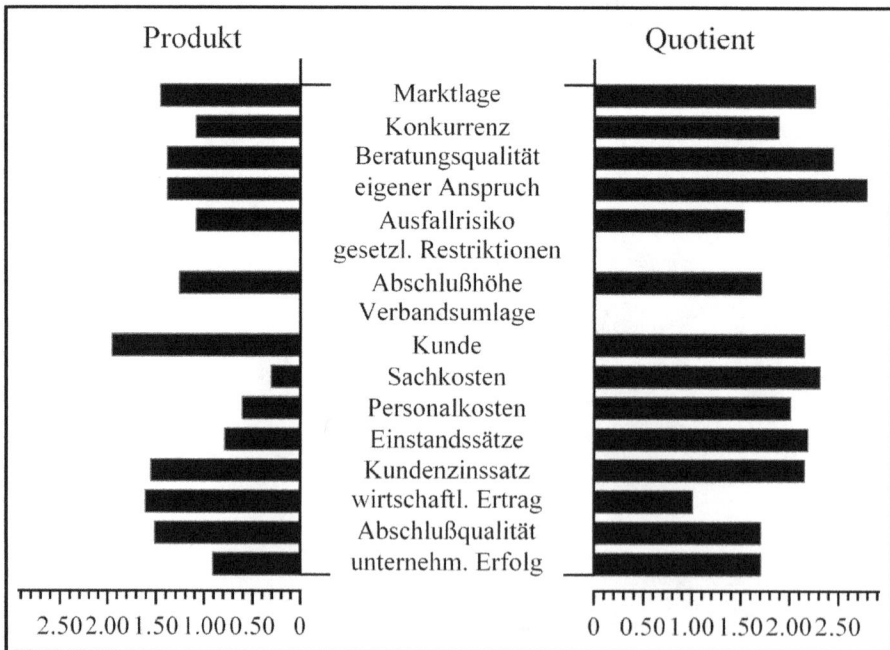

Abb. 7.6:   Gegenüberstellung von Produkten und Quotienten aus Aktiv- und Passivsummen für jede Variable.

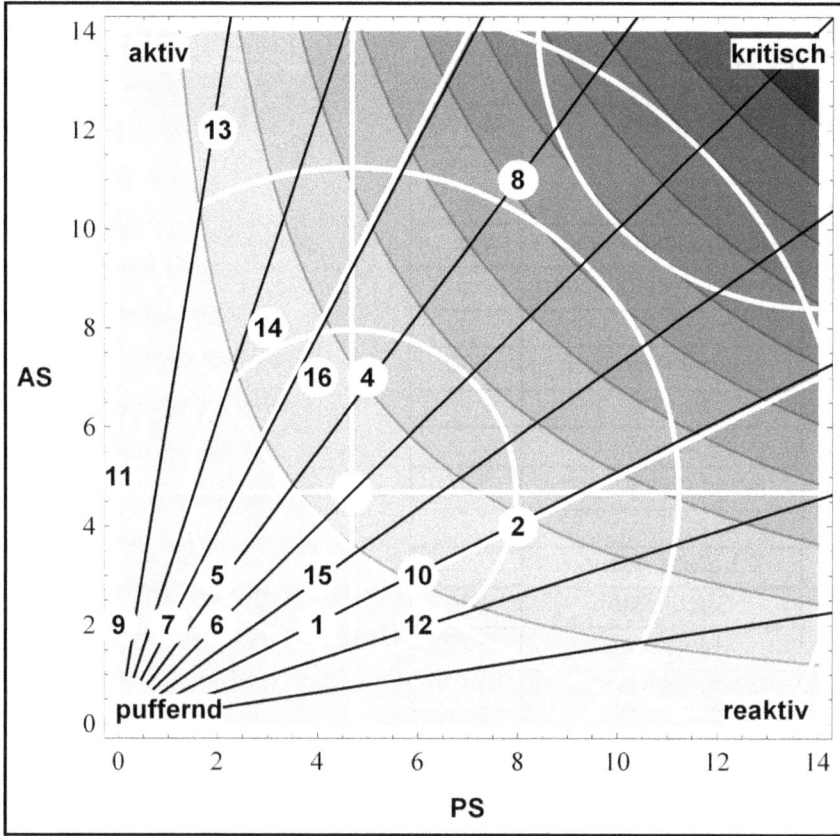

Abb. 7.7:   Alle Variablen des komplexen Systems sind mit ihren Wertepaaren (Passivsumme / Aktivsumme) in der Abbildung eingetragen. Einige Variablen liegen entweder direkt auf der Abszisse oder auf der Ordinate.

7.10.5   Charakterisierungen der Variablen

Tab. 7.6:   Einteilung der Variablen anhand der Kriterien aktiv und reaktiv.

#	Charakter	Q·100
	Hoch Aktiv	
9	Verbandsumlage	∞
11	gesetzl. Restriktionen	∞
13	eigener Anspruch	600
	Aktiv	
14	Beratungsqualität	267
	Leicht Aktiv	
7	Sachkosten	200
16	Marktlage	175
5	Einstandssätze	150
4	Kundenzinssatz	140
8	Kunde	138
	Neutral	
6	Personalkosten	100
	Leicht Passiv	
15	Konkurrenz	75
1	unternehm. Erfolg	50
2	Abschlußqualität	50
10	Abschlußhöhe	50
	Passiv	
12	Ausfallrisiko	33
	Hoch Passiv	
3	wirtschaftl. Ertrag	10

Tab. 7.7:   Einteilung der Variablen anhand der Kriterien kritisch und puffernd.

#	Charakter	P
	Hochkritisch	**88.0**
8	Kunde	88
	Kritisch	**75.4**
	– – –	
	Leicht kritisch	**62.9**
	– – –	
	Neutral	**50.3**
3	wirtschaftl. Ertrag	40
	Schwach puffernd	**37.7**
4	Kundenzinssatz	35
2	Abschlußqualität	32
16	Marktlage	28
	Puffernd	**25.1**
13	eigener Anspruch	24
14	Beratungsqualität	24
10	Abschlußhöhe	18
	Stark puffernd	**12.6**
12	Ausfallrisiko	12
15	Konkurrenz	12
1	unternehm. Erfolg	8
5	Einstandssätze	6
6	Personalkosten	4
7	Sachkosten	2
9	Verbandsumlage	0
11	gesetzl. Restriktionen	0

7.11   Geschlossene Regelkreise (Hamiltonkreise)

7.11.1   Bestimmung

Tab. 7.8:   Übersicht der Hamiltonkreise entsprechend der obigen Variablenliste.

$$
\begin{array}{r|l}
1 & \{2,\ 8,\ 2\} \\
2 & \{4,\ 8,\ 4\} \\
3 & \{4,\ 10,\ 4\} \\
4 & \{4,\ 15,\ 4\} \\
5 & \{8,\ 15,\ 8\} \\
6 & \{8,\ 16,\ 8\} \\
7 & \{1,\ 13,\ 2,\ 1\} \\
8 & \{1,\ 13,\ 3,\ 1\} \\
9 & \{2,\ 8,\ 4,\ 2\} \\
10 & \{4,\ 8,\ 10,\ 4\} \\
11 & \{4,\ 8,\ 15,\ 4\} \\
12 & \{4,\ 15,\ 8,\ 4\} \\
13 & \{8,\ 16,\ 15,\ 8\} \\
14 & \{1,\ 13,\ 6,\ 3,\ 1\} \\
15 & \{1,\ 13,\ 7,\ 3,\ 1\} \\
16 & \{1,\ 13,\ 10,\ 3,\ 1\} \\
17 & \{1,\ 13,\ 12,\ 3,\ 1\} \\
18 & \{1,\ 13,\ 14,\ 2,\ 1\} \\
19 & \{1,\ 13,\ 14,\ 3,\ 1\} \\
20 & \{1,\ 15,\ 4,\ 2,\ 1\} \\
21 & \{1,\ 15,\ 4,\ 3,\ 1\} \\
22 & \{1,\ 15,\ 8,\ 2,\ 1\} \\
23 & \{1,\ 15,\ 8,\ 3,\ 1\} \\
24 & \{2,\ 8,\ 10,\ 4,\ 2\} \\
25 & \{2,\ 8,\ 15,\ 4,\ 2\} \\
26 & \{2,\ 8,\ 16,\ 13,\ 2\} \\
27 & \{4,\ 8,\ 16,\ 5,\ 4\} \\
28 & \{4,\ 8,\ 16,\ 15,\ 4\} \\
29 & \{4,\ 15,\ 8,\ 10,\ 4\} \\
30 & \{8,\ 16,\ 13,\ 14,\ 8\} \\
31 & \{1,\ 13,\ 2,\ 6,\ 3,\ 1\} \\
32 & \{1,\ 13,\ 2,\ 8,\ 3,\ 1\} \\
33 & \{1,\ 13,\ 10,\ 4,\ 2,\ 1\} \\
34 & \{1,\ 13,\ 10,\ 4,\ 3,\ 1\} \\
35 & \{1,\ 13,\ 10,\ 12,\ 3,\ 1\}
\end{array}
$$

36	{1, 13, 14, 8, 2, 1}
37	{1, 13, 14, 8, 3, 1}
38	{1, 13, 14, 12, 3, 1}
39	{1, 15, 4, 8, 2, 1}
40	{1, 15, 4, 8, 3, 1}
41	{1, 15, 4, 10, 3, 1}
42	{1, 15, 8, 4, 2, 1}
43	{1, 15, 8, 4, 3, 1}
44	{1, 15, 8, 10, 3, 1}
45	{1, 15, 8, 12, 3, 1}
46	{1, 15, 8, 16, 3, 1}
47	{2, 8, 16, 5, 4, 2}
48	{2, 8, 16, 13, 14, 2}
49	{2, 8, 16, 15, 4, 2}
50	{4, 8, 16, 13, 10, 4}
51	{4, 15, 8, 16, 5, 4}
52	{1, 13, 2, 8, 4, 3, 1}
53	{1, 13, 2, 8, 10, 3, 1}
54	{1, 13, 2, 8, 12, 3, 1}
55	{1, 13, 2, 8, 16, 3, 1}
56	{1, 13, 10, 4, 8, 2, 1}
57	{1, 13, 10, 4, 8, 3, 1}
58	{1, 13, 14, 2, 6, 3, 1}
59	{1, 13, 14, 2, 8, 3, 1}
60	{1, 13, 14, 8, 4, 2, 1}
61	{1, 13, 14, 8, 4, 3, 1}
62	{1, 13, 14, 8, 10, 3, 1}
63	{1, 13, 14, 8, 12, 3, 1}
64	{1, 13, 14, 8, 16, 3, 1}
65	{1, 15, 4, 2, 6, 3, 1}
66	{1, 15, 4, 2, 8, 3, 1}
67	{1, 15, 4, 8, 10, 3, 1}
68	{1, 15, 4, 8, 12, 3, 1}
69	{1, 15, 4, 8, 16, 3, 1}
70	{1, 15, 4, 10, 12, 3, 1}
71	{1, 15, 8, 2, 6, 3, 1}
72	{1, 15, 8, 4, 10, 3, 1}
73	{1, 15, 8, 10, 4, 2, 1}
74	{1, 15, 8, 10, 4, 3, 1}
75	{1, 15, 8, 10, 12, 3, 1}
76	{1, 15, 8, 16, 5, 3, 1}
77	{1, 15, 8, 16, 13, 2, 1}
78	{1, 15, 8, 16, 13, 3, 1}

79	{2, 8, 16, 13, 10, 4, 2}
80	{4, 15, 8, 16, 13, 10, 4}
81	{1, 13, 2, 8, 4, 10, 3, 1}
82	{1, 13, 2, 8, 10, 4, 3, 1}
83	{1, 13, 2, 8, 10, 12, 3, 1}
84	{1, 13, 2, 8, 15, 4, 3, 1}
85	{1, 13, 2, 8, 16, 5, 3, 1}
86	{1, 13, 10, 4, 2, 6, 3, 1}
87	{1, 13, 10, 4, 2, 8, 3, 1}
88	{1, 13, 10, 4, 8, 12, 3, 1}
89	{1, 13, 10, 4, 8, 16, 3, 1}
90	{1, 13, 10, 4, 15, 8, 2, 1}
91	{1, 13, 10, 4, 15, 8, 3, 1}
92	{1, 13, 14, 2, 8, 4, 3, 1}
93	{1, 13, 14, 2, 8, 10, 3, 1}
94	{1, 13, 14, 2, 8, 12, 3, 1}
95	{1, 13, 14, 2, 8, 16, 3, 1}
96	{1, 13, 14, 8, 2, 6, 3, 1}
97	{1, 13, 14, 8, 4, 10, 3, 1}
98	{1, 13, 14, 8, 10, 4, 2, 1}
99	{1, 13, 14, 8, 10, 4, 3, 1}
100	{1, 13, 14, 8, 10, 12, 3, 1}
101	{1, 13, 14, 8, 15, 4, 2, 1}
102	{1, 13, 14, 8, 15, 4, 3, 1}
103	{1, 13, 14, 8, 16, 5, 3, 1}
104	{1, 15, 4, 2, 8, 10, 3, 1}
105	{1, 15, 4, 2, 8, 12, 3, 1}
106	{1, 15, 4, 2, 8, 16, 3, 1}
107	{1, 15, 4, 8, 2, 6, 3, 1}
108	{1, 15, 4, 8, 10, 12, 3, 1}
109	{1, 15, 4, 8, 16, 5, 3, 1}
110	{1, 15, 4, 8, 16, 13, 2, 1}
111	{1, 15, 4, 8, 16, 13, 3, 1}
112	{1, 15, 8, 4, 2, 6, 3, 1}
113	{1, 15, 8, 4, 10, 12, 3, 1}
114	{1, 15, 8, 16, 5, 4, 2, 1}
115	{1, 15, 8, 16, 5, 4, 3, 1}
116	{1, 15, 8, 16, 13, 6, 3, 1}
117	{1, 15, 8, 16, 13, 7, 3, 1}
118	{1, 15, 8, 16, 13, 10, 3, 1}
119	{1, 15, 8, 16, 13, 12, 3, 1}
120	{1, 15, 8, 16, 13, 14, 2, 1}
121	{1, 15, 8, 16, 13, 14, 3, 1}

$$
\begin{pmatrix}
122 & \{1, 13, 2, 8, 4, 10, 12, 3, 1\} \\
123 & \{1, 13, 2, 8, 15, 4, 10, 3, 1\} \\
124 & \{1, 13, 2, 8, 16, 5, 4, 3, 1\} \\
125 & \{1, 13, 2, 8, 16, 15, 4, 3, 1\} \\
126 & \{1, 13, 10, 4, 2, 8, 12, 3, 1\} \\
127 & \{1, 13, 10, 4, 2, 8, 16, 3, 1\} \\
128 & \{1, 13, 10, 4, 8, 2, 6, 3, 1\} \\
129 & \{1, 13, 10, 4, 8, 16, 5, 3, 1\} \\
130 & \{1, 13, 10, 4, 15, 8, 12, 3, 1\} \\
131 & \{1, 13, 10, 4, 15, 8, 16, 3, 1\} \\
132 & \{1, 13, 14, 2, 8, 4, 10, 3, 1\} \\
133 & \{1, 13, 14, 2, 8, 10, 4, 3, 1\} \\
134 & \{1, 13, 14, 2, 8, 10, 12, 3, 1\} \\
135 & \{1, 13, 14, 2, 8, 15, 4, 3, 1\} \\
136 & \{1, 13, 14, 2, 8, 16, 5, 3, 1\} \\
137 & \{1, 13, 14, 8, 4, 2, 6, 3, 1\} \\
138 & \{1, 13, 14, 8, 4, 10, 12, 3, 1\} \\
139 & \{1, 13, 14, 8, 15, 4, 10, 3, 1\} \\
140 & \{1, 13, 14, 8, 16, 5, 4, 2, 1\} \\
141 & \{1, 13, 14, 8, 16, 5, 4, 3, 1\} \\
142 & \{1, 13, 14, 8, 16, 15, 4, 2, 1\} \\
143 & \{1, 13, 14, 8, 16, 15, 4, 3, 1\} \\
144 & \{1, 15, 4, 2, 8, 10, 12, 3, 1\} \\
145 & \{1, 15, 4, 2, 8, 16, 5, 3, 1\} \\
146 & \{1, 15, 4, 2, 8, 16, 13, 3, 1\} \\
147 & \{1, 15, 4, 8, 16, 13, 6, 3, 1\} \\
148 & \{1, 15, 4, 8, 16, 13, 7, 3, 1\} \\
149 & \{1, 15, 4, 8, 16, 13, 10, 3, 1\} \\
150 & \{1, 15, 4, 8, 16, 13, 12, 3, 1\} \\
151 & \{1, 15, 4, 8, 16, 13, 14, 2, 1\} \\
152 & \{1, 15, 4, 8, 16, 13, 14, 3, 1\} \\
153 & \{1, 15, 8, 10, 4, 2, 6, 3, 1\} \\
154 & \{1, 15, 8, 16, 5, 4, 10, 3, 1\} \\
155 & \{1, 15, 8, 16, 13, 2, 6, 3, 1\} \\
156 & \{1, 15, 8, 16, 13, 10, 4, 2, 1\} \\
157 & \{1, 15, 8, 16, 13, 10, 4, 3, 1\} \\
158 & \{1, 15, 8, 16, 13, 10, 12, 3, 1\} \\
159 & \{1, 15, 8, 16, 13, 14, 12, 3, 1\} \\
160 & \{1, 13, 2, 8, 15, 4, 10, 12, 3, 1\} \\
161 & \{1, 13, 2, 8, 16, 5, 4, 10, 3, 1\} \\
162 & \{1, 13, 2, 8, 16, 15, 4, 10, 3, 1\} \\
163 & \{1, 13, 10, 4, 2, 8, 16, 5, 3, 1\} \\
164 & \{1, 13, 10, 4, 15, 8, 2, 6, 3, 1\}
\end{pmatrix}
$$

$$
\begin{pmatrix}
165 & \{1, 13, 10, 4, 15, 8, 16, 5, 3, 1\} \\
166 & \{1, 13, 14, 2, 8, 4, 10, 12, 3, 1\} \\
167 & \{1, 13, 14, 2, 8, 15, 4, 10, 3, 1\} \\
168 & \{1, 13, 14, 2, 8, 16, 5, 4, 3, 1\} \\
169 & \{1, 13, 14, 2, 8, 16, 15, 4, 3, 1\} \\
170 & \{1, 13, 14, 8, 10, 4, 2, 6, 3, 1\} \\
171 & \{1, 13, 14, 8, 15, 4, 2, 6, 3, 1\} \\
172 & \{1, 13, 14, 8, 15, 4, 10, 12, 3, 1\} \\
173 & \{1, 13, 14, 8, 16, 5, 4, 10, 3, 1\} \\
174 & \{1, 13, 14, 8, 16, 15, 4, 10, 3, 1\} \\
175 & \{1, 15, 4, 2, 8, 16, 13, 6, 3, 1\} \\
176 & \{1, 15, 4, 2, 8, 16, 13, 7, 3, 1\} \\
177 & \{1, 15, 4, 2, 8, 16, 13, 10, 3, 1\} \\
178 & \{1, 15, 4, 2, 8, 16, 13, 12, 3, 1\} \\
179 & \{1, 15, 4, 2, 8, 16, 13, 14, 3, 1\} \\
180 & \{1, 15, 4, 8, 16, 13, 2, 6, 3, 1\} \\
181 & \{1, 15, 4, 8, 16, 13, 10, 12, 3, 1\} \\
182 & \{1, 15, 4, 8, 16, 13, 14, 12, 3, 1\} \\
183 & \{1, 15, 8, 16, 5, 4, 2, 6, 3, 1\} \\
184 & \{1, 15, 8, 16, 5, 4, 10, 12, 3, 1\} \\
185 & \{1, 15, 8, 16, 13, 14, 2, 6, 3, 1\} \\
186 & \{1, 13, 2, 8, 16, 5, 4, 10, 12, 3, 1\} \\
187 & \{1, 13, 2, 8, 16, 15, 4, 10, 12, 3, 1\} \\
188 & \{1, 13, 14, 2, 8, 15, 4, 10, 12, 3, 1\} \\
189 & \{1, 13, 14, 2, 8, 16, 5, 4, 10, 3, 1\} \\
190 & \{1, 13, 14, 2, 8, 16, 15, 4, 10, 3, 1\} \\
191 & \{1, 13, 14, 8, 16, 5, 4, 2, 6, 3, 1\} \\
192 & \{1, 13, 14, 8, 16, 5, 4, 10, 12, 3, 1\} \\
193 & \{1, 13, 14, 8, 16, 15, 4, 2, 6, 3, 1\} \\
194 & \{1, 13, 14, 8, 16, 15, 4, 10, 12, 3, 1\} \\
195 & \{1, 15, 4, 2, 8, 16, 13, 10, 12, 3, 1\} \\
196 & \{1, 15, 4, 2, 8, 16, 13, 14, 12, 3, 1\} \\
197 & \{1, 15, 4, 8, 16, 13, 14, 2, 6, 3, 1\} \\
198 & \{1, 15, 8, 16, 13, 10, 4, 2, 6, 3, 1\} \\
199 & \{1, 13, 14, 2, 8, 16, 5, 4, 10, 12, 3, 1\} \\
200 & \{1, 13, 14, 2, 8, 16, 15, 4, 10, 12, 3, 1\}
\end{pmatrix}
$$

7.11.2   Visualisierung

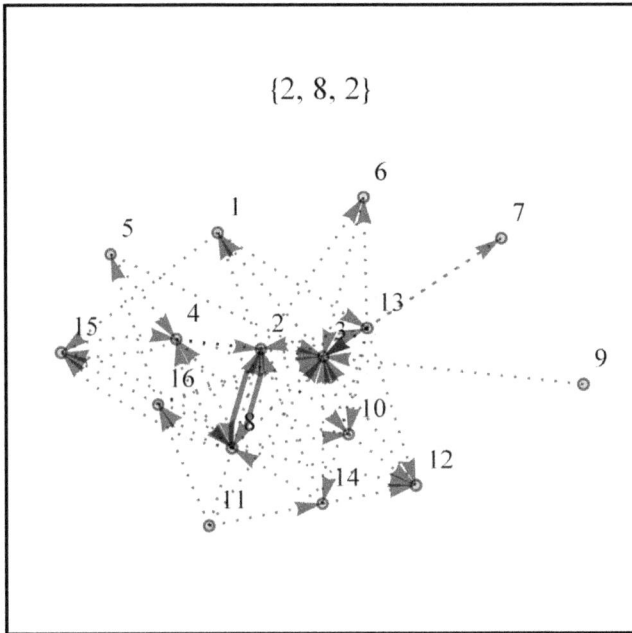

Abb. 7.8:   Beispiel für einen Regelkreis.

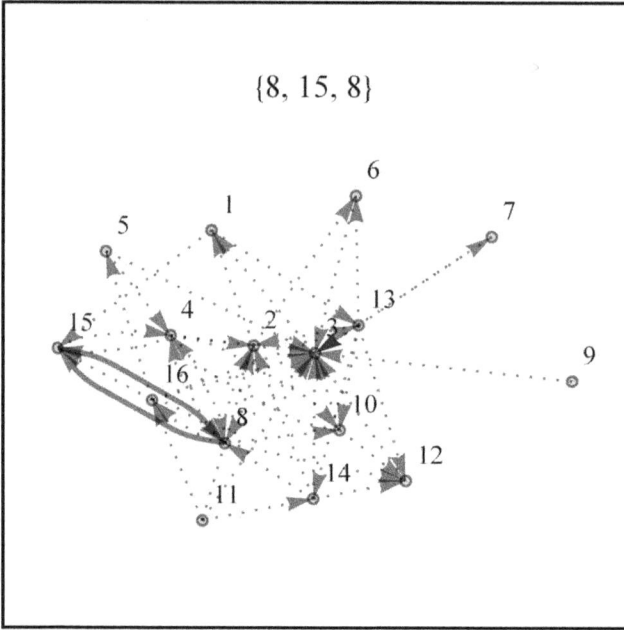

Abb. 7.9:   Beispiel für einen Regelkreis.

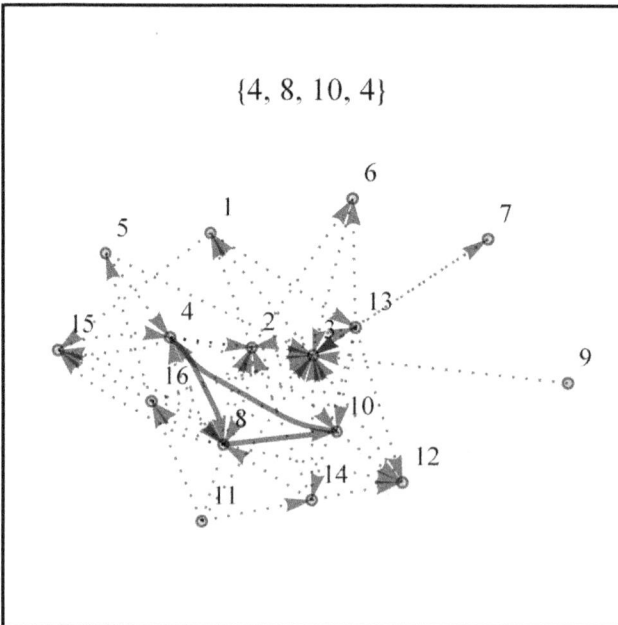

Abb. 7.10:   Beispiel für einen Regelkreis.

7.11.3   Auswertung und Interpretation

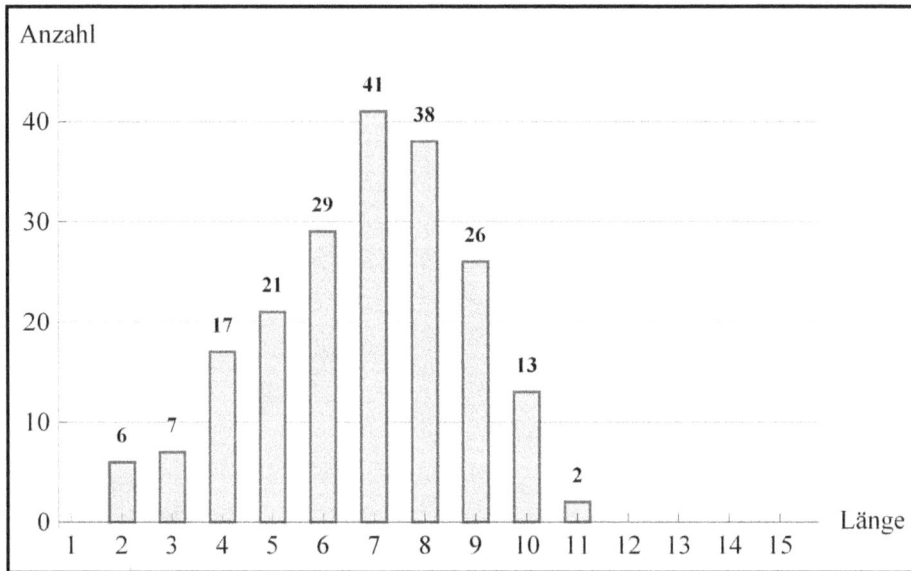

Abb. 7.11:   Histogramm der Längenverteilung der Regelkreise.

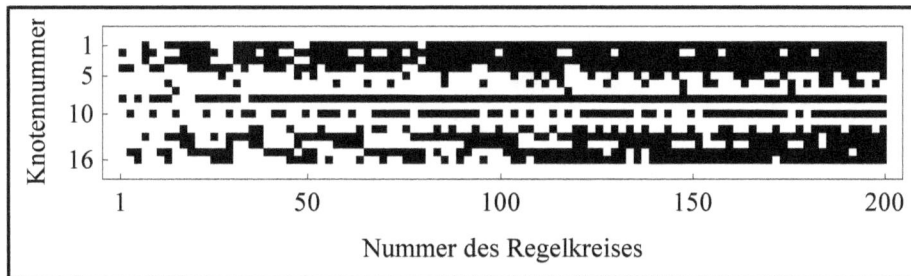

Abb. 7.12:   Verteilung der Knotennummern (Variablen), die in den Regelkreisen enthalten sind.

Tab. 7.9:   Beteiligung der Variablen entsprechend der Variablenliste.

Nr.	Variable	Anzahl	Anteil in %
1	unternehm. Erfolg	175	12.9
2	Abschlußqualität	109	8.0
3	wirtschaftl. Ertrag	153	11.3
4	Kundenzinssatz	141	10.4
5	Einstandssätze	28	2.1
6	Personalkosten	26	1.9
7	Sachkosten	4	0.3
8	Kunde	178	13.1
9	Verbandsumlage	0	0
10	Abschlußhöhe	87	6.4
11	gesetzl. Restriktionen	0	0
12	Ausfallrisiko	42	3.1
13	eigener Anspruch	141	10.4
14	Beratungsqualität	66	4.9
15	Konkurrenz	114	8.4
16	Marktlage	93	6.9

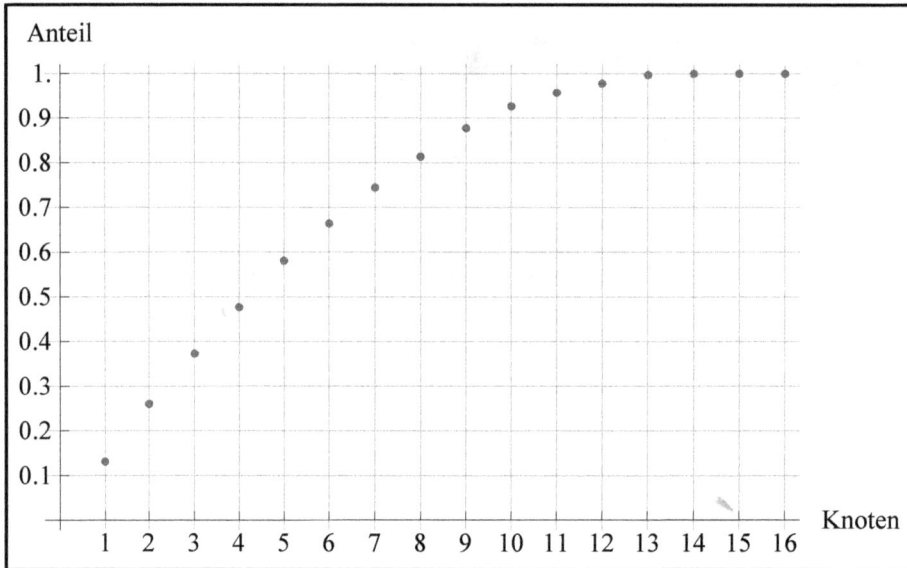

Abb. 7.13:   Kumulierte Wahrscheinlichkeit über der Anzahl der beteiligten Knoten. Der Knoten 1 hat also den höchsten Anteil, der Knoten 2 den zweithöchsten etc.

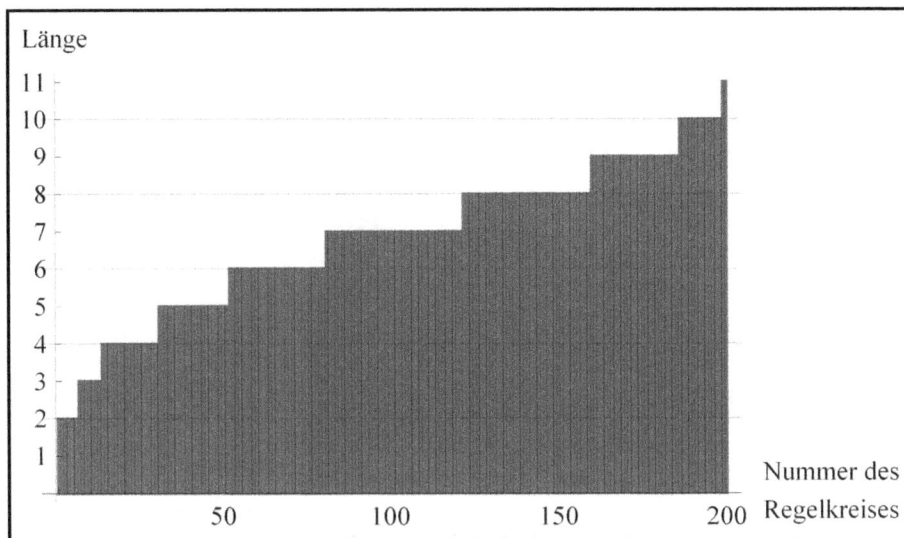

Abb. 7.14: Länge über der Nummer des Regelkreises.

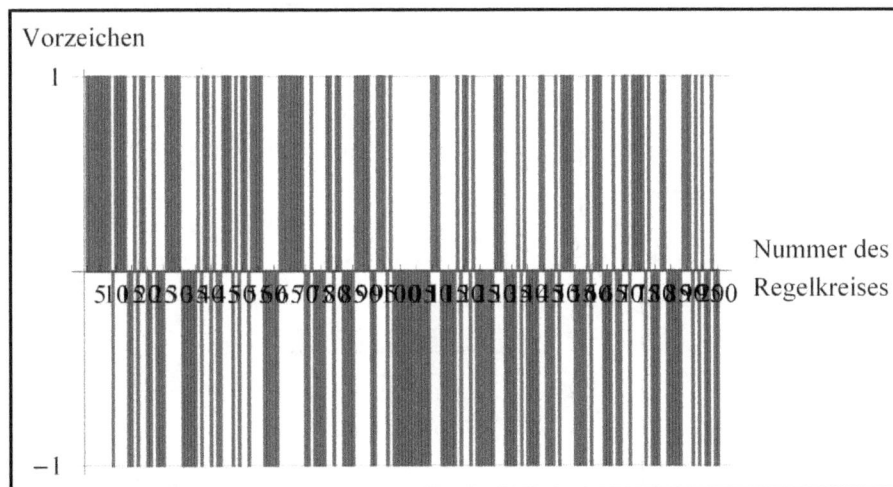

Abb. 7.15: Vorzeichen über der Nummer des Regelkreises.

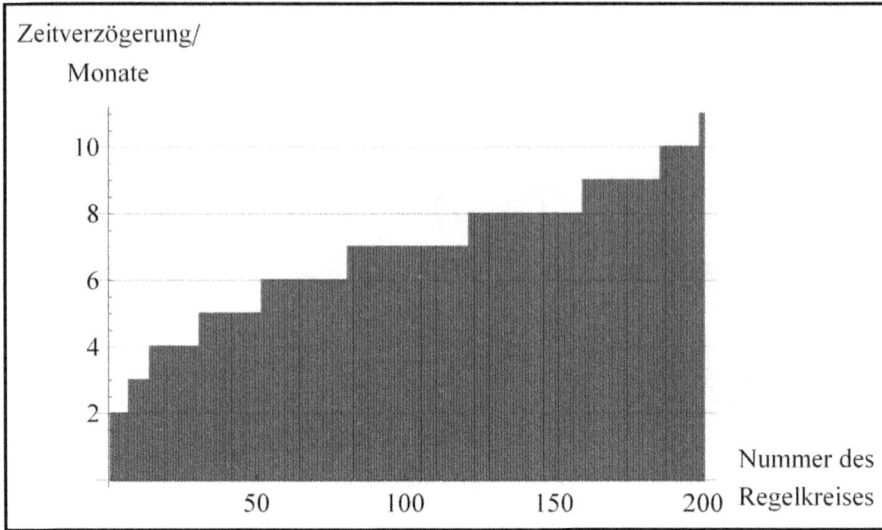

Abb. 7.16:   Zeitverzögerung über der Nummer des Regelkreises.

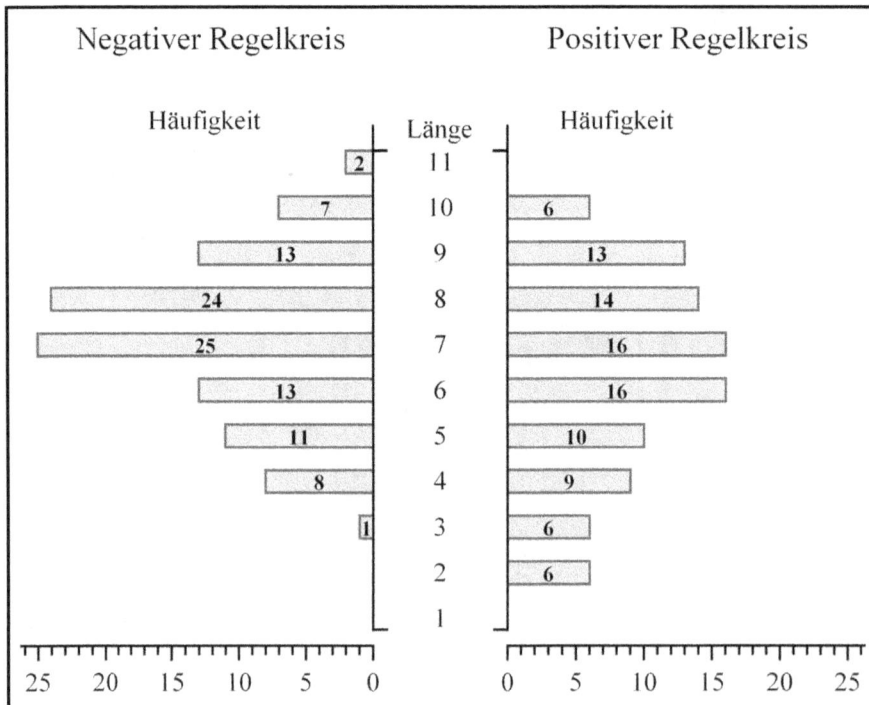

Abb. 7.17:   Häufigkeiten über der Länge der Regelkreise, getrennt für negative und positive Regelkreise.

Tab. 7.10:   Einige Regelkreise einschließlich der Informationen über die Vorzeichen und Zeitverzögerungen für jede Verbindung zwischen zwei Variablen als auch für den ganzen Regelkreis.

1	+ / 2 Monate
Abschlußqualität	1 $\longrightarrow$ Δt: 1 Monat
Kunde	2 $\longrightarrow$ Δt: 1 Monat
Abschlußqualität	

5	+ / 2 Monate
Kunde	1 $\longrightarrow$ Δt: 1 Monat
Konkurrenz	2 $\longrightarrow$ Δt: 1 Monat
Kunde	

10	+ / 3 Monate
Kundenzinssatz	1 $\longrightarrow$ Δt: 1 Monat
Kunde	2 $\longrightarrow$ Δt: 1 Monat
Abschlußhöhe	1 $\longrightarrow$ Δt: 1 Monat
Kundenzinssatz	

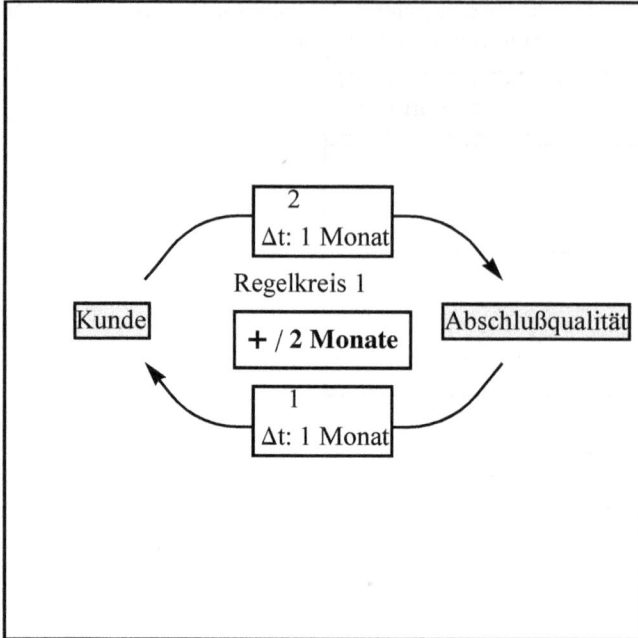

Abb. 7.18:   Darstellung eines Regelkreises.

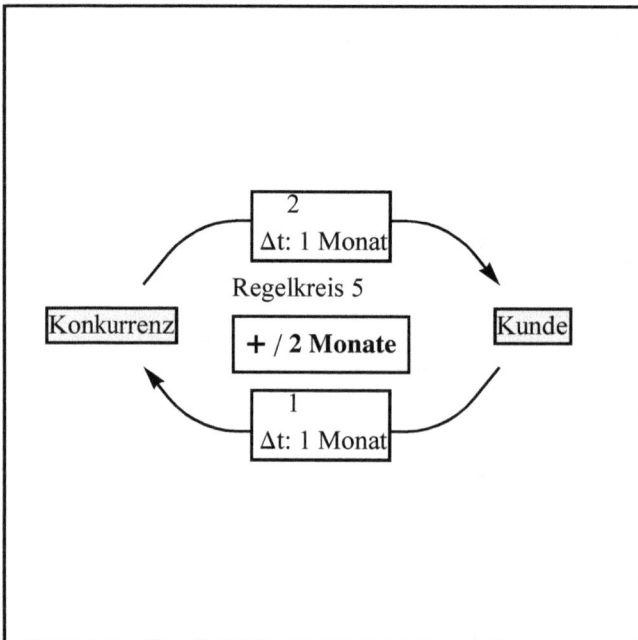

Abb. 7.19:   Darstellung eines Regelkreises.

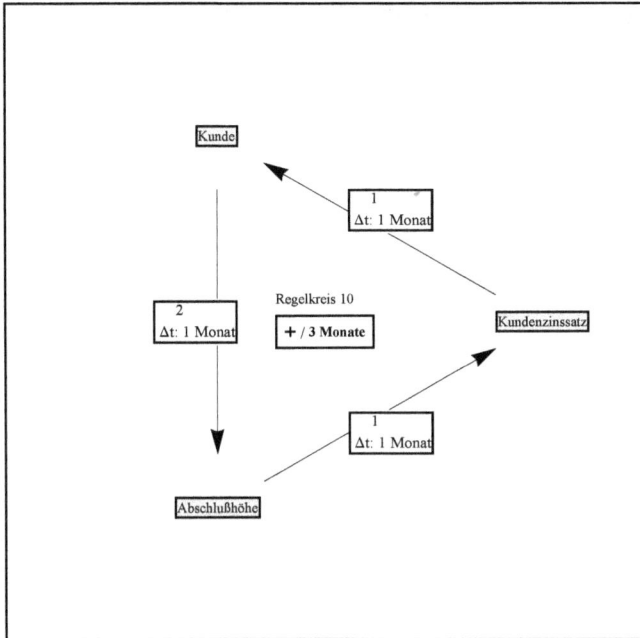

Abb. 7.20:   Darstellung eines Regelkreises.

7.12   Allgemeine Wege und Erreichbarkeit von Variablen

7.12.1   Bestimmung

Tab. 7.11:   Auswahl der möglichen Wege im gegebenen Graphen entsprechend der Variablenliste.

$$
\begin{pmatrix}
1 & \{1,\ 13\} \\
2 & \{1,\ 15\} \\
3 & \{2,\ 1\} \\
4 & \{2,\ 6\} \\
5 & \{2,\ 8\} \\
6 & \{3,\ 1\} \\
7 & \vdots \\
8 & \{1,\ 13\} \\
9 & \{1,\ 15\} \\
10 & \{2,\ 1\} \\
11 & \{2,\ 6\} \\
12 & \{2,\ 8\} \\
13 & \{3,\ 1\} \\
14 & \vdots \\
15 & \{1,\ 13\} \\
16 & \{1,\ 15\} \\
17 & \{2,\ 1\} \\
18 & \{2,\ 6\} \\
19 & \{2,\ 8\} \\
20 & \{3,\ 1\}
\end{pmatrix}
$$

7.12.2 Visualisierung

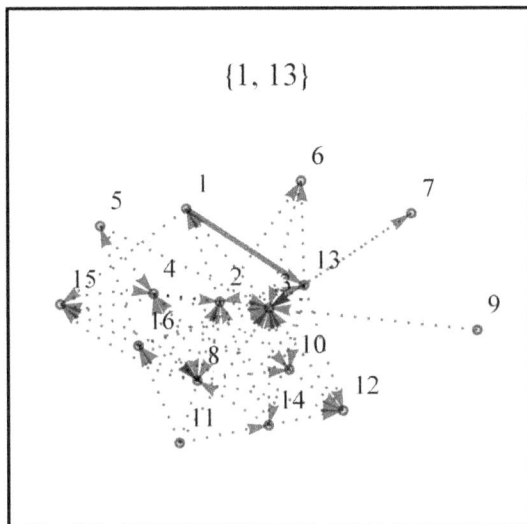

Abb. 7.21: Darstellung eines Weges im Graphen.

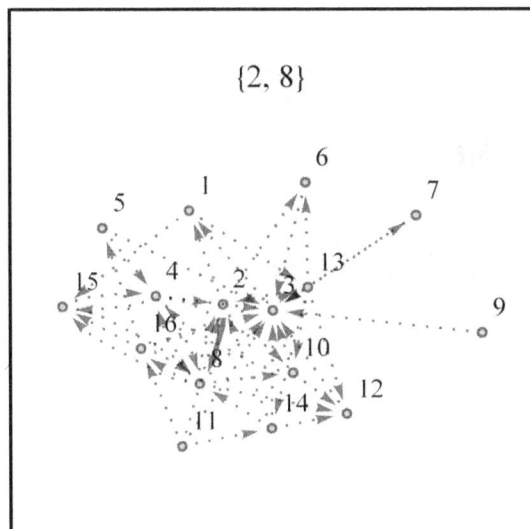

Abb. 7.22: Darstellung eines Weges im Graphen.

7.12.3   Auswertung und Interpretation

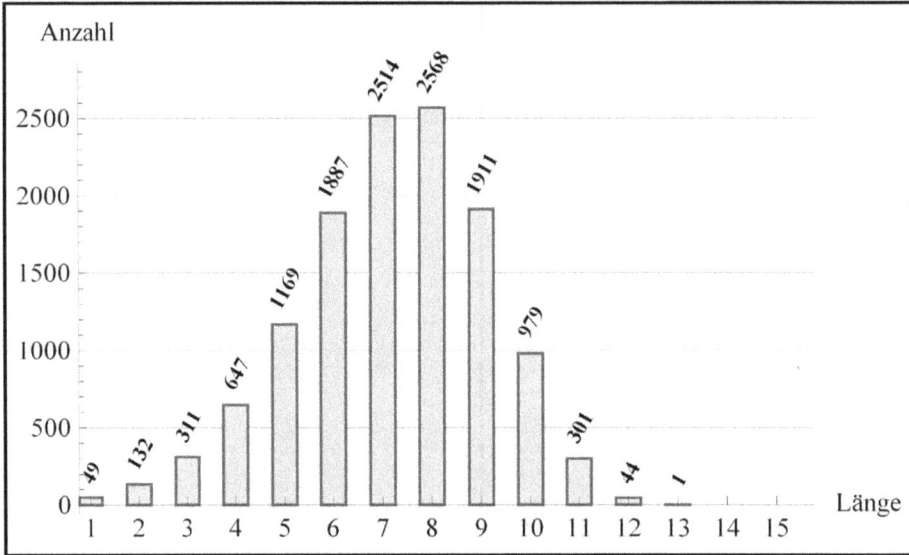

Abb. 7.23:   Histogramm der Längenverteilung aller allgemeinen Wege.

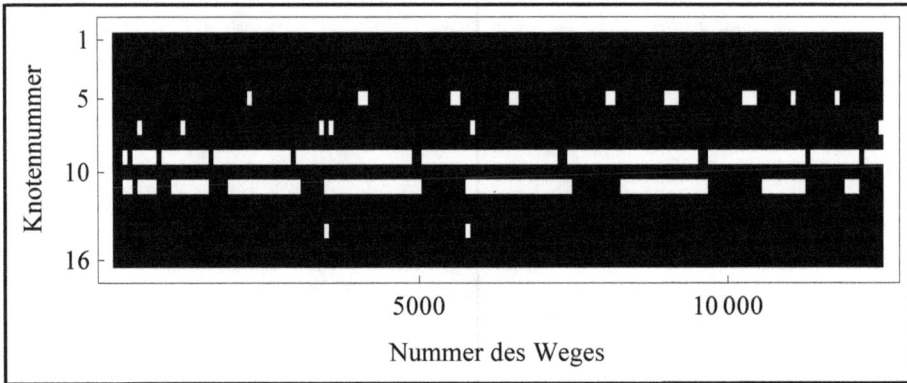

Abb. 7.24:   Verteilung der Knotennummern (Variablen), die in den Wegen enthalten sind.

Tab. 7.12:   Beteiligung der Variablen an den Wegen entsprechend der Variablenliste.

Nr.	Variable	Anzahl	Anteil in %
1	unternehm. Erfolg	10 791	10.5
2	Abschlußqualität	8257	8.1
3	wirtschaftl. Ertrag	10 234	10.0
4	Kundenzinssatz	9547	9.3
5	Einstandssätze	2941	2.9
6	Personalkosten	3039	3.0
7	Sachkosten	987	1.0
8	Kunde	11 089	10.8
9	Verbandsumlage	198	0.2
10	Abschlußhöhe	6579	6.4
11	gesetzl. Restriktionen	3641	3.6
12	Ausfallrisiko	4508	4.4
13	eigener Anspruch	9712	9.5
14	Beratungsqualität	5592	5.5
15	Konkurrenz	7665	7.5
16	Marktlage	7717	7.5

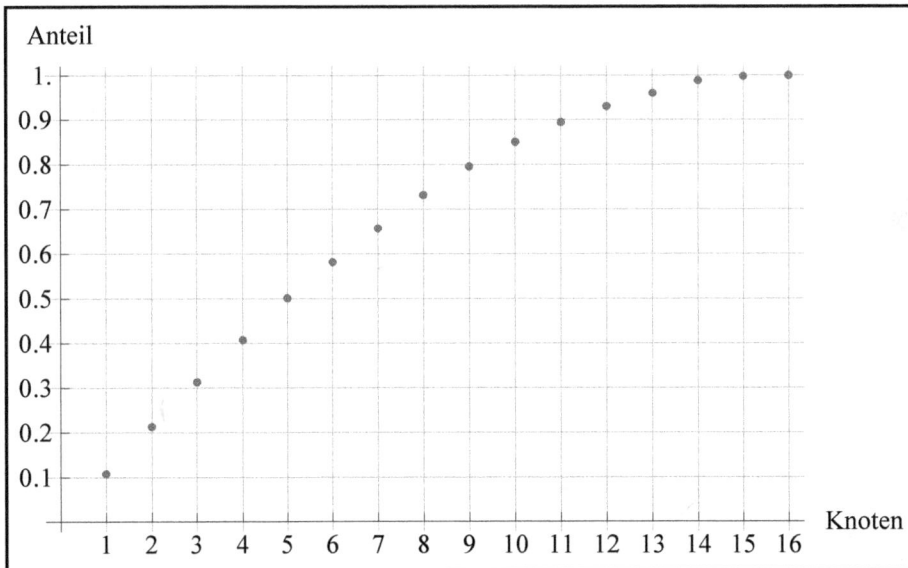

Abb. 7.25:   Kumulierte Anteile über der Anzahl der beteiligten Knoten. Der Knoten 1 hat also den höchsten Anteil, der Knoten 2 den zweithöchsten etc.

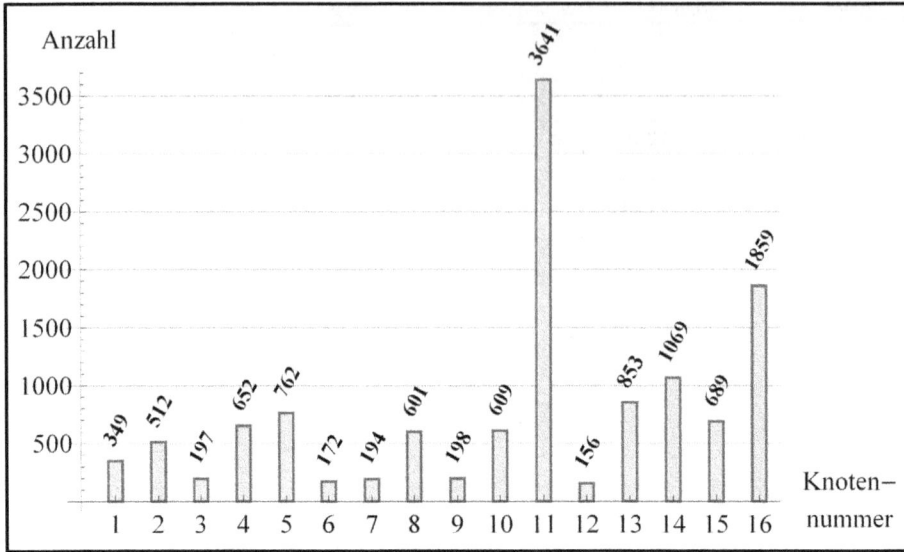

Abb. 7.26:   Anzahl der Anfangsknoten in den Wegen.

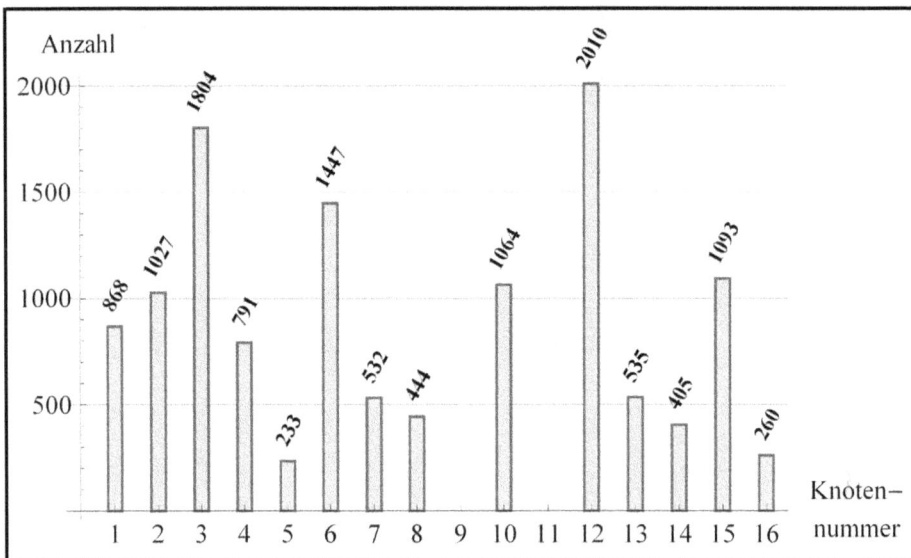

Abb. 7.27:   Anzahl der Endknoten in den Wegen.

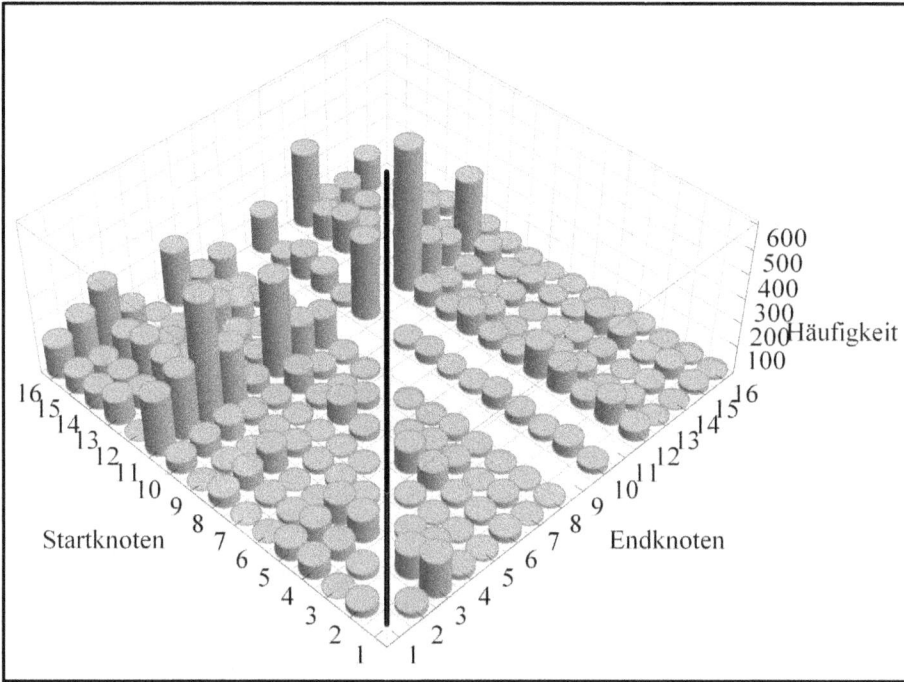

Abb. 7.28:   Häufigkeit von Wegen für alle vorkommenden Kombinationen von Start- und Endknoten.

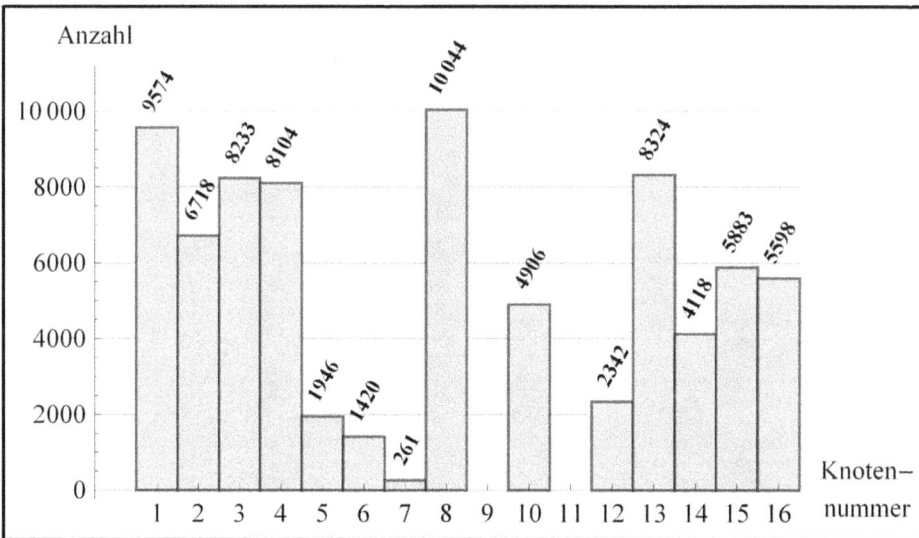

Abb. 7.29:   Anzahl der Wege, in denen die Knoten als Übergangsknoten in einem Weg auftauchen.

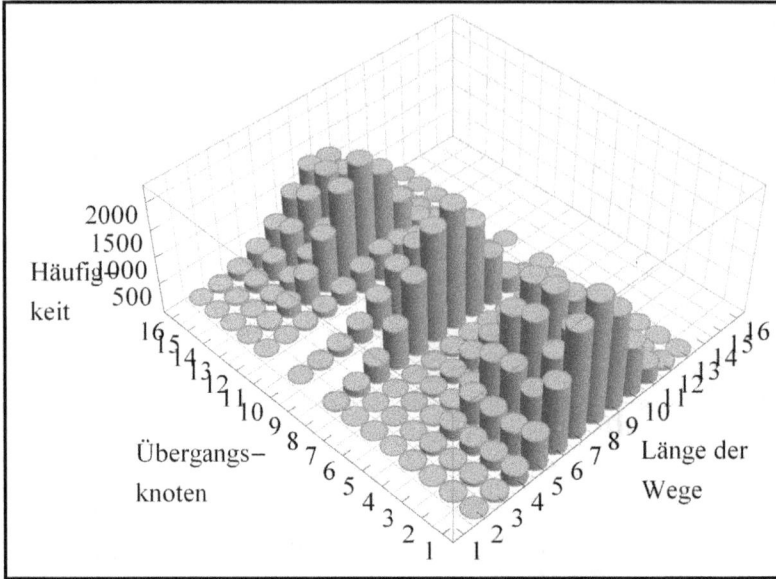

Abb. 7.30:   Häufigkeit, mit der die Knoten als Übergangsknoten in einem Weg auftauchen, geordnet nach der
              Länge der Wege.

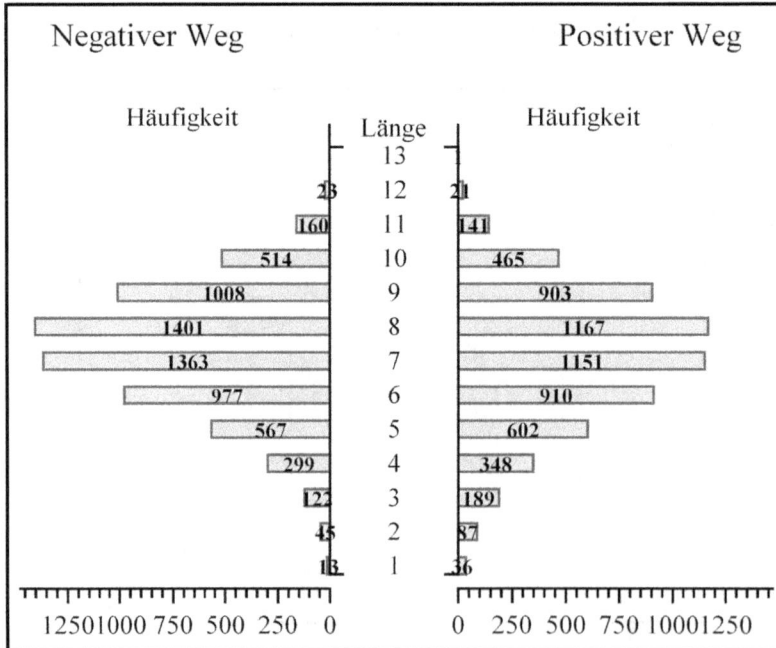

Abb. 7.31:   Häufigkeiten über der Länge der Wege, getrennt für negative und positive Wege.

Tab. 7.13: Einige Wege einschließlich der Informationen über die Vorzeichen und Zeitverzögerungen für jede Verbindung zwischen zwei Variablen als auch für den ganzen Weg. Links oben ist die Nummer des Weges angegeben.

1	**+ / 1 Monate**

unternehm. Erfolg $\xrightarrow{\quad 1 \quad}$

$\Delta t:\ 1\ \text{Monat}$

eigener Anspruch

5	**+ / 1 Monate**

Abschlußqualität $\xrightarrow{\quad 1 \quad}$

$\Delta t:\ 1\ \text{Monat}$

Kunde

10	**+ / 1 Monate**

Kundenzinssatz $\xrightarrow{\quad 2 \quad}$

$\Delta t:\ 1\ \text{Monat}$

Abschlußhöhe

Weg 1

+ / 1 Monate

eigener Anspruch — | 1 Δt: 1 Monat | — unternehm. Erfolg

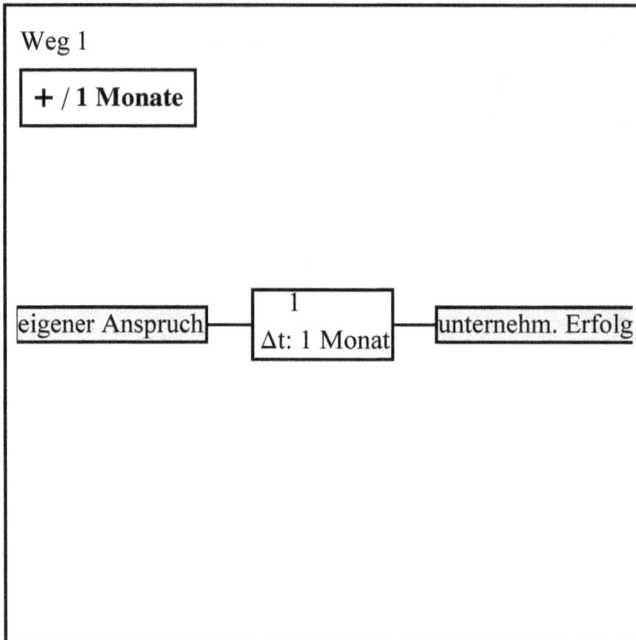

Abb. 7.32: Darstellung eines Weges.

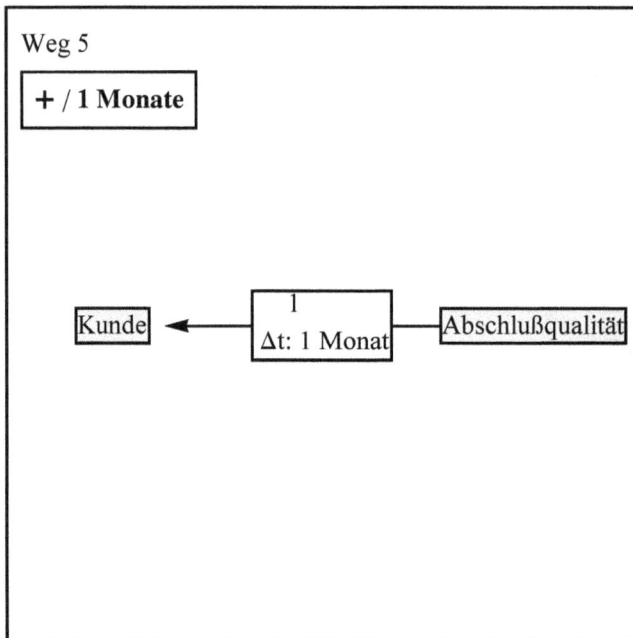

Weg 5

+ / 1 Monate

Kunde ← | 1 Δt: 1 Monat | — Abschlußqualität

Abb. 7.33: Darstellung eines Weges.

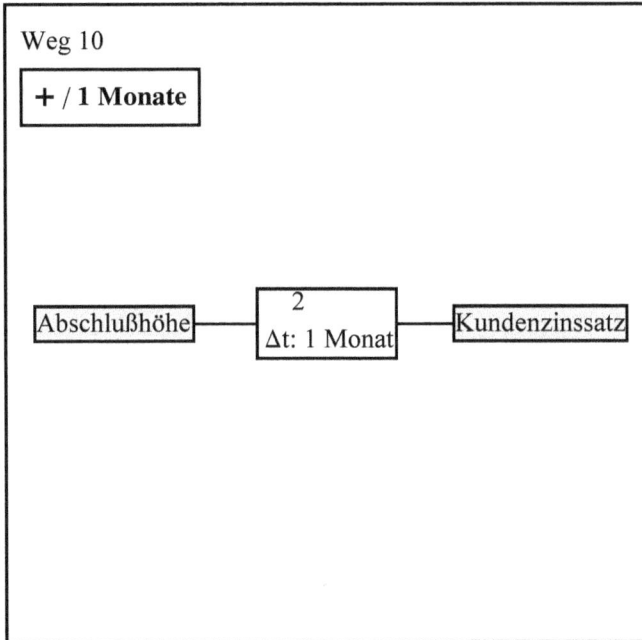

Abb. 7.34:   Darstellung eines Weges.

7.13   Literatur

Kussmann, Gerd, Einsatz der GAMMA-Methodik in einer Bank, in: Hub, Hans (Hrsg.), Praxisbeispiele zum Ganzheitlich-vernetzten Denken – mit einem Methodik-Leitfaden am praktischen Fall, 1. Aufl., DMG-Verlag, Nürtingen, 2002, S. 50–51

8 Erfolgsfaktoren für Unternehmensgründungen

8.1 Einführung

Dieses Beispiel ist dem Buch von Hub (S. 52–54) entnommen. Es stellt die Ideen von angehenden Unternehmensgründern dar, Erfolgsfaktoren zu definieren und die Wechselwirkungen zwischen diesen herauszuarbeiten.

8.2 Die Variablenliste

Die Variablen können der folgenden Liste entnommen werden:

1	Persönlichkeit d. Gründers
2	Geschäftskonzept
3	Arbeitseinsatz
4	Führungskompetenz
5	Sachkompetenz
6	Finanzkraft
7	BWL−Kenntnisse
8	Schnelligkeit d. Umsetzung
9	Gewinn
10	Konkurrenz
11	Wachstum

8.3　　　Adjazenzmatrix **A** und Kantenmenge

Die Adjazenzmatrix für dieses System lautet:

$$
A = \begin{array}{c|ccccccccccc}
 & 1 & 2 & 3 & 4 & 5 & 6 & 7 & 8 & 9 & 10 & 11 \\
\hline
1 & 0 & 1 & 1 & 1 & 0 & 1 & 0 & 0 & 0 & 0 & 0 \\
2 & 0 & 0 & 0 & 0 & 0 & 1 & 0 & 0 & 0 & 0 & 0 \\
3 & 0 & 0 & 0 & 0 & 0 & 0 & 0 & 1 & 0 & 0 & 1 \\
4 & 0 & 0 & 0 & 0 & 0 & 0 & 0 & 1 & 0 & 0 & 0 \\
5 & 0 & 1 & 0 & 0 & 0 & 1 & 0 & 1 & 0 & 0 & 0 \\
6 & 0 & 0 & 0 & 0 & 0 & 0 & 0 & 1 & 0 & 1 & 1 \\
7 & 0 & 1 & 0 & 0 & 0 & 1 & 0 & 0 & 0 & 0 & 0 \\
8 & 0 & 0 & 0 & 0 & 0 & 0 & 0 & 0 & 1 & 0 & 1 \\
9 & 0 & 0 & 0 & 0 & 0 & 1 & 0 & 0 & 0 & 0 & 0 \\
10 & 0 & 1 & 0 & 0 & 0 & 0 & 0 & 0 & 1 & 0 & 0 \\
11 & 0 & 0 & 1 & 1 & 0 & 0 & 0 & 0 & 1 & 1 & 0 \\
\end{array}
$$

Kantenliste

$$\{1 \to 2,\ 1 \to 3,\ 1 \to 4,\ 1 \to 6,\ 2 \to 6,\ 3 \to 8,$$
$$3 \to 11,\ 4 \to 8,\ 5 \to 2,\ 5 \to 6,\ 5 \to 8,\ 6 \to 8,\ 6 \to 10,$$
$$6 \to 11,\ 7 \to 2,\ 7 \to 6,\ 8 \to 9,\ 8 \to 11,\ 9 \to 6,$$
$$10 \to 2,\ 10 \to 9,\ 11 \to 3,\ 11 \to 4,\ 11 \to 9,\ 11 \to 10\}$$

Abb. 8.1:   Grafische Darstellung der Adjazenzmatrix **A**.

8.4   Potenzen von **A** und Erreichbarkeitsmatrix **E**

$$
A^3 = \begin{array}{c|ccccccccccc}
 & 1 & 2 & 3 & 4 & 5 & 6 & 7 & 8 & 9 & 10 & 11 \\
\hline
1 & 0 & 1 & 2 & 2 & 0 & 0 & 0 & 1 & 6 & 3 & 4 \\
2 & 0 & 1 & 1 & 1 & 0 & 0 & 0 & 0 & 3 & 1 & 1 \\
3 & 0 & 1 & 1 & 1 & 0 & 2 & 0 & 2 & 2 & 1 & 1 \\
4 & 0 & 0 & 1 & 1 & 0 & 1 & 0 & 0 & 1 & 1 & 0 \\
5 & 0 & 1 & 2 & 2 & 0 & 1 & 0 & 1 & 4 & 3 & 2 \\
6 & 0 & 1 & 1 & 1 & 0 & 4 & 0 & 2 & 2 & 1 & 1 \\
7 & 0 & 1 & 1 & 1 & 0 & 0 & 0 & 1 & 3 & 2 & 2 \\
8 & 0 & 1 & 0 & 0 & 0 & 1 & 0 & 3 & 1 & 1 & 2 \\
9 & 0 & 1 & 1 & 1 & 0 & 0 & 0 & 0 & 3 & 1 & 1 \\
10 & 0 & 0 & 0 & 0 & 0 & 0 & 0 & 2 & 0 & 2 & 2 \\
11 & 0 & 0 & 1 & 1 & 0 & 2 & 0 & 1 & 3 & 2 & 3 \\
\end{array}
$$

$$
A^5 = \begin{pmatrix}
 & 1 & 2 & 3 & 4 & 5 & 6 & 7 & 8 & 9 & 10 & 11 \\
\hline
1 & 0 & 4 & 3 & 3 & 0 & 11 & 0 & 15 & 11 & 10 & 15 \\
2 & 0 & 1 & 1 & 1 & 0 & 3 & 0 & 6 & 4 & 5 & 7 \\
3 & 0 & 3 & 5 & 5 & 0 & 5 & 0 & 5 & 12 & 8 & 8 \\
4 & 0 & 1 & 2 & 2 & 0 & 2 & 0 & 1 & 6 & 3 & 4 \\
5 & 0 & 3 & 4 & 4 & 0 & 9 & 0 & 9 & 12 & 9 & 12 \\
6 & 0 & 5 & 7 & 7 & 0 & 5 & 0 & 5 & 18 & 10 & 10 \\
7 & 0 & 2 & 2 & 2 & 0 & 7 & 0 & 8 & 6 & 6 & 8 \\
8 & 0 & 3 & 4 & 4 & 0 & 7 & 0 & 6 & 8 & 6 & 5 \\
9 & 0 & 1 & 1 & 1 & 0 & 3 & 0 & 6 & 4 & 5 & 7 \\
10 & 0 & 2 & 2 & 2 & 0 & 8 & 0 & 4 & 4 & 2 & 2 \\
11 & 0 & 5 & 4 & 4 & 0 & 8 & 0 & 9 & 13 & 7 & 10 \\
\end{pmatrix}
$$

Erreichbarkeitsmatrix **E**

$$
E = \begin{pmatrix}
 & 1 & 2 & 3 & 4 & 5 & 6 & \\
\hline
1 & 0 & 841 & 974 & 974 & 0 & 1678 & \cdots \\
2 & 0 & 321 & 371 & 371 & 0 & 650 & \cdots \\
3 & 0 & 536 & 633 & 633 & 0 & 1054 & \cdots \\
4 & 0 & 222 & 265 & 265 & 0 & 435 & \cdots \\
5 & 0 & 704 & 820 & 820 & 0 & 1397 & \cdots \\
6 & 0 & 683 & 811 & 811 & 0 & 1328 & \cdots \\
 & \vdots & \vdots & \vdots & \vdots & \vdots & \vdots & \ddots \\
\end{pmatrix}
$$

8.5 Visualisierungen des Systems

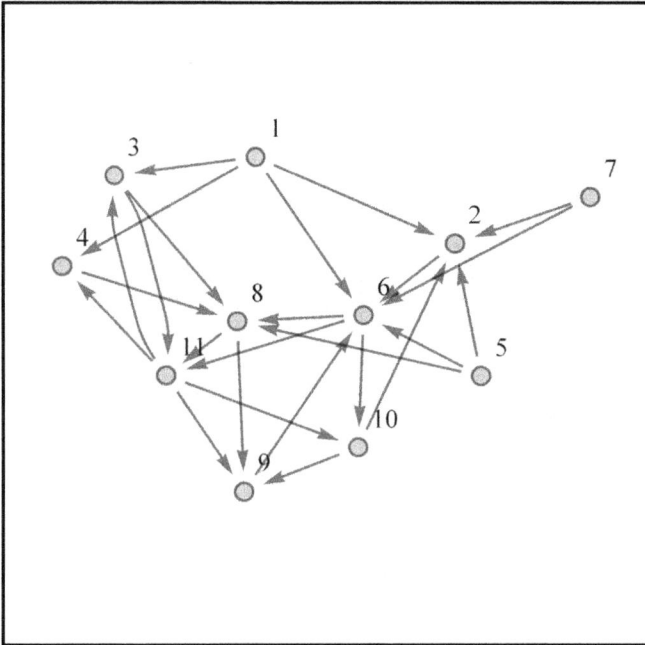

Abb. 8.2: Zweimensionale Darstellung des Graphen mit Variablennummern aber ohne Variablennamen.

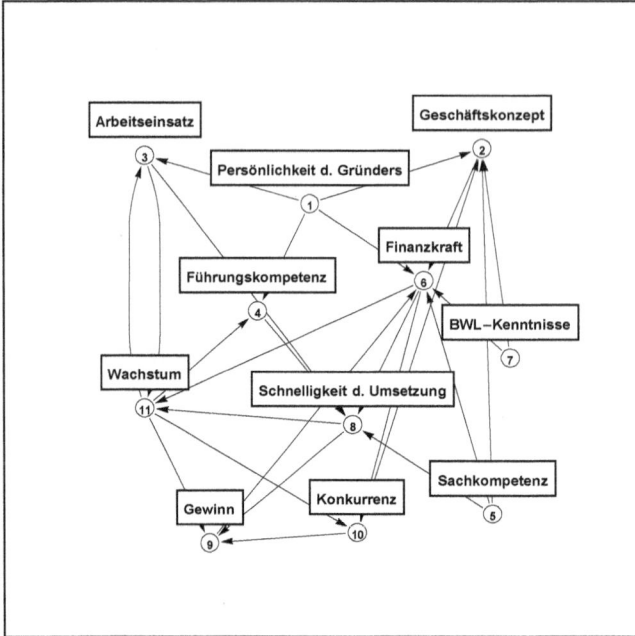

Abb. 8.3:   Zweidimensionale Darstellung des Graphen mit Variablennamen und -nummern.

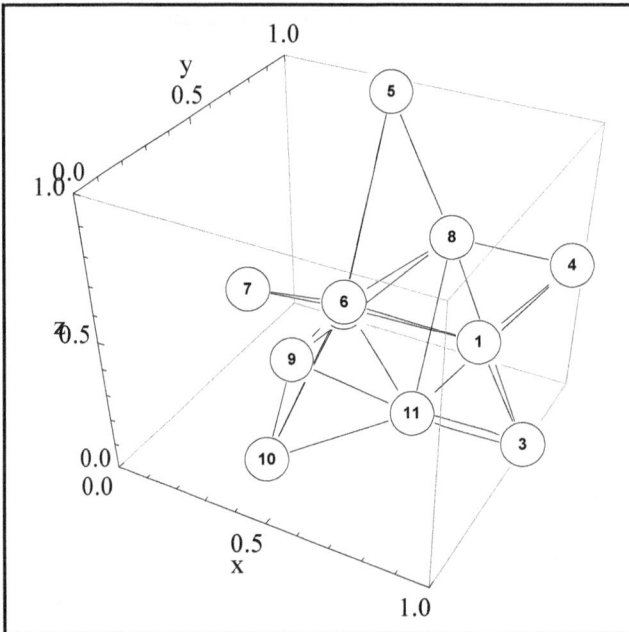

Abb. 8.4:   Dreidimensionale Darstellung des Graphen mit Variablennummern aber ohne Variablennamen.

8.6 Knotengrade

$$
\begin{pmatrix}
 & \text{In} & \text{Out} & \text{Grad} \\
\hline
1 & 0 & 4 & 4 \\
2 & 4 & 1 & 5 \\
3 & 2 & 2 & 4 \\
4 & 2 & 1 & 3 \\
5 & 5 & 3 & 8 \\
6 & 4 & 2 & 6 \\
7 & 3 & 4 & 7 \\
8 & 0 & 3 & 3 \\
9 & 2 & 2 & 4 \\
10 & 0 & 2 & 2 \\
11 & 3 & 1 & 4
\end{pmatrix}
$$

8.7 Einflussmatrix (Impactmatrix) I

Die Einflussmatrix für dieses System lautet:

$$
I = \begin{pmatrix}
 & 1 & 2 & 3 & 4 & 5 & 6 & 7 & 8 & 9 & 10 & 11 \\
\hline
1 & 0 & 2 & 3 & 3 & 0 & 1 & 0 & 0 & 0 & 0 & 0 \\
2 & 0 & 0 & 0 & 0 & 0 & 3 & 0 & 0 & 0 & 0 & 0 \\
3 & 0 & 0 & 0 & 0 & 0 & 0 & 0 & 3 & 0 & 0 & 2 \\
4 & 0 & 0 & 0 & 0 & 0 & 0 & 0 & 2 & 0 & 0 & 0 \\
5 & 0 & 2 & 0 & 0 & 0 & 2 & 0 & 0 & 0 & 0 & 0 \\
6 & 0 & 0 & 0 & 0 & 0 & 0 & 0 & 2 & 0 & -3 & 3 \\
7 & 0 & 3 & 0 & 0 & 0 & 2 & 0 & 0 & 0 & 0 & 0 \\
8 & 0 & 0 & 0 & 0 & 0 & 0 & 0 & 0 & 2 & 0 & 3 \\
9 & 0 & 0 & 0 & 0 & 0 & 1 & 0 & 0 & 0 & 0 & 0 \\
10 & 0 & 0 & 0 & 0 & 0 & 0 & 0 & 0 & -2 & 0 & 0 \\
11 & 0 & 0 & 2 & 1 & 0 & 0 & 0 & 0 & 2 & -2 & 0
\end{pmatrix}
$$

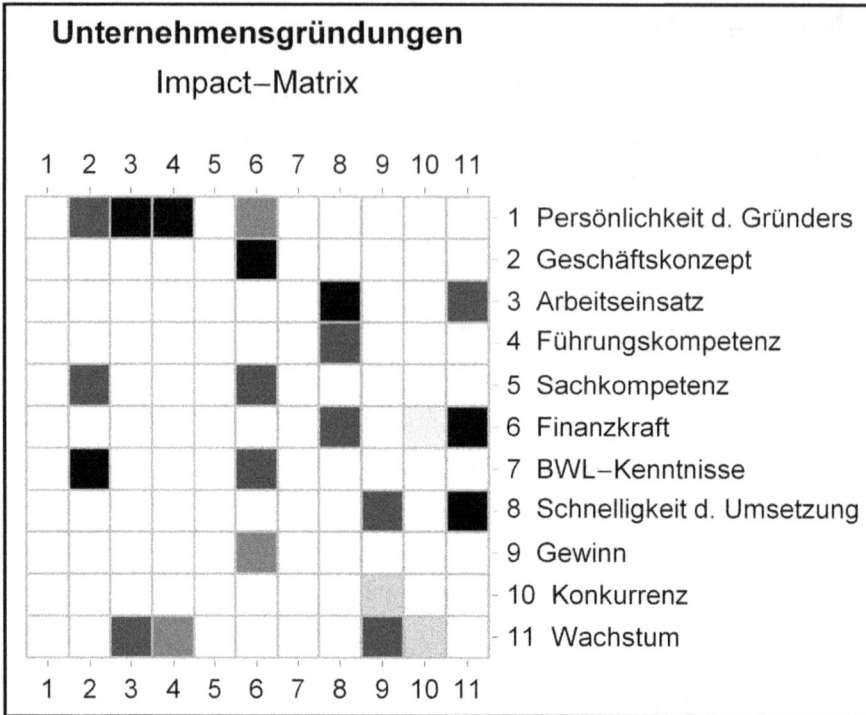

Abb. 8.5:   Grafische Darstellung der Einflussmatrix **I**.

8.8   Zeitverzögerungsmatrix **T**

Daten nicht verfügbar.

8.9   Das Zusammenspiel der Matrizen **A**, **I**, **T** und **E**

Siehe Abbildung 4.8 in Kapitel 4.9.

8.10 Berechnung / Interpretation verschiedener Indizes

8.10.1 Aktiv- und Passivsummen

Tab. 8.1: Aktivsummen für die Variablen des Systems.

	Variable	Aktiv-summe
1	Persönlichkeit d. Gründers	9
2	Finanzkraft	8
3	Wachstum	7
4	Schnelligkeit d. Umsetzung	5
5	BWL–Kenntnisse	5
6	Arbeitseinsatz	5
7	Sachkompetenz	4
8	Geschäftskonzept	3
9	Konkurrenz	2
10	Führungskompetenz	2
11	Gewinn	1

Tab. 8.2:   Passivsummen für die Variablen des Systems.

	Variable	Passiv-summe
1	Finanzkraft	9
2	Wachstum	8
3	Schnelligkeit d. Umsetzung	7
4	Geschäftskonzept	7
5	Gewinn	6
6	Konkurrenz	5
7	Arbeitseinsatz	5
8	Führungskompetenz	4
9	BWL–Kenntnisse	0
10	Sachkompetenz	0
11	Persönlichkeit d. Gründers	0

8.10.2   Produkte und Verhältnisse der Aktiv- und Passivsummen

Tab. 8.3:   Produkte aus Aktiv- und Passivsummen für die Variablen des Systems.

	Variable	Produkt (Aktivsumme × Passivsumme)
1	Finanzkraft	72
2	Wachstum	56
3	Schnelligkeit d. Umsetzung	35
4	Arbeitseinsatz	25
5	Geschäftskonzept	21
6	Konkurrenz	10
7	Führungskompetenz	8
8	Gewinn	6
9	BWL–Kenntnisse	0
10	Sachkompetenz	0
11	Persönlichkeit d. Gründers	0

Tab. 8.4: Quotienten aus Aktiv- und Passivsummen für die Variablen des Systems multipliziert mit dem Faktor 100.

	Variable	Quotient×100 (Aktivsumme / Passivsumme)×100
1	BWL–Kenntnisse	∞
2	Sachkompetenz	∞
3	Persönlichkeit d. Gründers	∞
4	Arbeitseinsatz	100
5	Finanzkraft	89
6	Wachstum	88
7	Schnelligkeit d. Umsetzung	71
8	Führungskompetenz	50
9	Geschäftskonzept	43
10	Konkurrenz	40
11	Gewinn	17

8.10.3 Verknüpfung aller Indizes

Tab. 8.5: Liste der Variablen des Systems mit den Werten für Aktiv- und Passivsummen sowie der Produkte und Quotienten aus diesen beiden Summen.

	Variable	Aktiv-summe	Passiv-summe	Produkt	Quotient ×100
1	Persönlichkeit d. Gründers	9	0	0	∞
2	Geschäftskonzept	3	7	21	43
3	Arbeitseinsatz	5	5	25	100
4	Führungskompetenz	2	4	8	50
5	Sachkompetenz	4	0	0	∞
6	Finanzkraft	8	9	72	89
7	BWL–Kenntnisse	5	0	0	∞
8	Schnelligkeit d. Umsetzung	5	7	35	71
9	Gewinn	1	6	6	17
10	Konkurrenz	2	5	10	40
11	Wachstum	7	8	56	88

8.10.4   Visualisierungen der Indizes

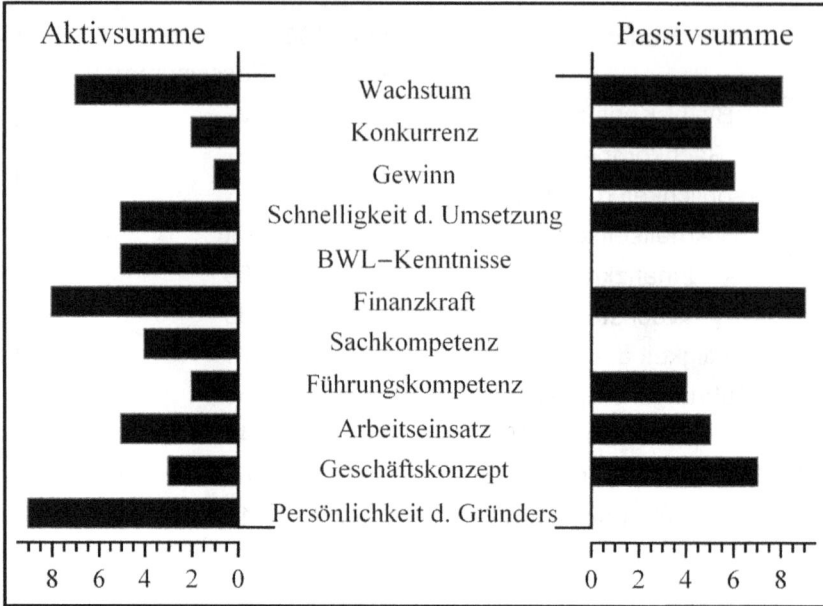

Abb. 8.6:   Gegenüberstellung von Aktiv- und Passivsummen für jede Variable.

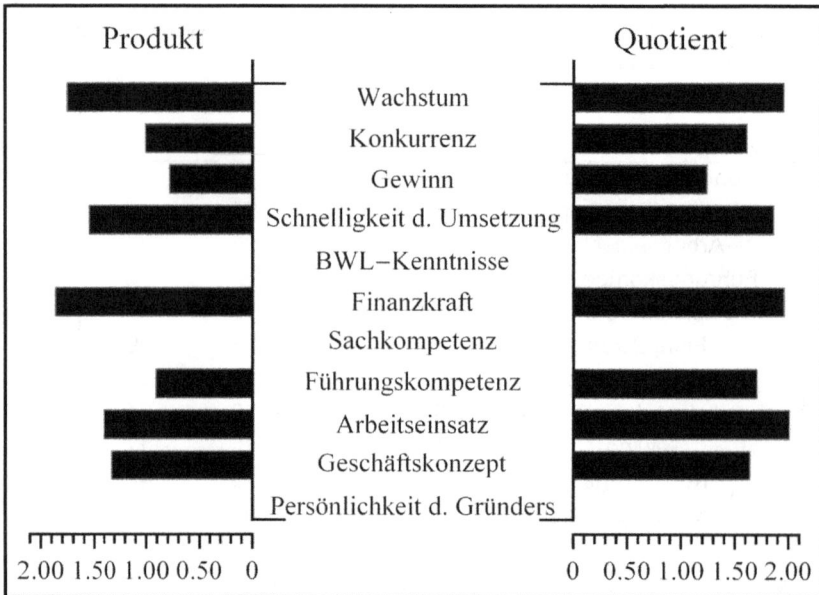

Abb. 8.7:   Gegenüberstellung von Produkten und Quotienten aus Aktiv- und Passivsummen für jede Variable.

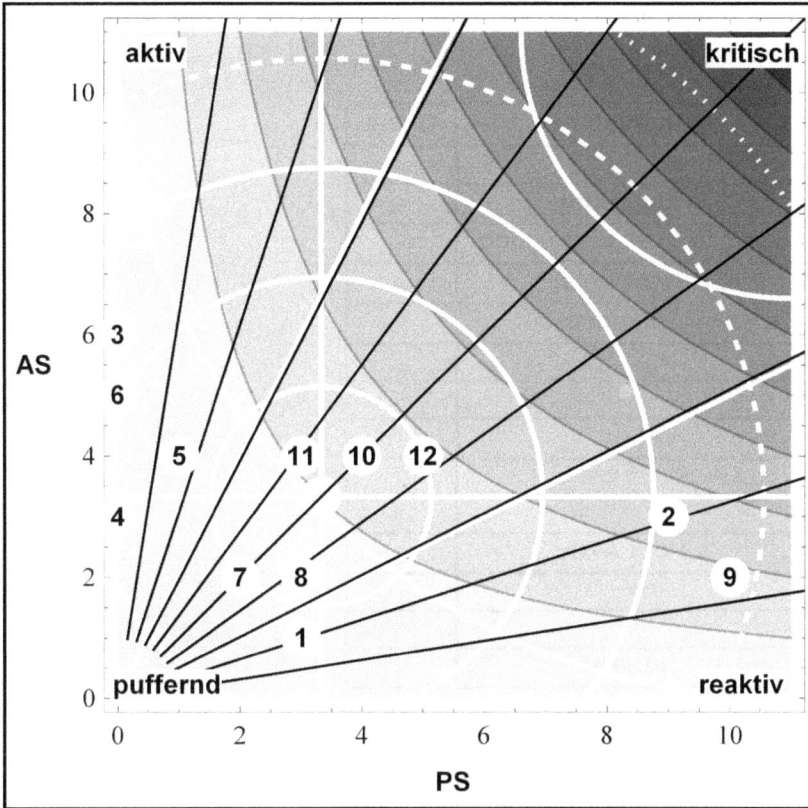

Abb. 8.8:   Alle Variablen des komplexen Systems sind mit ihren Wertepaaren (Passivsumme / Aktivsumme) in der Abbildung eingetragen. Einige Variablen liegen entweder direkt auf der Abszisse oder auf der Ordinate.

8.10.5   Charakterisierungen der Variablen

Tab. 8.6:   Einteilung der Variablen anhand der Kriterien aktiv und reaktiv.

#	Charakter	Q·100
	Hoch Aktiv	
1	Persönlichkeit d. Gründers	∞
5	Sachkompetenz	∞
7	BWL–Kenntnisse	∞
	Aktiv	
	– – –	
	Leicht Aktiv	
	– – –	
	Neutral	
3	Arbeitseinsatz	100
6	Finanzkraft	89
11	Wachstum	88
	Leicht Passiv	
8	Schnelligkeit d. Umsetzung	71
4	Führungskompetenz	50
	Passiv	
2	Geschäftskonzept	43
10	Konkurrenz	40
	Hoch Passiv	
9	Gewinn	17

Tab. 8.7: Einteilung der Variablen anhand der Kriterien kritisch und puffernd.

#	Charakter	P
	Hochkritisch	**72.0**
6	Finanzkraft	72
	Kritisch	**61.7**
11	Wachstum	56
	Leicht kritisch	**51.4**
	– – –	
	Neutral	**41.1**
8	Schnelligkeit d. Umsetzung	35
	Schwach puffernd	**30.9**
3	Arbeitseinsatz	25
2	Geschäftskonzept	21
	Puffernd	**20.6**
	– – –	
	Stark puffernd	**10.3**
10	Konkurrenz	10
4	Führungskompetenz	8
9	Gewinn	6
1	Persönlichkeit d. Gründers	0
5	Sachkompetenz	0
7	BWL–Kenntnisse	0

8.11   Geschlossene Regelkreise (Hamiltonkreise)

8.11.1   Bestimmung

Tab. 8.8:   Übersicht der Hamiltonkreise entsprechend der obigen Variablenliste.

$$
\begin{pmatrix}
1 & \{3, 11, 3\} \\
2 & \{2, 6, 10, 2\} \\
3 & \{3, 8, 11, 3\} \\
4 & \{4, 8, 11, 4\} \\
5 & \{6, 8, 9, 6\} \\
6 & \{6, 10, 9, 6\} \\
7 & \{6, 11, 9, 6\} \\
8 & \{2, 6, 11, 10, 2\} \\
9 & \{6, 8, 11, 9, 6\} \\
10 & \{6, 11, 10, 9, 6\} \\
11 & \{2, 6, 8, 11, 10, 2\} \\
12 & \{3, 8, 9, 6, 11, 3\} \\
13 & \{4, 8, 9, 6, 11, 4\} \\
14 & \{6, 8, 11, 10, 9, 6\}
\end{pmatrix}
$$

8.11.2   Visualisierung

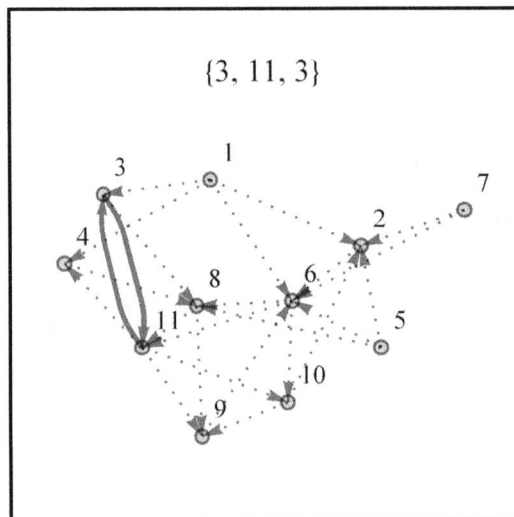

Abb. 8.9:   Beispiel für einen Regelkreis.

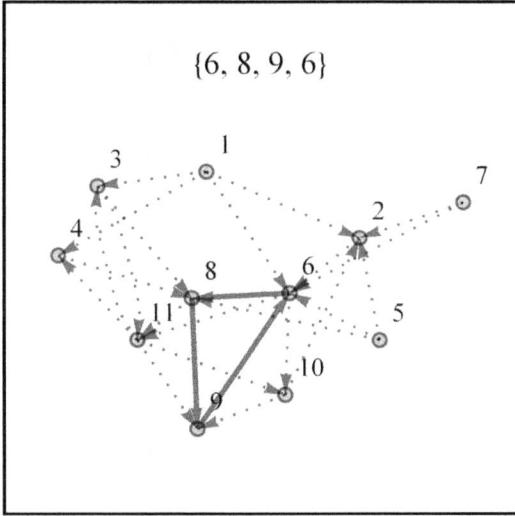

Abb. 8.10:   Beispiel für einen Regelkreis.

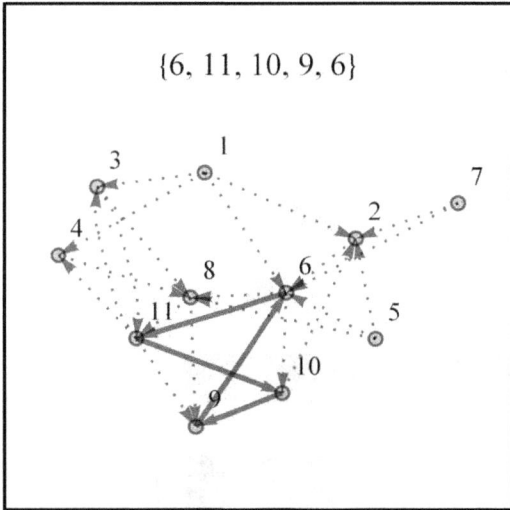

Abb. 8.11:   Beispiel für einen Regelkreis.

8.11.3   Auswertung und Interpretation

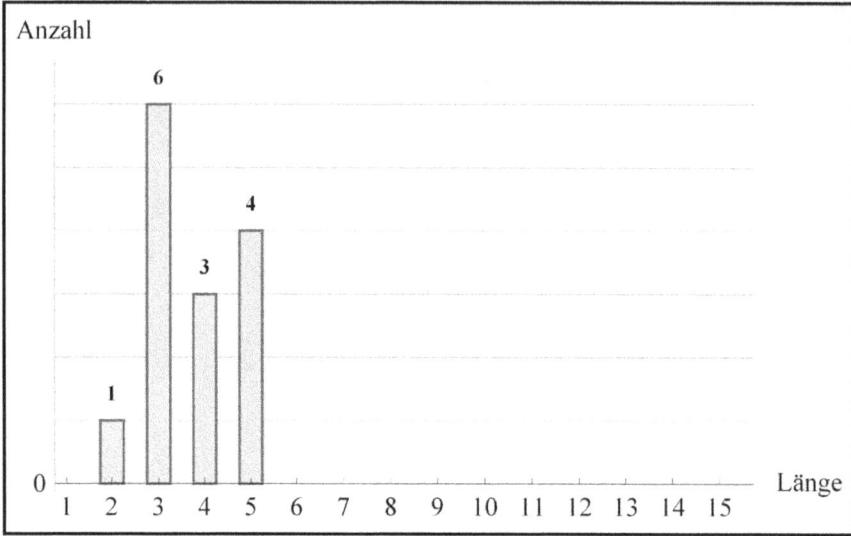

Abb. 8.12:   Histogramm der Längenverteilung der Regelkreise.

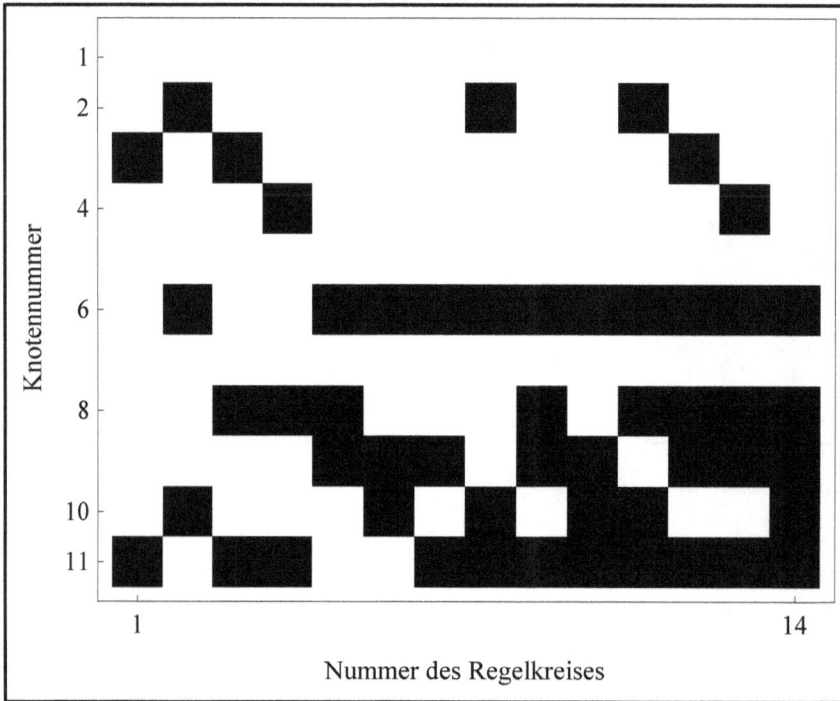

Abb. 8.13:   Verteilung der Knotennummern (Variablen), die in den Regelkreisen enthalten sind.

Tab. 8.9:   Beteiligung der Variablen entsprechend der Variablenliste.

Nr.	Variable	Anzahl	Anteil in %
1	Persönlichkeit d. Gründers	0	0
2	Geschäftskonzept	3	5.8
3	Arbeitseinsatz	3	5.8
4	Führungskompetenz	2	3.8
5	Sachkompetenz	0	0
6	Finanzkraft	11	21.2
7	BWL-Kenntnisse	0	0
8	Schnelligkeit d. Umsetzung	8	15.4
9	Gewinn	8	15.4
10	Konkurrenz	6	11.5
11	Wachstum	11	21.2

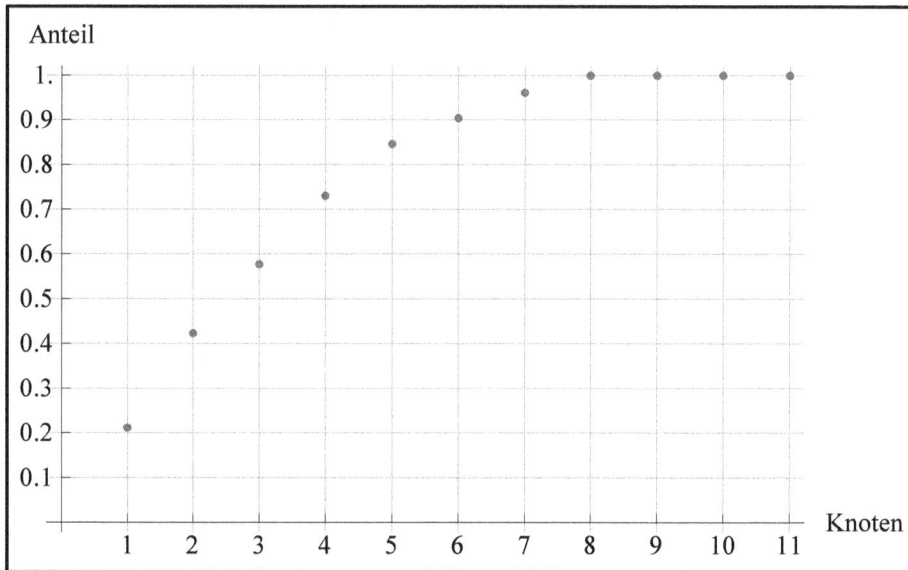

Abb. 8.14:   Kumulierte Wahrscheinlichkeit über der Anzahl der beteiligten Knoten. Der Knoten 1 hat also den höchsten Anteil, der Knoten 2 den zweithöchsten etc.

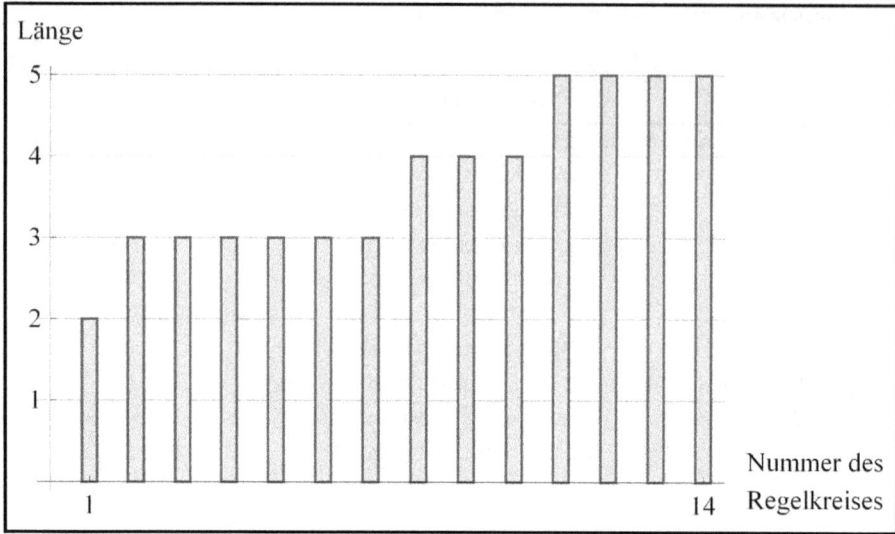

Abb. 8.15:   Länge über der Nummer des Regelkreises.

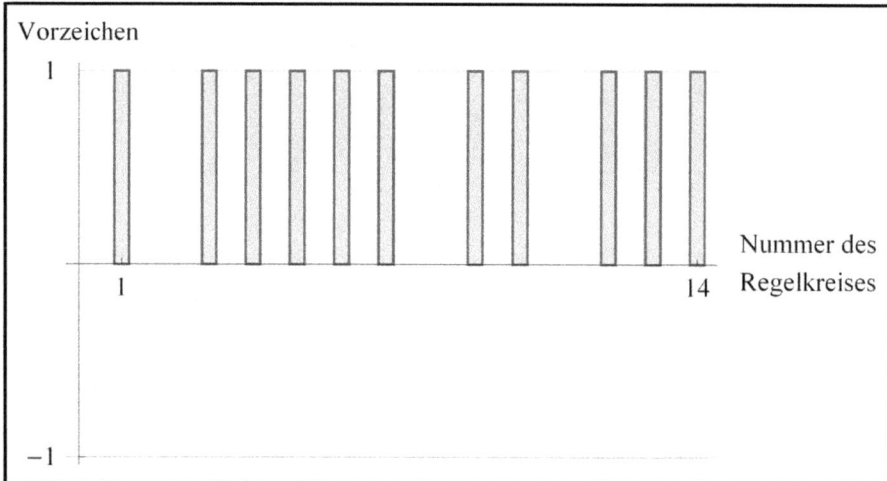

Abb. 8.16:   Vorzeichen über der Nummer des Regelkreises.

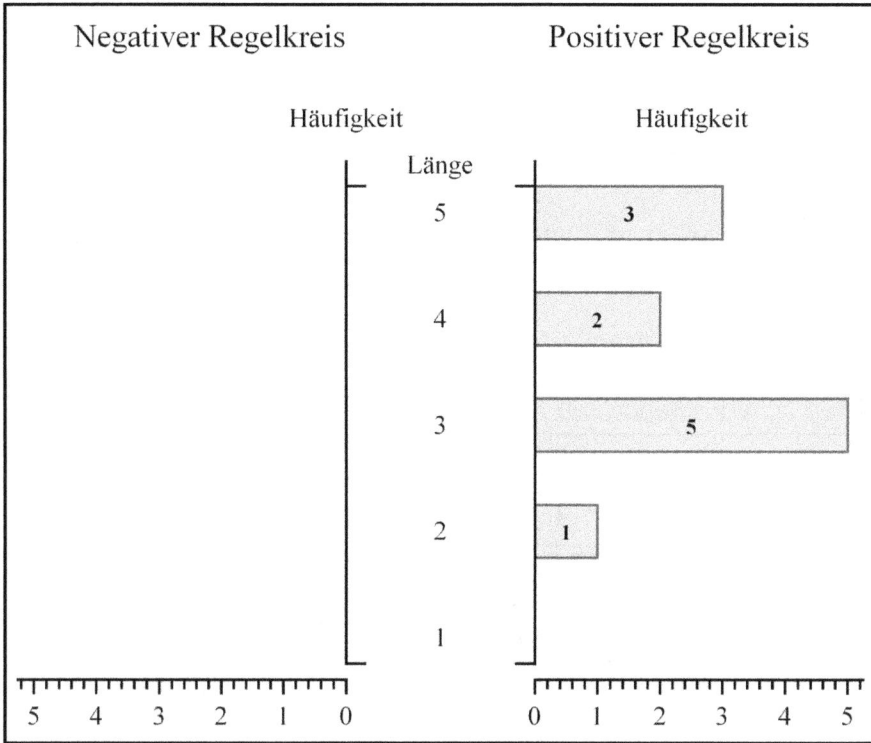

Abb. 8.17:   Häufigkeiten über der Länge der Regelkreise, getrennt für negative und positive Regelkreise.

Tab. 8.10:   Einige Regelkreise einschließlich der Informationen über die Vorzeichen und Zeitverzögerungen für jede Verbindung zwischen zwei Variablen als auch für den ganzen Regelkreis.

1	+ / 2 Monate
Arbeitseinsatz $\xrightarrow{\quad 2 \quad}$ Δt: 1 Monat	
Wachstum $\xrightarrow{\quad 2 \quad}$ Δt: 1 Monat	
Arbeitseinsatz	

5	+ / 3 Monate

	2
Finanzkraft	$\longrightarrow$
	Δt: 1 Monat
	2
Schnelligkeit d. Umsetzung	$\longrightarrow$
	Δt: 1 Monat
	1
Gewinn	$\longrightarrow$
	Δt: 1 Monat
Finanzkraft	

10	+ / 4 Monate

	3
Finanzkraft	$\longrightarrow$
	Δt: 1 Monat
	-2
Wachstum	$\longrightarrow$
	Δt: 1 Monat
	-2
Konkurrenz	$\longrightarrow$
	Δt: 1 Monat
	1
Gewinn	$\longrightarrow$
	Δt: 1 Monat
Finanzkraft	

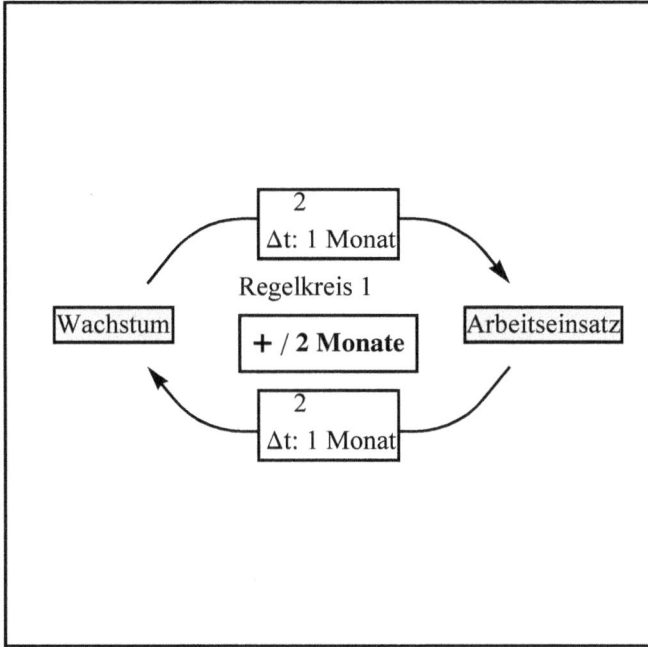

Abb. 8.18:   Darstellung eines Regelkreises.

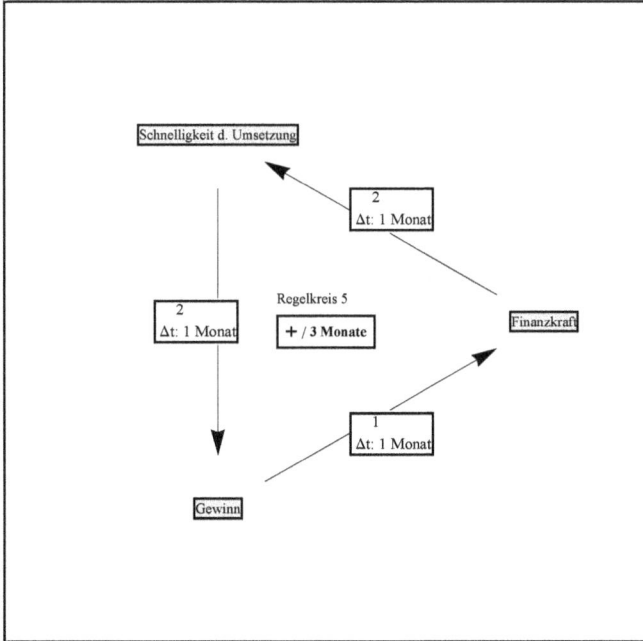

Abb. 8.19:   Darstellung eines Regelkreises.

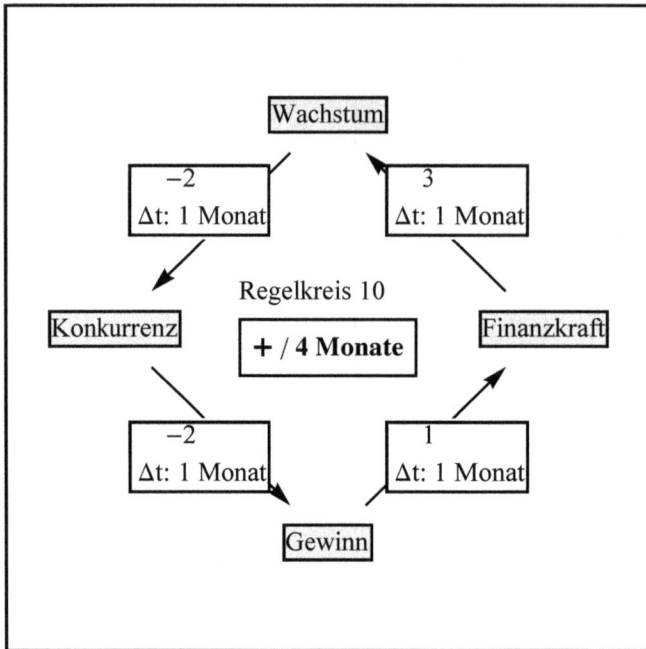

Abb. 8.20:   Darstellung eines Regelkreises.

8.12 Allgemeine Wege und Erreichbarkeit von Variablen

8.12.1 Bestimmung

Tab. 8.11:   Auswahl der möglichen Wege im gegebenen Graphen entsprechend der Variablenliste.

$$
\begin{pmatrix}
1 & \{1, 2\} \\
2 & \{1, 3\} \\
3 & \{1, 4\} \\
4 & \{1, 6\} \\
5 & \{2, 6\} \\
6 & \{3, 8\} \\
7 & \vdots \\
8 & \{2, 6, 11, 10\} \\
9 & \{3, 8, 9, 6\} \\
10 & \{3, 8, 11, 4\} \\
11 & \{3, 8, 11, 9\} \\
12 & \{3, 8, 11, 10\} \\
13 & \{3, 11, 4, 8\} \\
14 & \{3, 11, 9, 6\} \\
15 & \vdots \\
16 & \{2, 6, 11, 4, 8\} \\
17 & \{2, 6, 11, 10, 9\} \\
18 & \{3, 8, 9, 6, 10\} \\
19 & \{3, 8, 9, 6, 11\} \\
20 & \{3, 8, 11, 9, 6\} \\
21 & \{3, 8, 11, 10, 2\} \\
22 & \{3, 8, 11, 10, 9\}
\end{pmatrix}
$$

8.12.2   Visualisierung

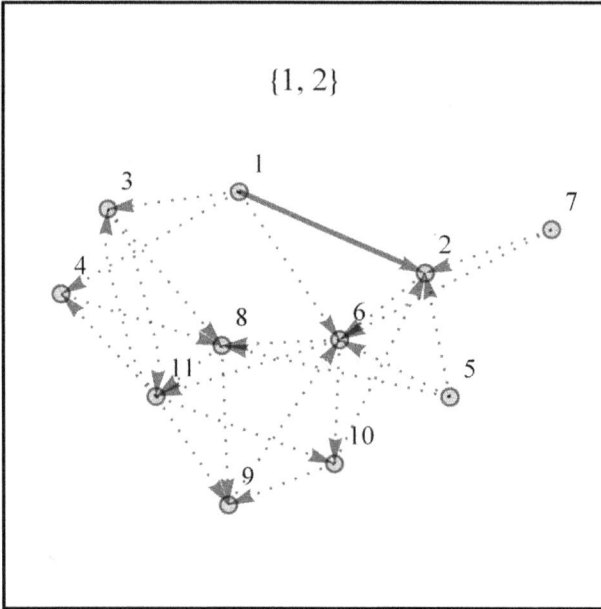

Abb. 8.21:   Darstellung eines Weges im Graphen.

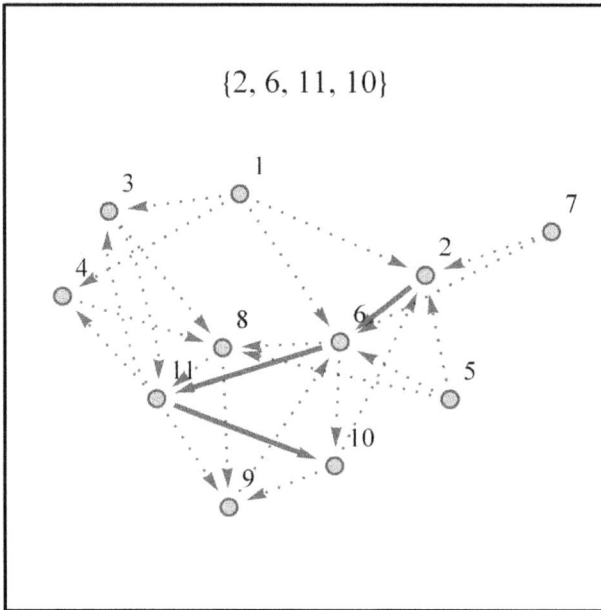

Abb. 8.22:   Darstellung eines Weges im Graphen.

8.12.3 Auswertung und Interpretation

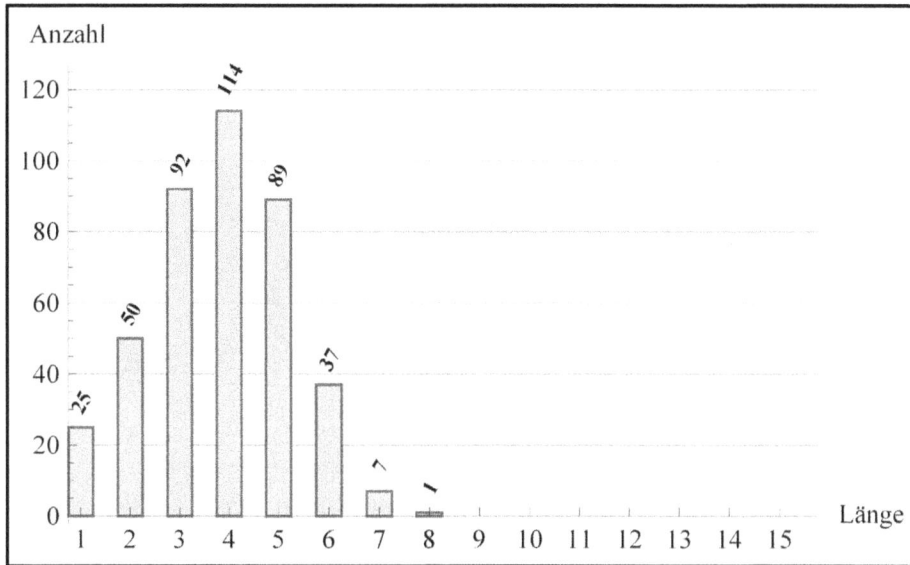

Abb. 8.23: Histogramm der Längenverteilung aller allgemeinen Wege.

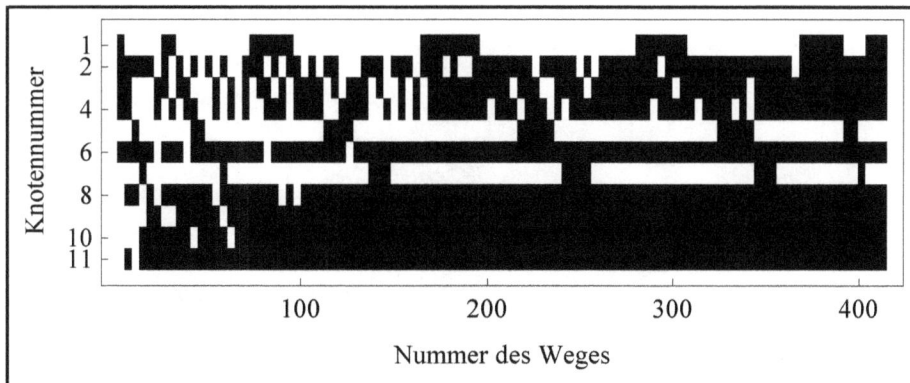

Abb. 8.24: Verteilung der Knotennummern (Variablen), die in den Wegen enthalten sind.

Tab. 8.12:   Beteiligung der Variablen an den Wegen entsprechend der Variablenliste.

Nr.	Variable	Anzahl	Anteil in %
1	Persönlichkeit d. Gründers	108	5.4
2	Geschäftskonzept	167	8.4
3	Arbeitseinsatz	137	6.9
4	Führungskompetenz	109	5.5
5	Sachkompetenz	68	3.4
6	Finanzkraft	333	16.7
7	BWL-Kenntnisse	46	2.3
8	Schnelligkeit d. Umsetzung	279	14.0
9	Gewinn	225	11.3
10	Konkurrenz	197	9.9
11	Wachstum	327	16.4

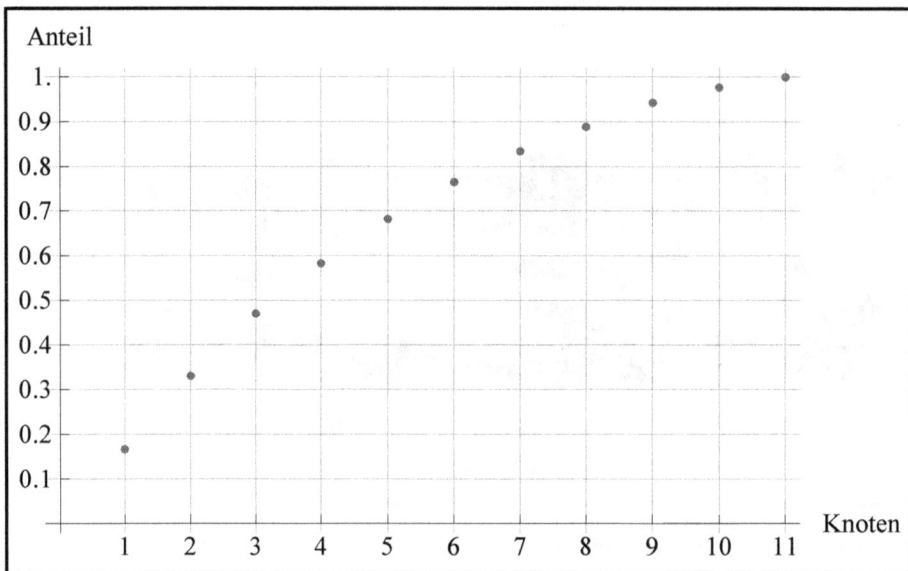

Abb. 8.25:   Kumulierte Anteile über der Anzahl der beteiligten Knoten. Der Knoten 1 hat also den höchsten Anteil, der Knoten 2 den zweithöchsten etc.

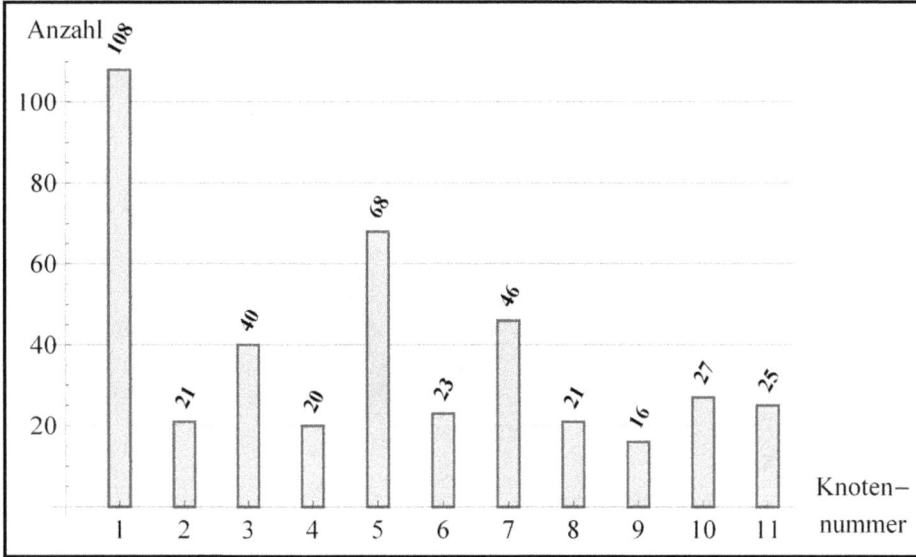

Abb. 8.26:   Anzahl der <u>Anfangs</u>knoten in den Wegen.

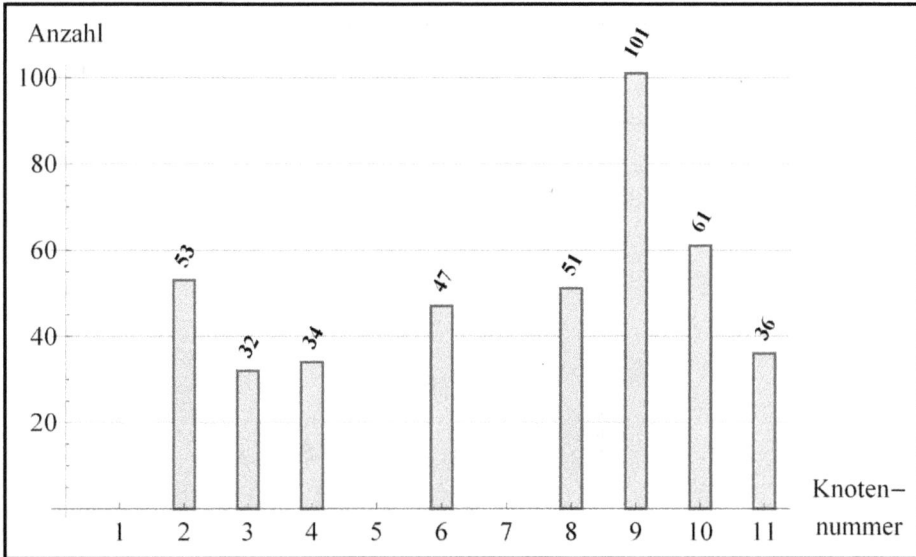

Abb. 8.27:   Anzahl der <u>End</u>knoten in den Wegen.

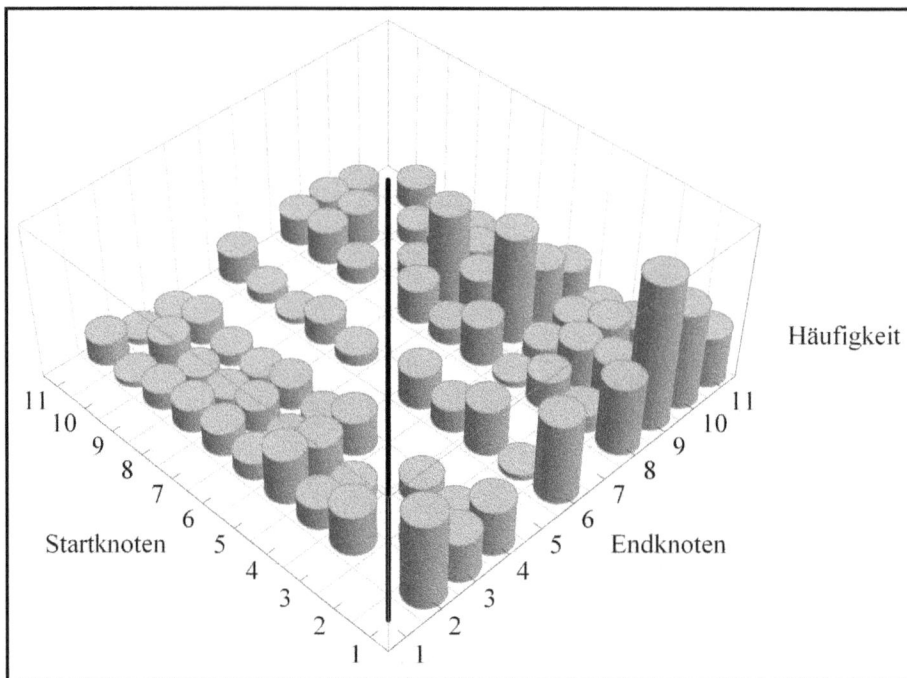

Abb. 8.28:   Häufigkeit von Wegen für alle vorkommenden Kombinationen von Start- und Endknoten.

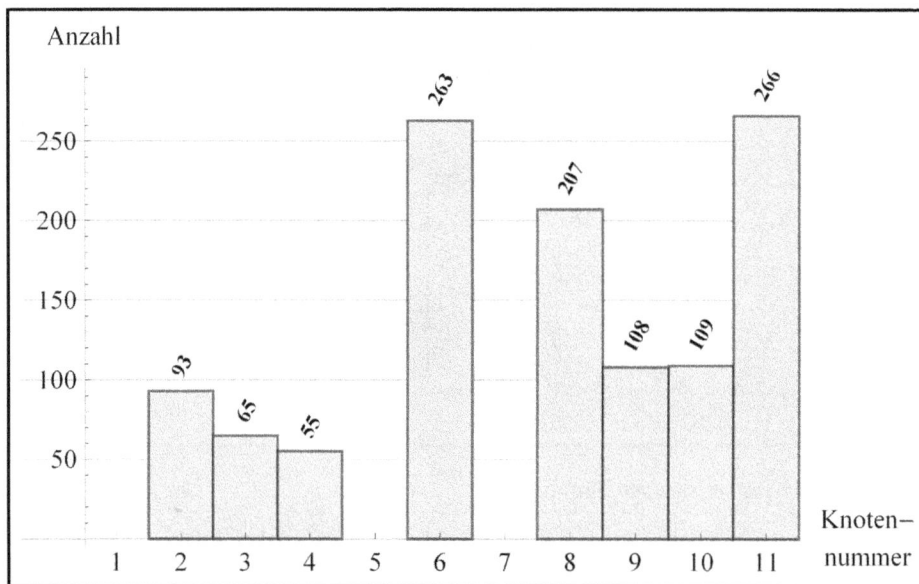

Abb. 8.29:   Anzahl der Wege, in denen die Knoten als Übergangsknoten in einem Weg auftauchen.

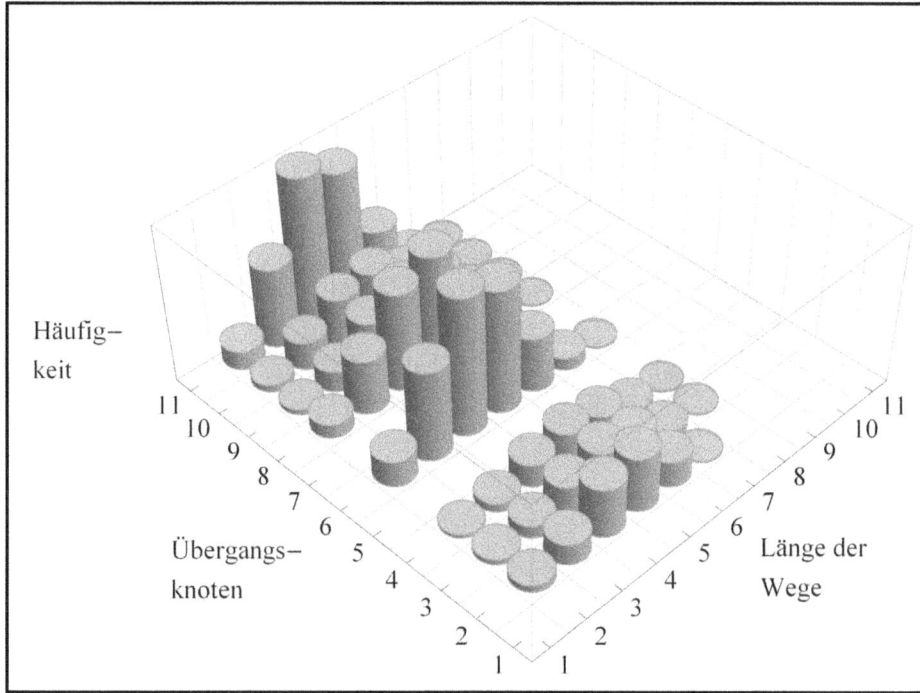

Abb. 8.30: Häufigkeit, mit der die Knoten als Übergangsknoten in einem Weg auftauchen, geordnet nach der Länge der Wege.

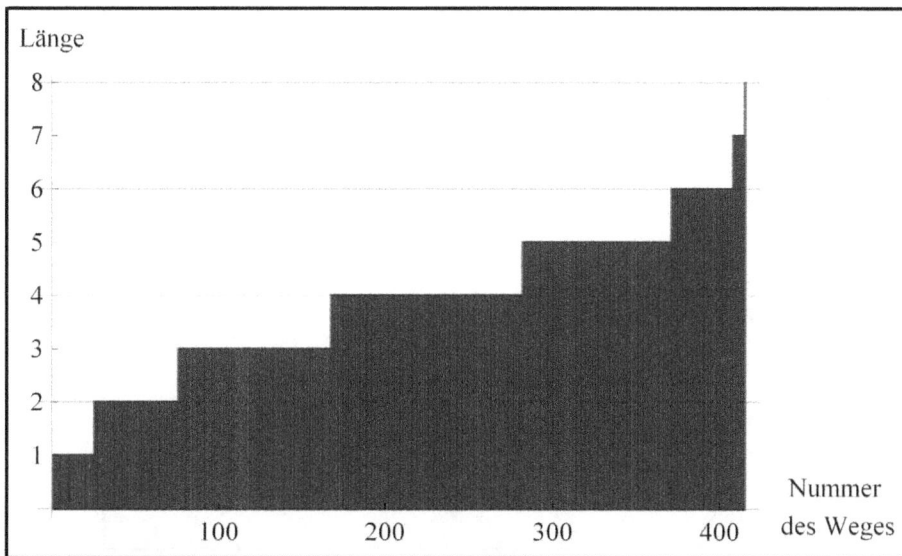

Abb. 8.31: Länge über der Nummer des Weges.

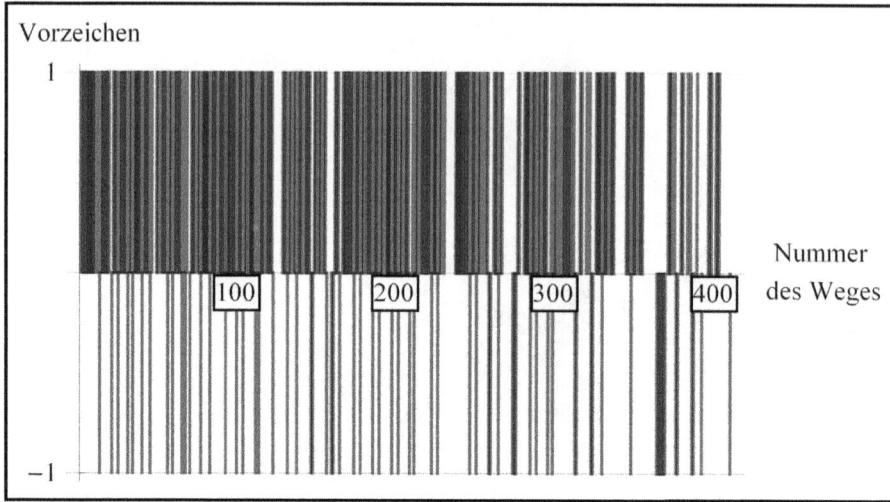

Abb. 8.32:   Vorzeichen über der Nummer des Weges.

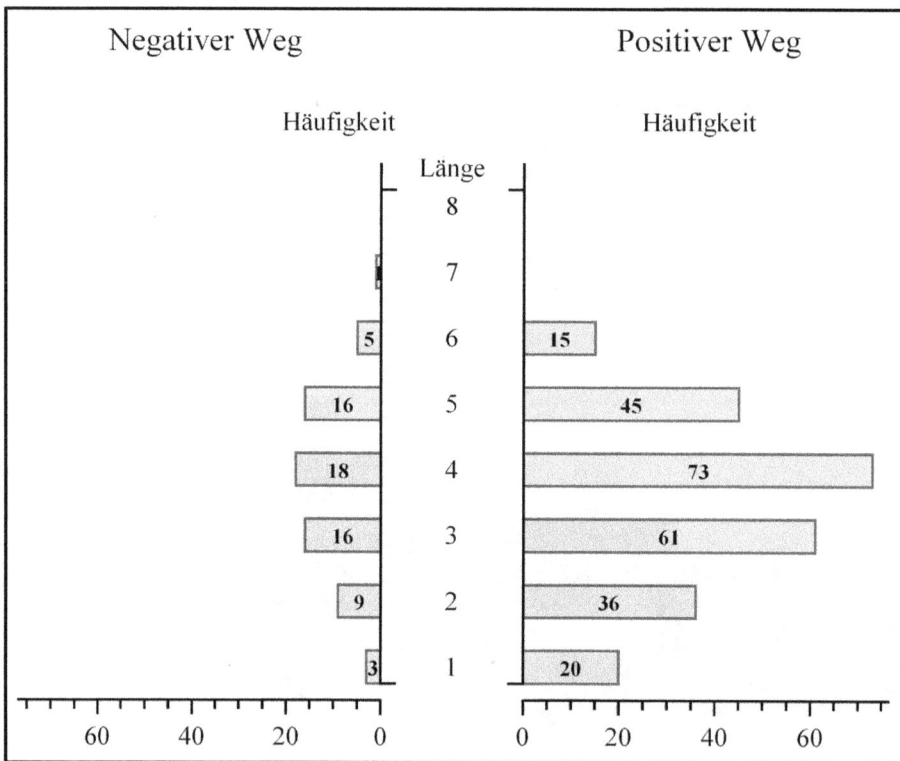

Abb. 8.33:   Häufigkeiten über der Länge der Wege, getrennt für negative und positive Wege.

Tab. 8.13:   Einige Wege einschließlich der Informationen über die Vorzeichen und Zeitverzögerungen für jede Verbindung zwischen zwei Variablen als auch für den ganzen Weg. Links oben ist die Nummer des Weges angegeben.

1	+ / 1 Monate
Persönlichkeit d. Gründers	2 ——————→ Δt: 1 Monat
Geschäftskonzept	

100	− / 3 Monate
Geschäftskonzept	3 ——————→ Δt: 1 Monat
Finanzkraft	3 ——————→ Δt: 1 Monat
Wachstum	− 2 ——————→ Δt: 1 Monat
Konkurrenz	

200	+ / 4 Monate
Geschäftskonzept	3 ——————→ Δt: 1 Monat
Finanzkraft	3 ——————→ Δt: 1 Monat
Wachstum	1 ——————→ Δt: 1 Monat
Führungskompetenz	2 ——————→ Δt: 1 Monat
Schnelligkeit d. Umsetzung	

Weg 1

+ / 1 Monate

| Geschäftskonzept | ◄─── | 2
Δt: 1 Monat | ─── | Persönlichkeit d. Gründer |

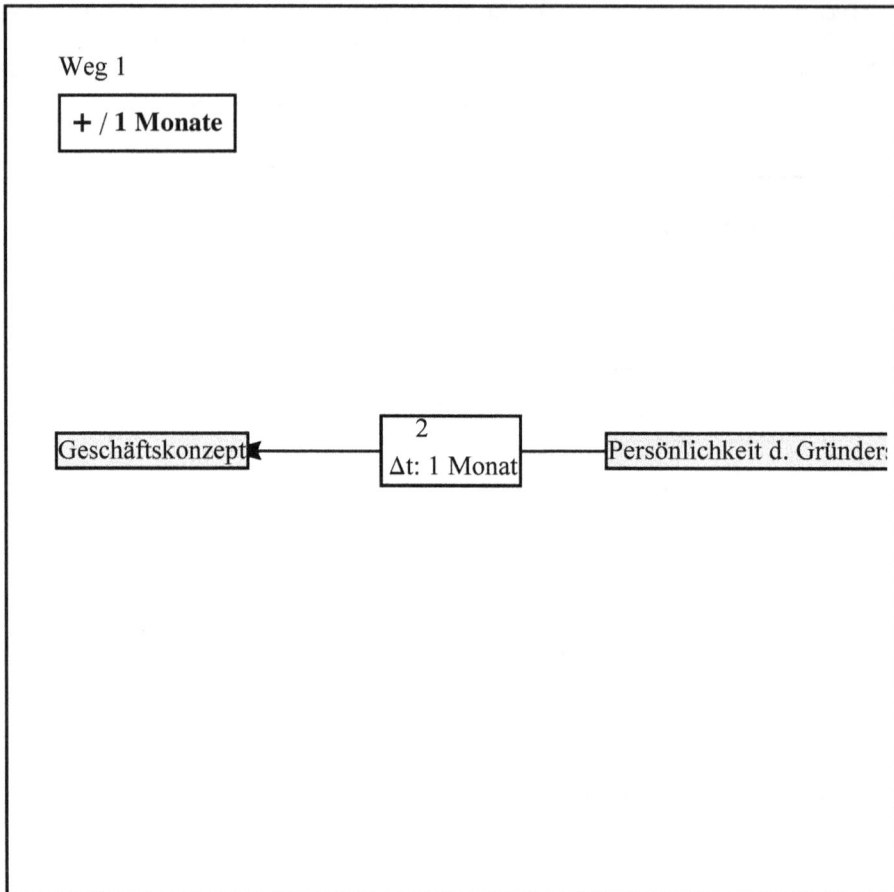

Abb. 8.34:   Darstellung eines Weges.

Weg 100

$-$ / 3 Monate

Finanzkraft

3
Δt: 1 Monat

3
Δt: 1 Monat

Wachstum

Geschäftskonzept

-2
Δt: 1 Monat

Konkurrenz

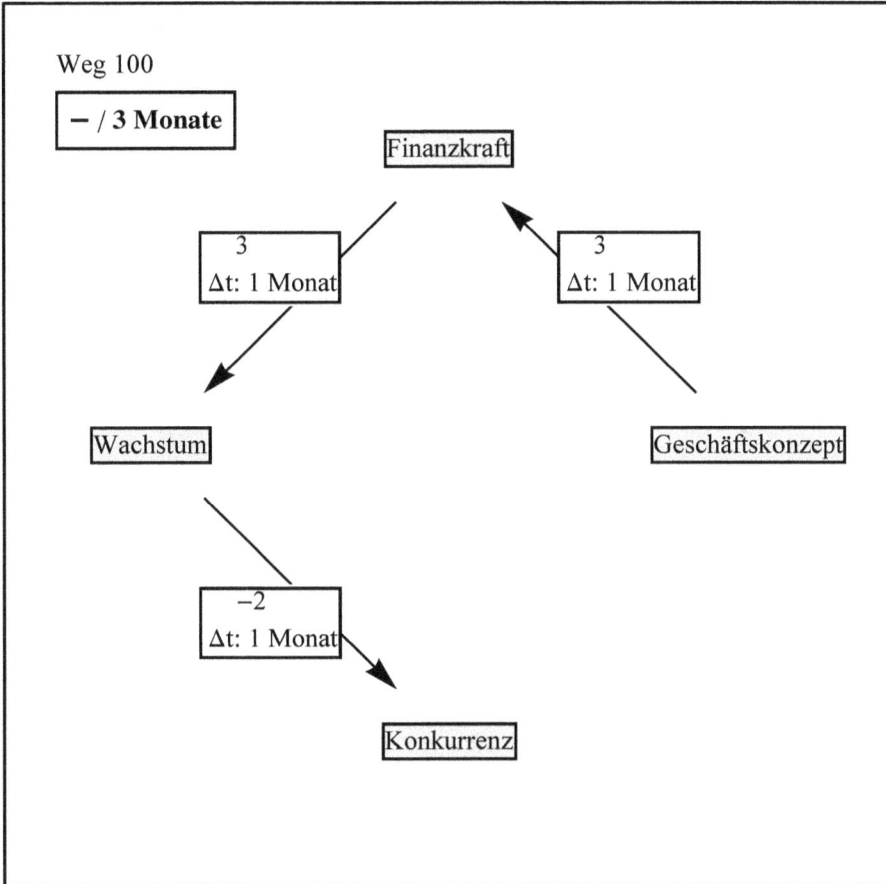

Abb. 8.35:   Darstellung eines Weges.

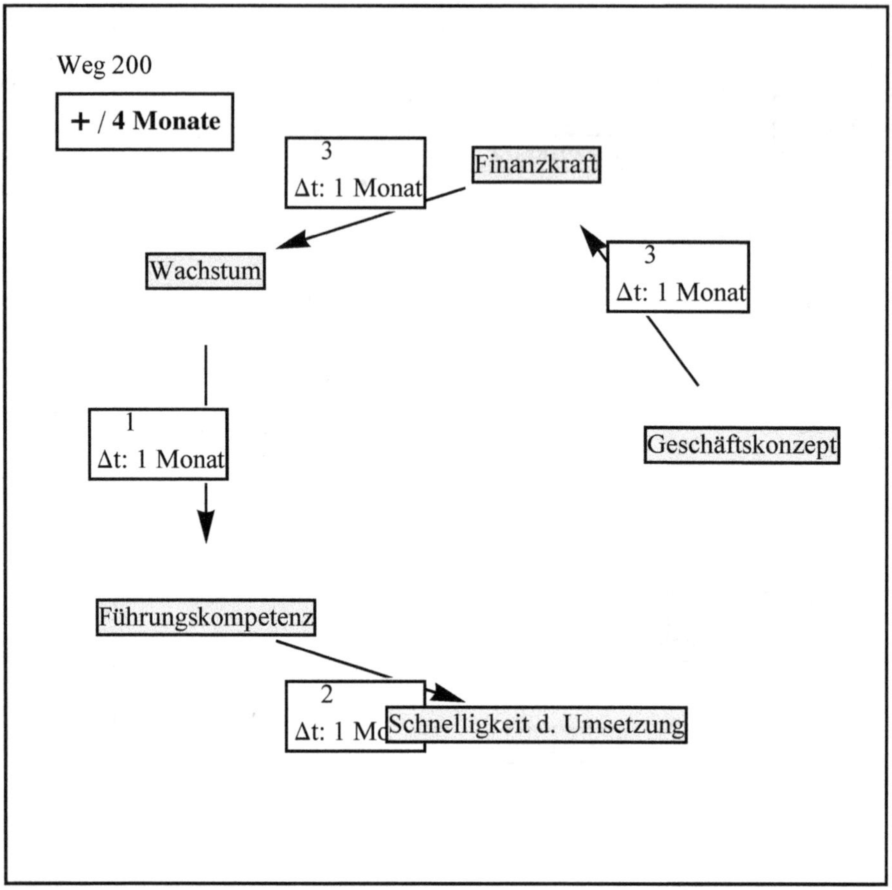

Weg 200

+ / 4 Monate

Abb. 8.36:   Darstellung eines Weges.

8.13   Literatur

Grundmann, Christoph, Reiner Hauff, Peter Hummel, Cornelia Maier, Holger Noisternig, Gabriele Rothfuß und Patricia Walinski, Erfolgsfaktoren einer Unternehmensgründung, in: Hub, Hans (Hrsg.), Praxisbeispiele zum Ganzheitlich-vernetzten Denken – mit einem Methodik-Leitfaden am praktischen Fall, 1. Aufl., DMG-Verlag, Nürtingen, 2002, S. 52–54

9 Straßenverkehrsentwicklung

9.1 Einführung

Dieses Beispiel ist dem Buch von Hub (S. 74–75) entnommen. Es wird untersucht, welche Einflussfaktoren Wirkungen auf den Straßenverkehr ausüben.

9.2 Die Variablenliste

Die Variablen können der folgenden Liste entnommen werden:

1	Freizeitwert
2	Kosten
3	Auslastung
4	Schnelligkeit
5	Individualität
6	Flexibilität
7	Einkommen
8	Verkehrsvolumen
9	Techn. Fortschritt
10	Alternat. Verkehrsangebot
11	Infrastuktur
12	Maut
13	Benzinpreis
14	Steuern

9.3 Adjazenzmatrix **A** und Kantenmenge

Die Adjazenzmatrix für dieses System lautet:

$$
\mathbf{A} =
\begin{array}{r|cccccccccccccc}
 & 1 & 2 & 3 & 4 & 5 & 6 & 7 & 8 & 9 & 10 & 11 & 12 & 13 & 14 \\
\hline
1 & 0 & 0 & 0 & 0 & 0 & 0 & 0 & 0 & 0 & 0 & 0 & 0 & 0 & 0 \\
2 & 1 & 0 & 1 & 0 & 0 & 0 & 0 & 1 & 0 & 1 & 0 & 0 & 0 & 0 \\
3 & 0 & 1 & 0 & 0 & 1 & 0 & 0 & 0 & 0 & 1 & 1 & 0 & 0 & 0 \\
4 & 1 & 1 & 1 & 0 & 1 & 0 & 0 & 0 & 0 & 0 & 0 & 0 & 0 & 0 \\
5 & 1 & 1 & 1 & 0 & 0 & 0 & 0 & 1 & 0 & 0 & 0 & 0 & 0 & 0 \\
6 & 1 & 0 & 0 & 1 & 1 & 0 & 0 & 0 & 0 & 0 & 0 & 0 & 0 & 0 \\
7 & 0 & 0 & 0 & 0 & 1 & 1 & 0 & 0 & 0 & 0 & 0 & 0 & 0 & 1 \\
8 & 1 & 1 & 1 & 1 & 0 & 1 & 0 & 0 & 0 & 1 & 1 & 1 & 0 & 1 \\
9 & 1 & 1 & 0 & 1 & 0 & 0 & 0 & 0 & 0 & 0 & 0 & 0 & 0 & 0 \\
10 & 0 & 1 & 0 & 1 & 0 & 1 & 0 & 1 & 0 & 0 & 1 & 0 & 0 & 0 \\
11 & 1 & 1 & 0 & 1 & 0 & 1 & 0 & 0 & 0 & 0 & 0 & 0 & 0 & 1 \\
12 & 1 & 1 & 0 & 0 & 0 & 0 & 0 & 1 & 0 & 1 & 0 & 0 & 0 & 0 \\
13 & 1 & 1 & 0 & 0 & 0 & 0 & 0 & 1 & 0 & 1 & 0 & 0 & 0 & 1 \\
14 & 0 & 1 & 0 & 0 & 0 & 0 & 1 & 1 & 0 & 0 & 0 & 0 & 1 & 0 \\
\end{array}
$$

Kantenliste

$\{2 \to 1,\ 2 \to 3,\ 2 \to 8,\ 2 \to 10,\ 3 \to 2,\ 3 \to 5,\ 3 \to 10,\ 3 \to 11,$
$4 \to 1,\ 4 \to 2,\ 4 \to 3,\ 4 \to 5,\ 5 \to 1,\ 5 \to 2,\ 5 \to 3,\ 5 \to 8,$
$6 \to 1,\ 6 \to 4,\ 6 \to 5,\ 7 \to 5,\ 7 \to 6,\ 7 \to 14,\ 8 \to 1,\ 8 \to 2,$
$8 \to 3,\ 8 \to 4,\ 8 \to 6,\ 8 \to 10,\ 8 \to 11,\ 8 \to 12,\ 8 \to 14,$
$9 \to 1,\ 9 \to 2,\ 9 \to 4,\ 10 \to 2,\ 10 \to 4,\ 10 \to 6,\ 10 \to 8,$
$10 \to 11,\ 11 \to 1,\ 11 \to 2,\ 11 \to 4,\ 11 \to 6,\ 11 \to 14,$
$12 \to 1,\ 12 \to 2,\ 12 \to 8,\ 12 \to 10,\ 13 \to 1,\ 13 \to 2,\ 13 \to 8,$
$13 \to 10,\ 13 \to 14,\ 14 \to 2,\ 14 \to 7,\ 14 \to 8,\ 14 \to 13\}$

Straßenverkehrsentwicklung

Adjazenz–Matrix

1 2 3 4 5 6 7 8 9 10 11 12 13 14

- 1 Freizeitwert
- 2 Kosten
- 3 Auslastung
- 4 Schnelligkeit
- 5 Individualität
- 6 Flexibilität
- 7 Einkommen
- 8 Verkehrsvolumen
- 9 Techn. Fortschritt
- 10 Alternat. Verkehrsangebot
- 11 Infrastuktur
- 12 Maut
- 13 Benzinpreis
- 14 Steuern

1 2 3 4 5 6 7 8 9 10 11 12 13 14

Abb. 9.1:   Grafische Darstellung der Adjazenzmatrix **A**.

9.4   Potenzen von **A** und Erreichbarkeitsmatrix **E**

$$
A^3 =
\begin{array}{r|rrrrrrrrrrrrrr}
   & 1 & 2 & 3 & 4 & 5 & 6 & 7 & 8 & 9 & 10 & 11 & 12 & 13 & 14 \\
\hline
1 & 0 & 0 & 0 & 0 & 0 & 0 & 0 & 0 & 0 & 0 & 0 & 0 & 0 & 0 \\
2 & 13 & 12 & 7 & 8 & 5 & 6 & 1 & 8 & 0 & 6 & 4 & 1 & 1 & 4 \\
3 & 11 & 10 & 8 & 7 & 6 & 5 & 1 & 5 & 0 & 8 & 6 & 3 & 1 & 4 \\
4 & 6 & 8 & 5 & 5 & 2 & 5 & 0 & 5 & 0 & 6 & 6 & 2 & 0 & 3 \\
5 & 9 & 12 & 5 & 7 & 4 & 6 & 1 & 8 & 0 & 6 & 6 & 1 & 1 & 3 \\
6 & 4 & 4 & 4 & 1 & 2 & 1 & 0 & 3 & 0 & 5 & 3 & 1 & 0 & 1 \\
7 & 7 & 6 & 6 & 2 & 3 & 3 & 0 & 4 & 0 & 6 & 3 & 2 & 0 & 4 \\
8 & 21 & 19 & 16 & 11 & 8 & 10 & 1 & 14 & 0 & 13 & 9 & 4 & 1 & 8 \\
9 & 3 & 5 & 3 & 2 & 2 & 2 & 0 & 3 & 0 & 4 & 4 & 1 & 0 & 1 \\
10 & 13 & 15 & 9 & 6 & 8 & 4 & 2 & 10 & 0 & 8 & 6 & 1 & 2 & 2 \\
11 & 8 & 9 & 7 & 3 & 4 & 4 & 0 & 6 & 0 & 7 & 5 & 2 & 0 & 4 \\
12 & 11 & 12 & 6 & 8 & 6 & 6 & 1 & 6 & 0 & 7 & 6 & 2 & 1 & 4 \\
13 & 14 & 14 & 8 & 9 & 7 & 8 & 1 & 8 & 0 & 10 & 7 & 3 & 1 & 7 \\
14 & 10 & 14 & 6 & 8 & 5 & 6 & 3 & 10 & 0 & 7 & 7 & 2 & 3 & 3 \\
\end{array}
$$

$$
A^5 =
\begin{array}{r|rrrrrrrrrrrrrr}
   & 1 & 2 & 3 & 4 & 5 & 6 & 7 & 8 & 9 & 10 & 11 & 12 & 13 & 14 \\
\hline
1 & 0 & 0 & 0 & 0 & 0 & 0 & 0 & 0 & 0 & 0 & 0 & 0 & 0 & 0 \\
2 & 171 & 184 & 119 & 98 & 80 & 83 & 14 & 121 & 0 & 118 & 91 & 29 & 14 & 58 \\
3 & 175 & 175 & 125 & 100 & 76 & 84 & 13 & 118 & 0 & 117 & 87 & 32 & 13 & 61 \\
4 & 133 & 133 & 92 & 74 & 62 & 60 & 11 & 88 & 0 & 83 & 61 & 21 & 11 & 43 \\
5 & 164 & 176 & 113 & 94 & 81 & 76 & 16 & 114 & 0 & 110 & 85 & 27 & 16 & 52 \\
6 & 78 & 75 & 51 & 48 & 34 & 38 & 6 & 48 & 0 & 47 & 35 & 13 & 6 & 27 \\
7 & 115 & 112 & 78 & 68 & 48 & 59 & 7 & 74 & 0 & 74 & 54 & 21 & 7 & 45 \\
8 & 323 & 333 & 221 & 187 & 143 & 158 & 25 & 223 & 0 & 211 & 159 & 53 & 25 & 112 \\
9 & 78 & 78 & 53 & 46 & 37 & 36 & 7 & 50 & 0 & 49 & 37 & 13 & 7 & 25 \\
10 & 202 & 220 & 137 & 126 & 95 & 102 & 20 & 142 & 0 & 139 & 112 & 36 & 20 & 67 \\
11 & 148 & 149 & 100 & 88 & 66 & 74 & 11 & 97 & 0 & 96 & 72 & 26 & 11 & 54 \\
12 & 173 & 180 & 124 & 98 & 81 & 82 & 14 & 118 & 0 & 120 & 91 & 32 & 14 & 59 \\
13 & 228 & 231 & 161 & 128 & 104 & 109 & 17 & 152 & 0 & 155 & 114 & 42 & 17 & 82 \\
14 & 201 & 218 & 138 & 119 & 97 & 95 & 23 & 145 & 0 & 135 & 106 & 34 & 23 & 63 \\
\end{array}
$$

Erreichbarkeitsmatrix **E**

$$
\mathbf{E} = \begin{array}{c|ccccc}
 & 1 & 2 & 3 & 4 & 5 \\
\hline
1 & 0 & 0 & 0 & 0 & 0 & \cdots \\
2 & 63\,455\,311 & 66\,115\,304 & 43\,753\,216 & 37\,024\,973 & 29\,080\,328 & \cdots \\
3 & 62\,827\,785 & 65\,461\,728 & 43\,320\,341 & 36\,658\,859 & 28\,792\,844 & \cdots \\
4 & 46\,442\,690 & 48\,389\,443 & 32\,022\,777 & 27\,098\,217 & 21\,283\,929 & \cdots \\
5 & 60\,337\,690 & 62\,866\,625 & 41\,603\,629 & 35\,205\,620 & 27\,651\,525 & \cdots \\
 & \vdots & \vdots & \vdots & \vdots & \vdots & \ddots
\end{array}
$$

9.5   Visualisierungen des Systems

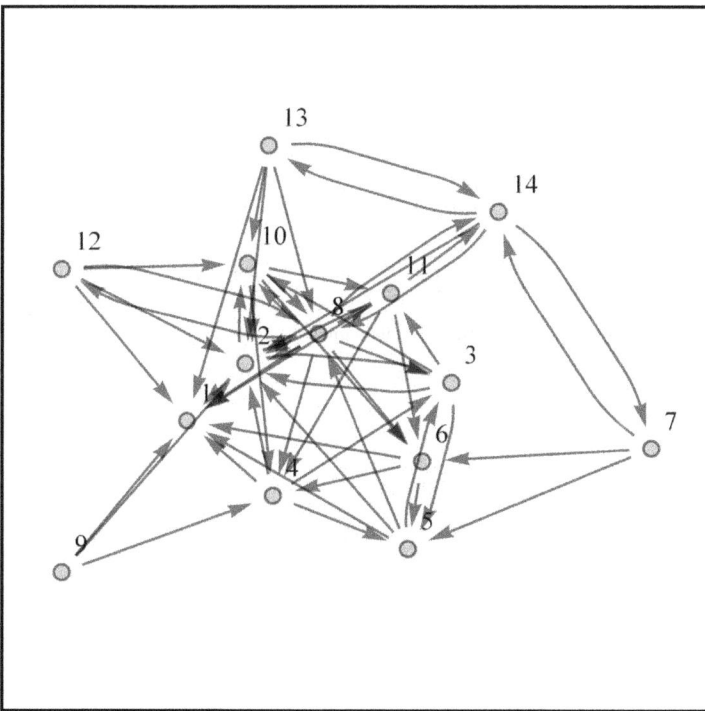

Abb. 9.2:   Zweimensionale Darstellung des Graphen mit Variablennummern aber ohne Variablennamen.

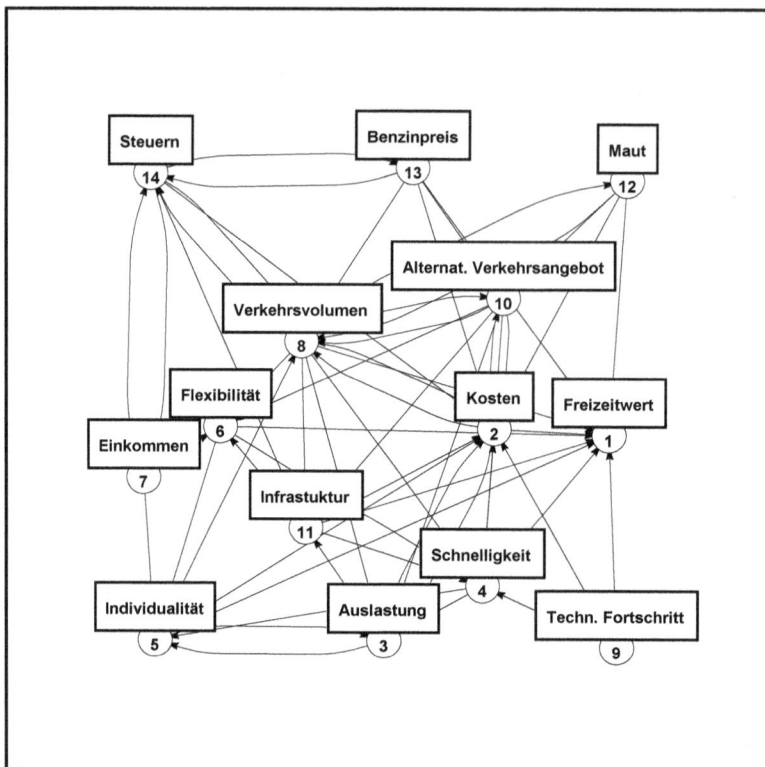

Abb. 9.3:   Zweidimensionale Darstellung des Graphen mit Variablennamen und -nummern.

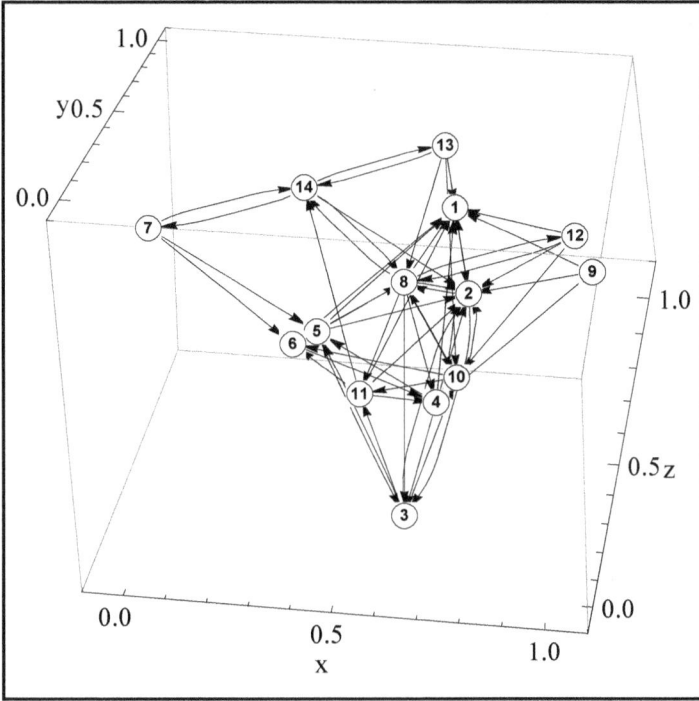

Abb. 9.4:   Dreidimensionale Darstellung des Graphen mit Variablennummern aber ohne Variablennamen.

9.6   Knotengrade

	In	Out	Grad
1	10	4	14
2	9	0	9
3	4	4	8
4	6	9	15
5	5	5	10
6	4	4	8
7	3	5	8
8	5	4	9
9	4	3	7
10	1	3	4
11	4	4	8
12	1	4	5
13	0	3	3
14	1	5	6

9.7   Einflussmatrix (Impactmatrix) **I**

Die Einflussmatrix für dieses System lautet:

$$
\mathbf{I} =
\begin{array}{c|cccccccccccccc}
 & 1 & 2 & 3 & 4 & 5 & 6 & 7 & 8 & 9 & 10 & 11 & 12 & 13 & 14 \\
\hline
1 & 0 & 0 & 0 & 0 & 0 & 0 & 0 & 0 & 0 & 0 & 0 & 0 & 0 & 0 \\
2 & -2 & 0 & 1 & 0 & 0 & 0 & 0 & -2 & 0 & -2 & 0 & 0 & 0 & 0 \\
3 & 0 & -3 & 0 & 0 & -1 & 0 & 0 & 0 & 0 & 2 & 2 & 0 & 0 & 0 \\
4 & 1 & 2 & 2 & 0 & 1 & 0 & 0 & 0 & 0 & 0 & 0 & 0 & 0 & 0 \\
5 & 3 & 1 & -1 & 0 & 0 & 0 & 0 & 1 & 0 & 0 & 0 & 0 & 0 & 0 \\
6 & 2 & 0 & 0 & -1 & 1 & 0 & 0 & 0 & 0 & 0 & 0 & 0 & 0 & 0 \\
7 & 0 & 0 & 0 & 0 & 2 & 2 & 0 & 0 & 0 & 0 & 0 & 0 & 0 & 2 \\
8 & -1 & 2 & 1 & -3 & 0 & -2 & 0 & 0 & 0 & 2 & 2 & 1 & 0 & -1 \\
9 & 2 & -1 & 0 & 3 & 0 & 0 & 0 & 0 & 0 & 0 & 0 & 0 & 0 & 0 \\
10 & 0 & -2 & 0 & 2 & 0 & 3 & 0 & -2 & 0 & 0 & 2 & 0 & 0 & 0 \\
11 & 2 & 1 & 0 & 3 & 0 & 2 & 0 & 0 & 0 & 0 & 0 & 0 & 0 & 2 \\
12 & -1 & 3 & 0 & 0 & 0 & 0 & 0 & -1 & 0 & 1 & 0 & 0 & 0 & 0 \\
13 & -1 & 2 & 0 & 0 & 0 & 0 & 0 & -1 & 0 & 1 & 0 & 0 & 0 & -2 \\
14 & 0 & 3 & 0 & 0 & 0 & 0 & 3 & -1 & 0 & 0 & 0 & 0 & 2 & 0 \\
\end{array}
$$

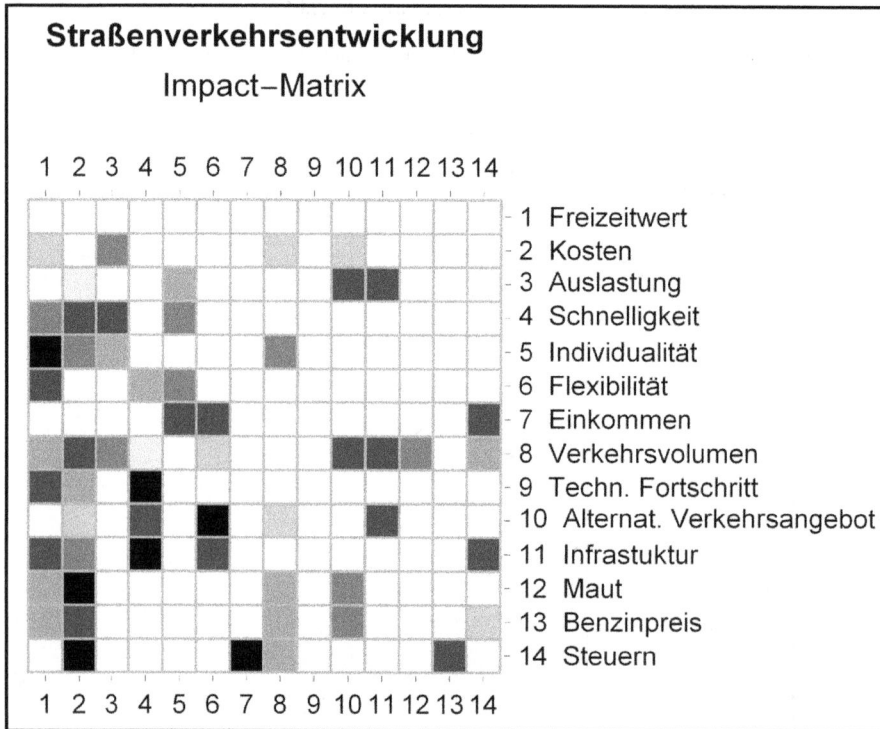

Abb. 9.5:   Grafische Darstellung der Einflussmatrix **I**.

9.8   Zeitverzögerungsmatrix **T**

Daten nicht verfügbar.

9.9   Das Zusammenspiel der Matrizen **A**, **I**, **T** und **E**

Siehe Abbildung 4.8 in Kapitel 4.9.

9.10   Berechnung / Interpretation verschiedener Indizes

9.10.1   Aktiv- und Passivsummen

Tab. 9.1:   Aktivsummen für die Variablen des Systems.

	Variable	Aktiv-summe
1	Verkehrsvolumen	15
2	Alternat. Verkehrsangebot	11
3	Infrastuktur	10
4	Steuern	9
5	Auslastung	8
6	Benzinpreis	7
7	Kosten	7
8	Maut	6
9	Techn. Fortschritt	6
10	Einkommen	6
11	Individualität	6
12	Schnelligkeit	6
13	Flexibilität	4
14	Freizeitwert	0

Tab. 9.2:   Passivsummen für die Variablen des Systems.

	Variable	Passiv-summe
1	Kosten	20
2	Freizeitwert	15
3	Schnelligkeit	12
4	Flexibilität	9
5	Alternat. Verkehrsangebot	8
6	Verkehrsvolumen	8
7	Steuern	7
8	Infrastuktur	6
9	Individualität	5
10	Auslastung	5
11	Einkommen	3
12	Benzinpreis	2
13	Maut	1
14	Techn. Fortschritt	0

9.10.2   Produkte und Verhältnisse der Aktiv- und Passivsummen

Tab. 9.3:   Produkte aus Aktiv- und Passivsummen für die Variablen des Systems.

	Variable	Produkt (Aktivsumme × Passivsumme)
1	Kosten	140
2	Verkehrsvolumen	120
3	Alternat. Verkehrsangebot	88
4	Schnelligkeit	72
5	Steuern	63
6	Infrastuktur	60
7	Auslastung	40
8	Flexibilität	36
9	Individualität	30
10	Einkommen	18
11	Benzinpreis	14
12	Maut	6
13	Techn. Fortschritt	0
14	Freizeitwert	0

Tab. 9.4:   Quotienten aus Aktiv- und Passivsummen für die Variablen des Systems multipliziert mit dem Faktor
             100.

	Variable	Quotient×100 (Aktivsumme / Passivsumme)×100
1	Techn. Fortschritt	∞
2	Maut	600
3	Benzinpreis	350
4	Einkommen	200
5	Verkehrsvolumen	188
6	Infrastuktur	167
7	Auslastung	160
8	Alternat. Verkehrsangebot	138
9	Steuern	129
10	Individualität	120
11	Schnelligkeit	50
12	Flexibilität	44
13	Kosten	35
14	Freizeitwert	0

9.10.3 Verknüpfung aller Indizes

Tab. 9.5: Liste der Variablen des Systems mit den Werten für Aktiv- und Passivsummen sowie der Produkte und Quotienten aus diesen beiden Summen.

	Variable	Aktiv- summe	Passiv- summe	Produkt	Quotient ×100
1	Freizeitwert	0	15	0	0
2	Kosten	7	20	140	35
3	Auslastung	8	5	40	160
4	Schnelligkeit	6	12	72	50
5	Individualität	6	5	30	120
6	Flexibilität	4	9	36	44
7	Einkommen	6	3	18	200
8	Verkehrsvolumen	15	8	120	188
9	Techn. Fortschritt	6	0	0	∞
10	Alternat. Verkehrsangebot	11	8	88	138
11	Infrastuktur	10	6	60	167
12	Maut	6	1	6	600
13	Benzinpreis	7	2	14	350
14	Steuern	9	7	63	129

9.10.4   Visualisierungen der Indizes

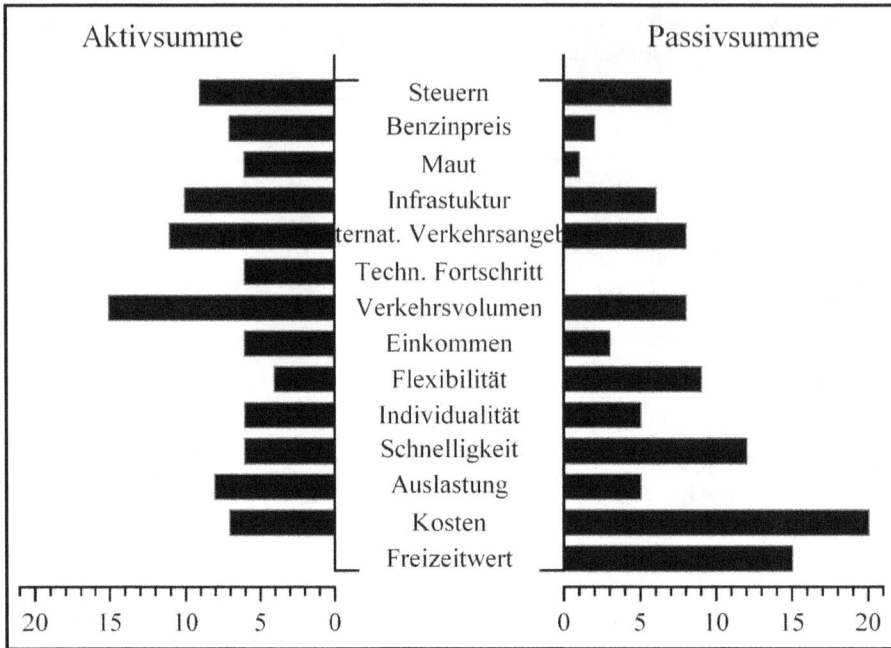

Aktivsumme   Passivsumme

Steuern
Benzinpreis
Maut
Infrastuktur
ternat. Verkehrsangeb
Techn. Fortschritt
Verkehrsvolumen
Einkommen
Flexibilität
Individualität
Schnelligkeit
Auslastung
Kosten
Freizeitwert

20   15   10   5   0   0   5   10   15   20

Abb. 9.6:   Gegenüberstellung von Aktiv- und Passivsummen für jede Variable.

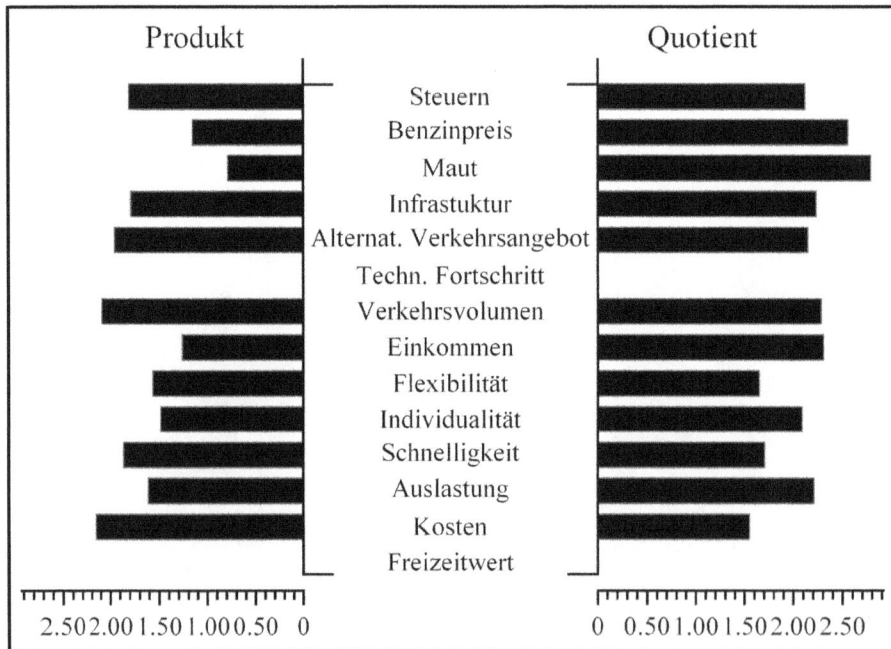

Produkt   Quotient

Steuern
Benzinpreis
Maut
Infrastuktur
Alternat. Verkehrsangebot
Techn. Fortschritt
Verkehrsvolumen
Einkommen
Flexibilität
Individualität
Schnelligkeit
Auslastung
Kosten
Freizeitwert

2.50 2.00 1.50 1.00 0.50 0   0 0.50 1.00 1.50 2.00 2.50

Abb. 9.7:   Gegenüberstellung von Produkten und Quotienten aus Aktiv- und Passivsummen für jede Variable.

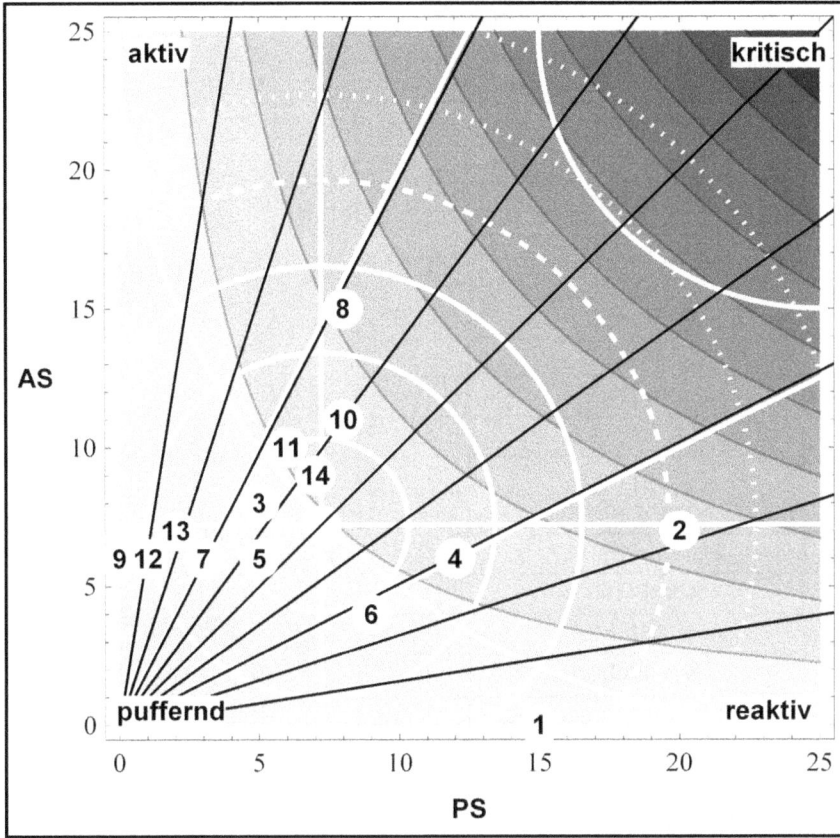

Abb. 9.8: Alle Variablen des komplexen Systems sind mit ihren Wertepaaren (Passivsumme / Aktivsumme) in der Abbildung eingetragen. Einige Variablen liegen entweder direkt auf der Abszisse oder auf der Ordinate.

9.10.5   Charakterisierungen der Variablen

Tab. 9.6:   Einteilung der Variablen anhand der Kriterien aktiv und reaktiv.

#	Charakter	Q·100
	Hoch Aktiv	
9	Techn. Fortschritt	∞
12	Maut	600
	Aktiv	
13	Benzinpreis	350
	Leicht Aktiv	
7	Einkommen	200
8	Verkehrsvolumen	188
11	Infrastuktur	167
3	Auslastung	160
10	Alternat. Verkehrsangebot	138
14	Steuern	129
	Neutral	
5	Individualität	120
	Leicht Passiv	
4	Schnelligkeit	50
	Passiv	
6	Flexibilität	44
2	Kosten	35
	Hoch Passiv	
1	Freizeitwert	0

Tab. 9.7:   Einteilung der Variablen anhand der Kriterien kritisch und puffernd.

#	Charakter	P
	Hochkritisch	**140.0**
2	Kosten	140
8	Verkehrsvolumen	120
	Kritisch	**120.0**
8	Verkehrsvolumen	120
	Leicht kritisch	**100.0**
10	Alternat. Verkehrsangebot	88
	Neutral	**80.0**
4	Schnelligkeit	72
14	Steuern	63
11	Infrastuktur	60
	Schwach puffernd	**60.0**
11	Infrastuktur	60
3	Auslastung	40
	Puffernd	**40.0**
3	Auslastung	40
6	Flexibilität	36
5	Individualität	30
	Stark puffernd	**20.0**
7	Einkommen	18
13	Benzinpreis	14
12	Maut	6
1	Freizeitwert	0
9	Techn. Fortschritt	0

9.11   Geschlossene Regelkreise (Hamiltonkreise)

9.11.1   Bestimmung

Tab. 9.8:   Übersicht der Hamiltonkreise entsprechend der obigen Variablenliste.

$$
\begin{pmatrix}
1 & \{2,\ 3,\ 2\} \\
2 & \{2,\ 8,\ 2\} \\
3 & \{2,\ 10,\ 2\} \\
4 & \{3,\ 5,\ 3\} \\
5 & \{7,\ 14,\ 7\} \\
6 & \{8,\ 10,\ 8\} \\
7 & \vdots \\
8 & \{2,\ 8,\ 3,\ 10,\ 4,\ 2\} \\
9 & \{2,\ 8,\ 3,\ 10,\ 11,\ 2\} \\
10 & \{2,\ 8,\ 3,\ 11,\ 4,\ 2\} \\
11 & \{2,\ 8,\ 3,\ 11,\ 14,\ 2\} \\
12 & \{2,\ 8,\ 4,\ 3,\ 5,\ 2\} \\
13 & \{2,\ 8,\ 4,\ 3,\ 10,\ 2\} \\
14 & \{2,\ 8,\ 4,\ 3,\ 11,\ 2\} \\
15 & \vdots \\
16 & \{2,\ 3,\ 10,\ 11,\ 14,\ 13,\ 2\} \\
17 & \{2,\ 3,\ 11,\ 4,\ 5,\ 8,\ 2\} \\
18 & \{2,\ 3,\ 11,\ 6,\ 4,\ 5,\ 2\} \\
19 & \{2,\ 3,\ 11,\ 6,\ 5,\ 8,\ 2\} \\
20 & \{2,\ 3,\ 11,\ 14,\ 7,\ 5,\ 2\} \\
21 & \{2,\ 3,\ 11,\ 14,\ 8,\ 4,\ 2\} \\
22 & \{2,\ 3,\ 11,\ 14,\ 8,\ 10,\ 2\}
\end{pmatrix}
$$

9.11.2 Visualisierung

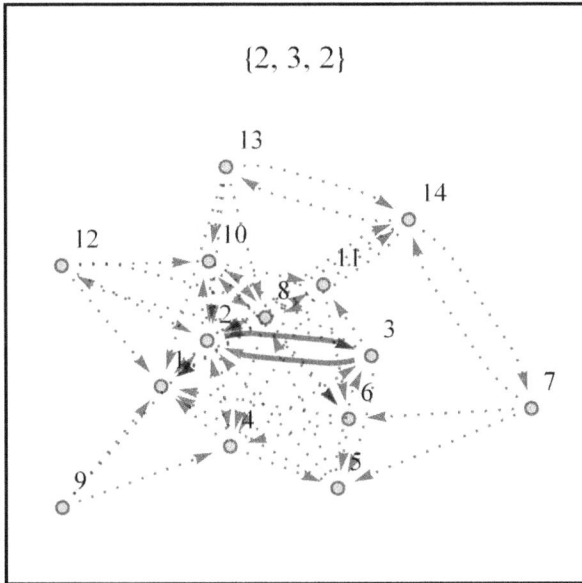

Abb. 9.9:   Beispiel für einen Regelkreis.

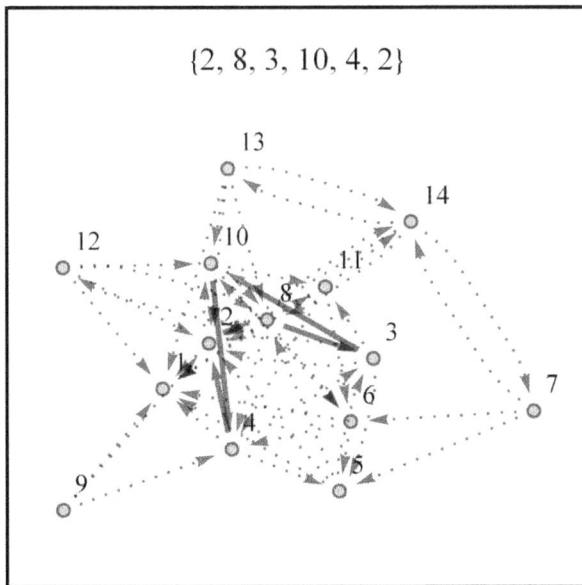

Abb. 9.10:   Beispiel für einen Regelkreis.

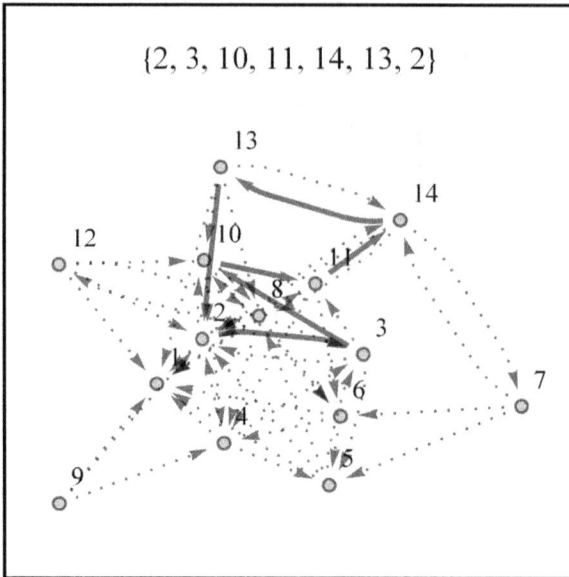

Abb. 9.11:   Beispiel für einen Regelkreis.

9.11.3   Auswertung und Interpretation

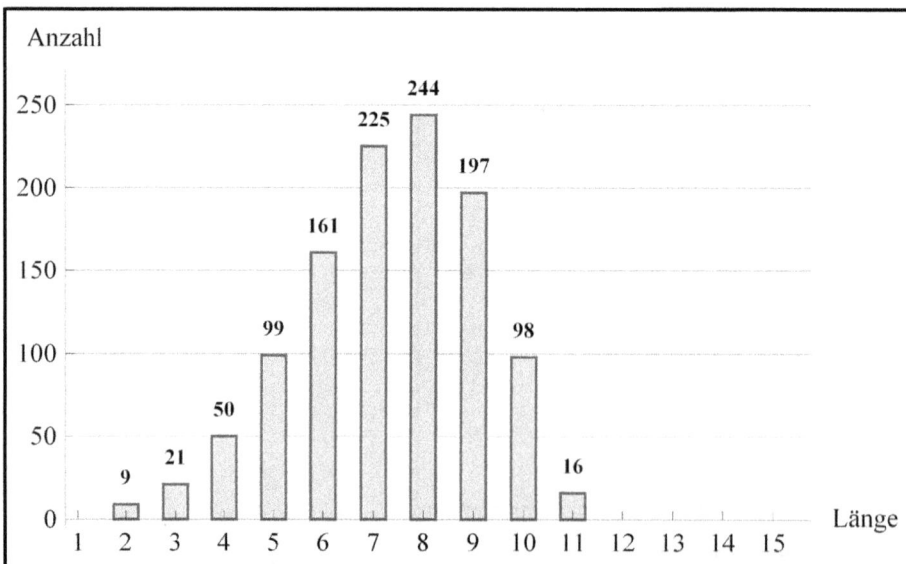

Abb. 9.12:   Histogramm der Längenverteilung der Regelkreise.

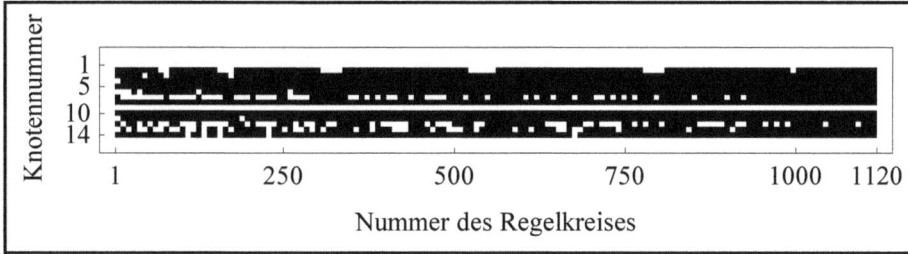

Abb. 9.13:   Verteilung der Knotennummern (Variablen), die in den Regelkreisen enthalten sind.

Tab. 9.9:   Beteiligung der Variablen entsprechend der Variablenliste.

Nr.	Variable	Anzahl	Anteil in %
1	Freizeitwert	0	0
2	Kosten	906	11.1
3	Auslastung	884	10.8
4	Schnelligkeit	765	9.3
5	Individualität	808	9.9
6	Flexibilität	652	8.0
7	Einkommen	252	3.1
8	Verkehrsvolumen	993	12.1
9	Techn. Fortschritt	0	0
10	Alternat. Verkehrsangebot	909	11.1
11	Infrastuktur	866	10.6
12	Maut	177	2.2
13	Benzinpreis	287	3.5
14	Steuern	699	8.5

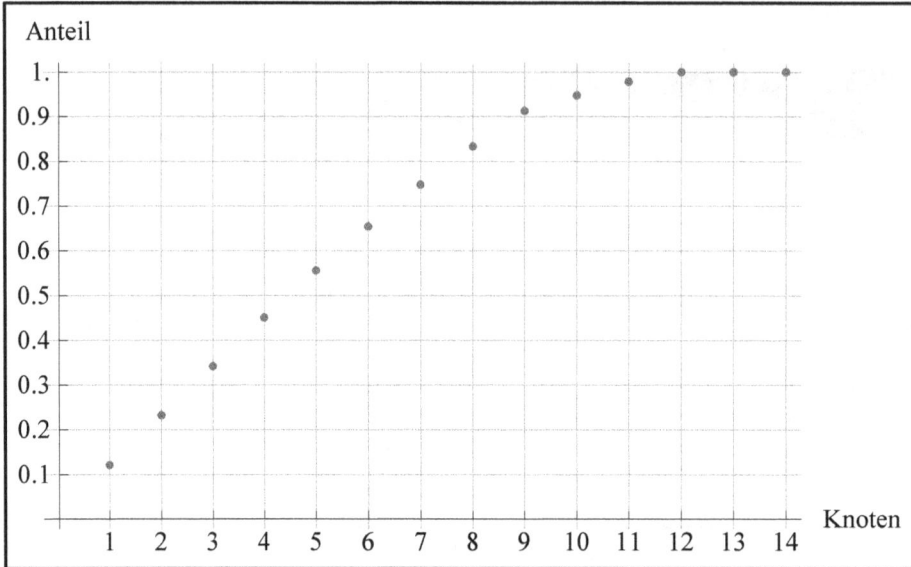

Abb. 9.14:   Kumulierte Wahrscheinlichkeit über der Anzahl der beteiligten Knoten. Der Knoten 1 hat also den höchsten Anteil, der Knoten 2 den zweithöchsten etc.

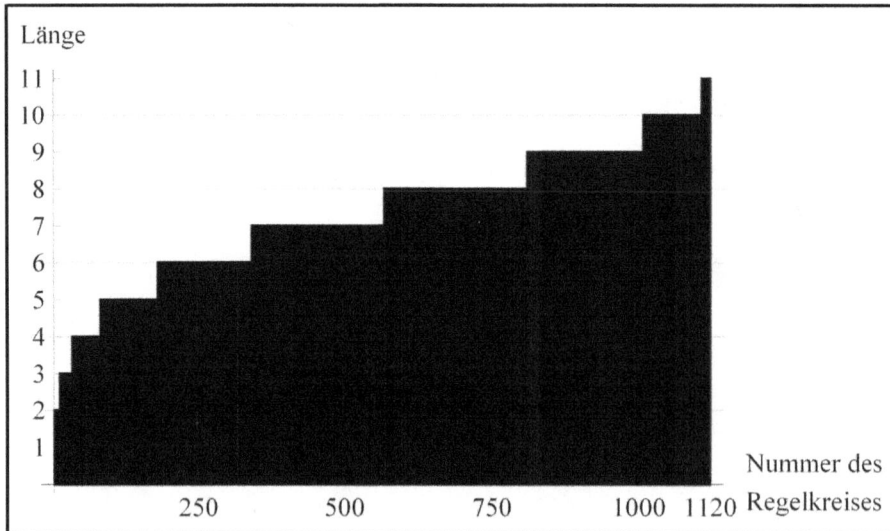

Abb. 9.15:   Länge über der Nummer des Regelkreises.

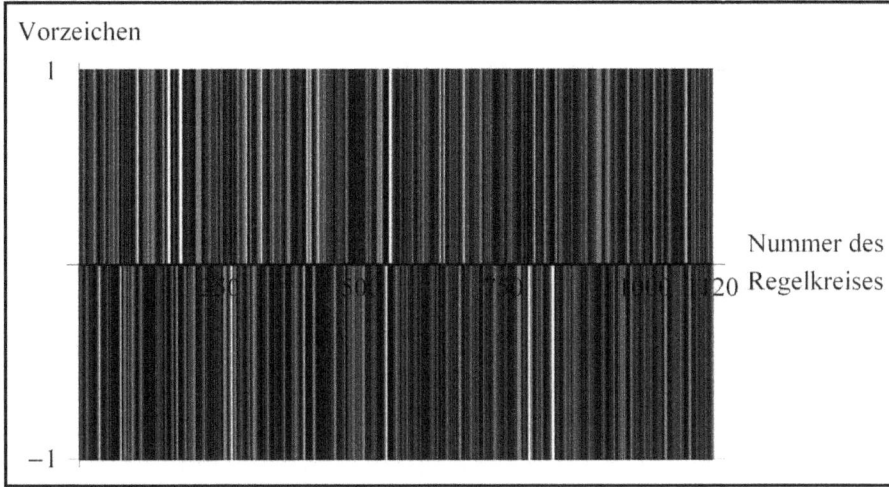

Abb. 9.16:   Vorzeichen über der Nummer des Regelkreises.

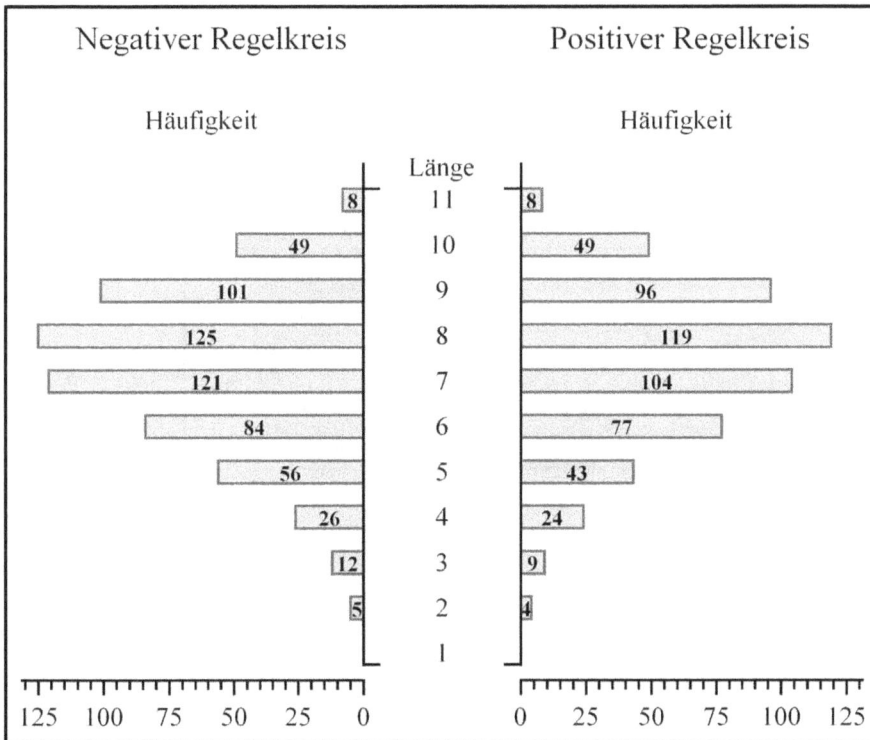

Abb. 9.17:   Häufigkeiten über der Länge der Regelkreise, getrennt für negative und positive Regelkreise.

Tab. 9.10:   Einige Regelkreise einschließlich der Informationen über die Vorzeichen und Zeitverzögerungen für jede Verbindung zwischen zwei Variablen als auch für den ganzen Regelkreis.

1	− / **2 Monate**
Kosten	1 $\longrightarrow$ Δt: 1 Monat
Auslastung	− 3 $\longrightarrow$ Δt: 1 Monat
Kosten	

100	− / **5 Monate**
Kosten	− 2 $\longrightarrow$ Δt: 1 Monat
Verkehrsvolumen	1 $\longrightarrow$ Δt: 1 Monat
Auslastung	2 $\longrightarrow$ Δt: 1 Monat
Alternat. Verkehrsangebot	2 $\longrightarrow$ Δt: 1 Monat
Schnelligkeit	2 $\longrightarrow$ Δt: 1 Monat
Kosten	

200	+ / 6 Monate
Kosten	1 $\longrightarrow$ Δt: 1 Monat
Auslastung	2 $\longrightarrow$ Δt: 1 Monat
Alternat. Verkehrsangebot	2 $\longrightarrow$ Δt: 1 Monat
Infrastuktur	2 $\longrightarrow$ Δt: 1 Monat
Steuern	2 $\longrightarrow$ Δt: 1 Monat
Benzinpreis	2 $\longrightarrow$ Δt: 1 Monat
Kosten	

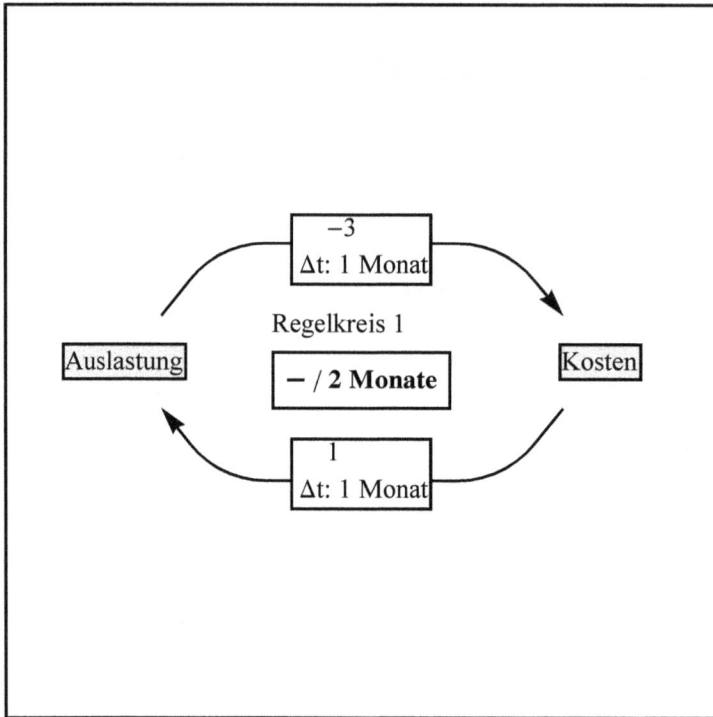

Abb. 9.18:   Darstellung eines Regelkreises.

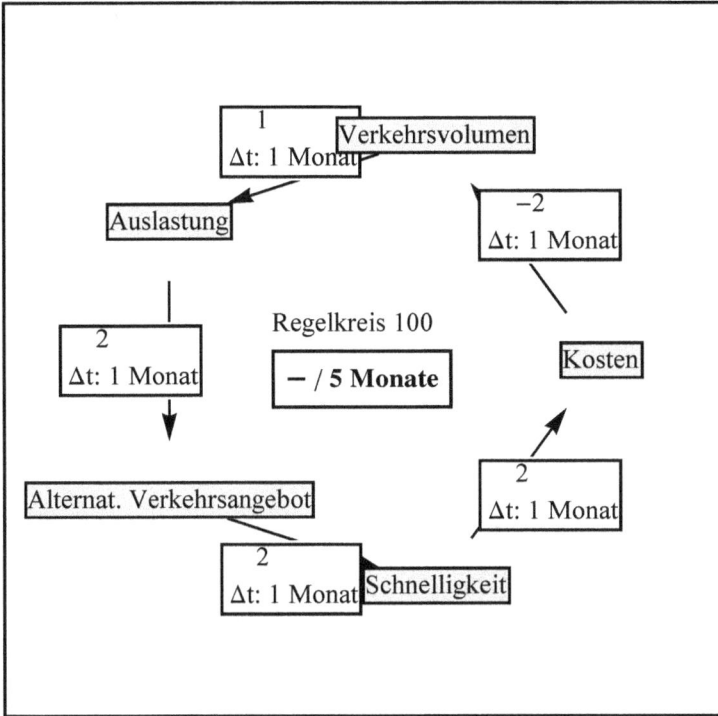

Abb. 9.19:   Darstellung eines Regelkreises.

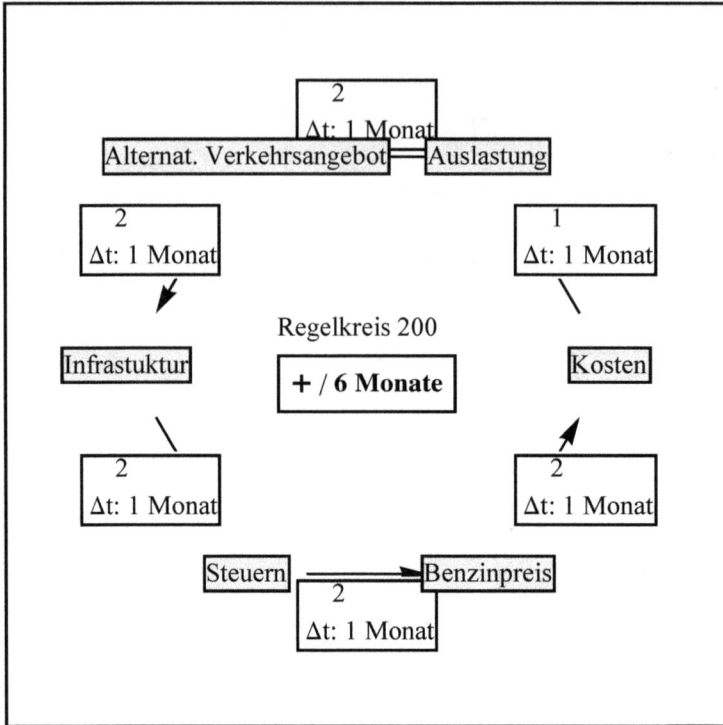

Abb. 9.20:   Darstellung eines Regelkreises.

9.12 Allgemeine Wege und Erreichbarkeit von Variablen

9.12.1 Bestimmung

Tab. 9.11: Auswahl der möglichen Wege im gegebenen Graphen entsprechend der Variablenliste.

$$
\begin{pmatrix}
1 & \{2,\ 1\} \\
2 & \{2,\ 3\} \\
3 & \{2,\ 8\} \\
4 & \{2,\ 10\} \\
5 & \{3,\ 2\} \\
6 & \{3,\ 5\} \\
7 & \vdots \\
8 & \{7,\ 5,\ 8,\ 11,\ 14,\ 13,\ 10,\ 4,\ 1\} \\
9 & \{7,\ 5,\ 8,\ 11,\ 14,\ 13,\ 10,\ 4,\ 2\} \\
10 & \{7,\ 5,\ 8,\ 11,\ 14,\ 13,\ 10,\ 4,\ 3\} \\
11 & \{7,\ 5,\ 8,\ 11,\ 14,\ 13,\ 10,\ 6,\ 1\} \\
12 & \{7,\ 5,\ 8,\ 11,\ 14,\ 13,\ 10,\ 6,\ 4\} \\
13 & \{7,\ 5,\ 8,\ 12,\ 2,\ 3,\ 10,\ 4,\ 1\} \\
14 & \{7,\ 5,\ 8,\ 12,\ 2,\ 3,\ 10,\ 6,\ 1\} \\
15 & \vdots \\
16 & \{12,\ 2,\ 8,\ 11,\ 14,\ 7,\ 6,\ 5,\ 3,\ 10,\ 4,\ 1\} \\
17 & \{12,\ 2,\ 8,\ 11,\ 14,\ 13,\ 10,\ 6,\ 4,\ 3,\ 5,\ 1\} \\
18 & \{12,\ 2,\ 8,\ 14,\ 7,\ 5,\ 3,\ 10,\ 11,\ 6,\ 4,\ 1\} \\
19 & \{12,\ 2,\ 8,\ 14,\ 7,\ 6,\ 4,\ 5,\ 3,\ 10,\ 11,\ 1\} \\
20 & \{12,\ 2,\ 8,\ 14,\ 7,\ 6,\ 5,\ 3,\ 10,\ 11,\ 4,\ 1\} \\
21 & \{12,\ 2,\ 8,\ 14,\ 13,\ 10,\ 4,\ 3,\ 11,\ 6,\ 5,\ 1\} \\
22 & \{12,\ 2,\ 8,\ 14,\ 13,\ 10,\ 4,\ 5,\ 3,\ 11,\ 6,\ 1\}
\end{pmatrix}
$$

9.12.2   Visualisierung

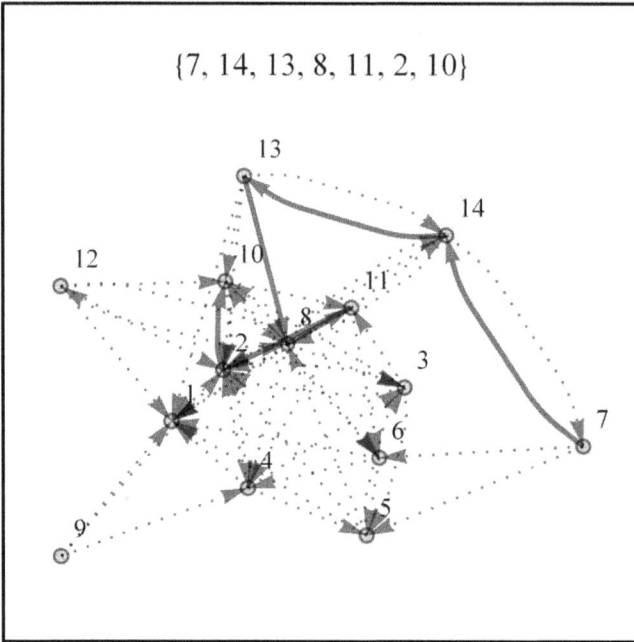

Abb. 9.21:   Darstellung eines Weges im Graphen.

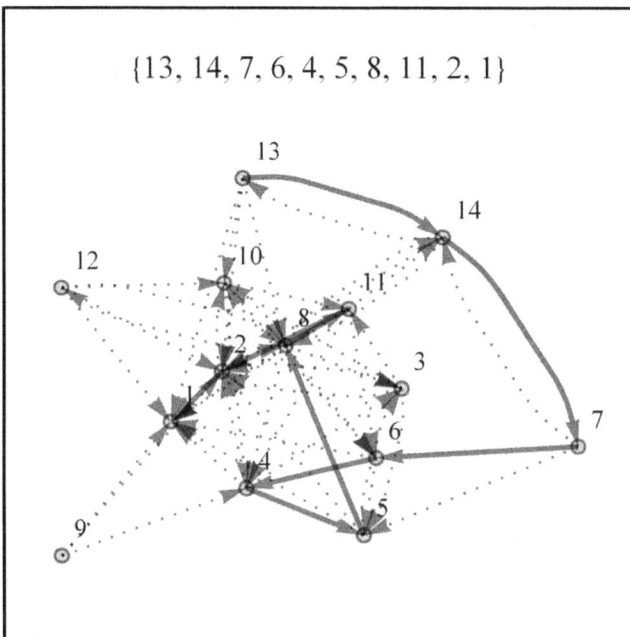

Abb. 9.22:   Darstellung eines Weges im Graphen.

9.12.3 Auswertung und Interpretation

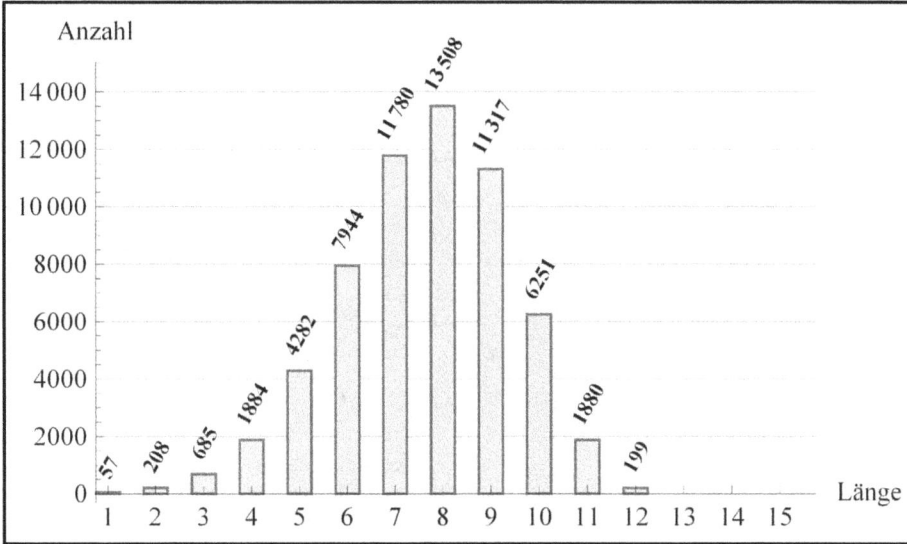

Abb. 9.23: Histogramm der Längenverteilung aller allgemeinen Wege.

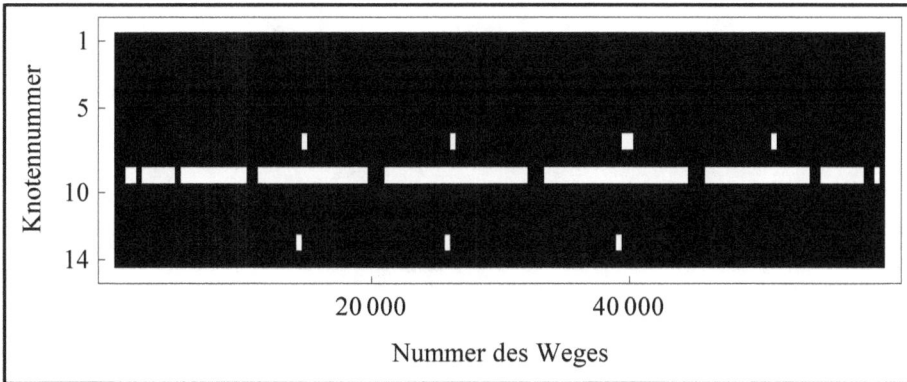

Abb. 9.24: Verteilung der Knotennummern (Variablen), die in den Wegen enthalten sind.

Tab. 9.12:   Beteiligung der Variablen an den Wegen entsprechend der Variablenliste.

Nr.	Variable	Anzahl	Anteil in %
1	Freizeitwert	24 980	4.8
2	Kosten	50 429	9.8
3	Auslastung	47 141	9.1
4	Schnelligkeit	44 152	8.5
5	Individualität	44 980	8.7
6	Flexibilität	39 268	7.6
7	Einkommen	23 371	4.5
8	Verkehrsvolumen	54 494	10.5
9	Techn. Fortschritt	4 676	0.9
10	Alternat. Verkehrsangebot	49 702	9.6
11	Infrastuktur	46 379	9.0
12	Maut	17 223	3.3
13	Benzinpreis	26 756	5.2
14	Steuern	43 537	8.4

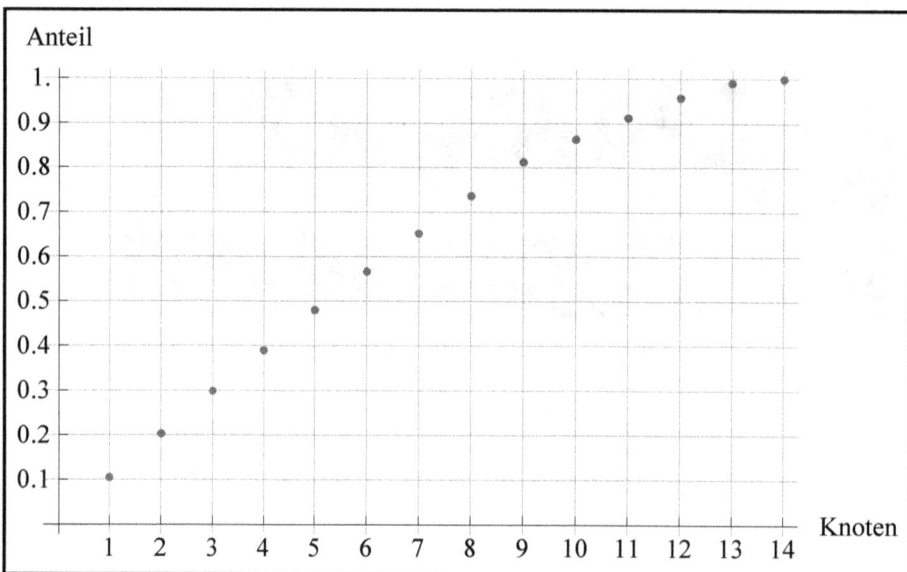

Abb. 9.25:   Kumulierte Anteile über der Anzahl der beteiligten Knoten. Der Knoten 1 hat also den höchsten
               Anteil, der Knoten 2 den zweithöchsten etc.

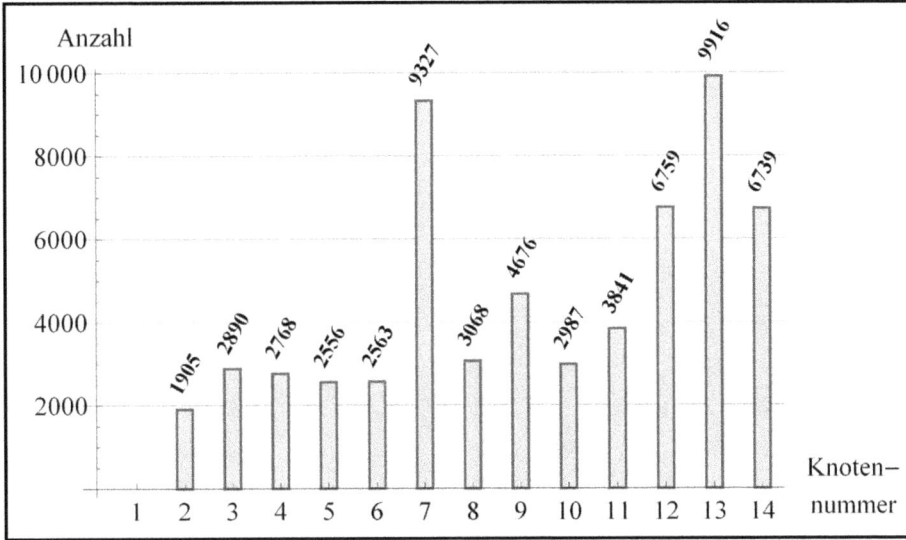

Abb. 9.26:   Anzahl der <u>Anfangs</u>knoten in den Wegen.

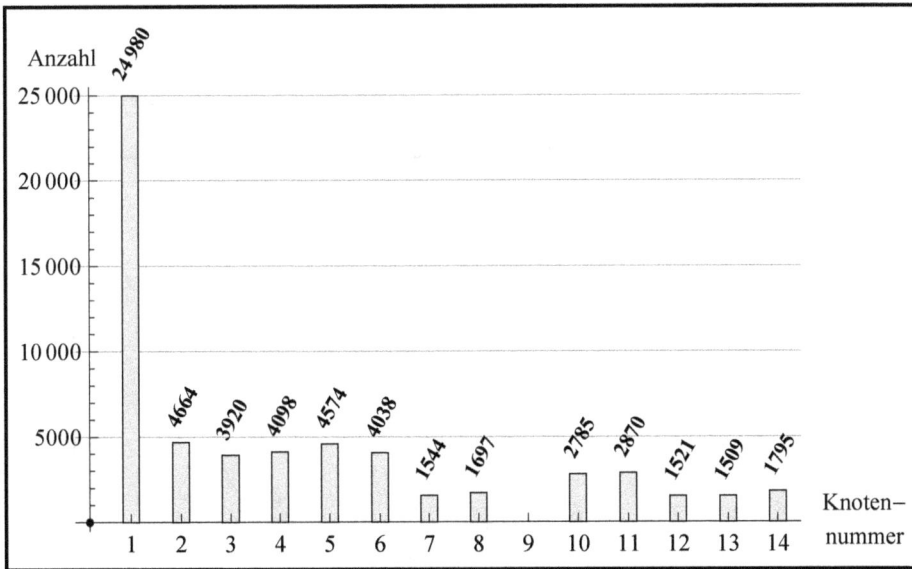

Abb. 9.27:   Anzahl der <u>End</u>knoten in den Wegen.

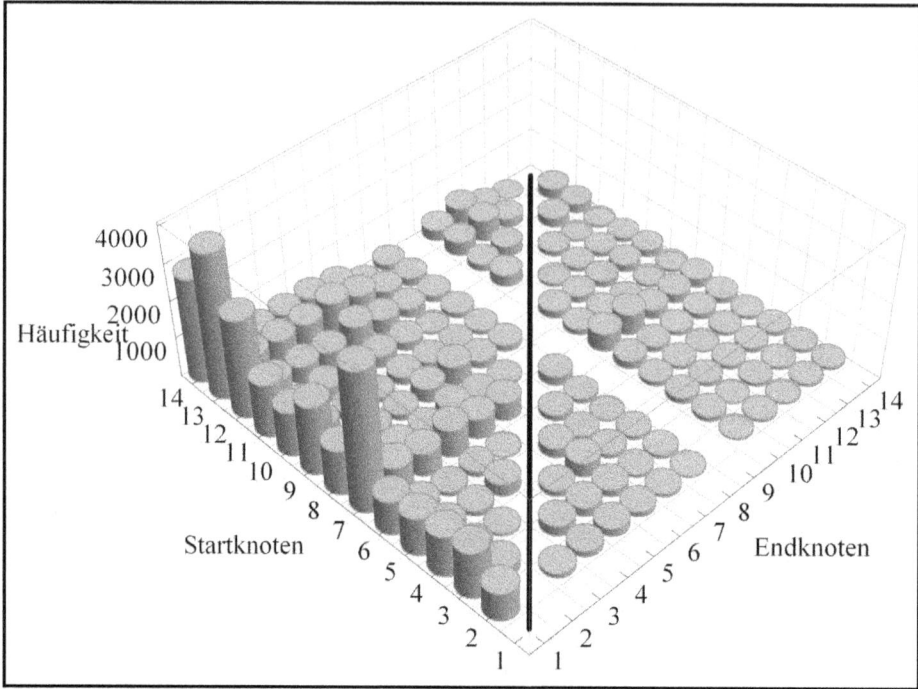

Abb. 9.28:   Häufigkeit von Wegen für alle vorkommenden Kombinationen von Start- und Endknoten.

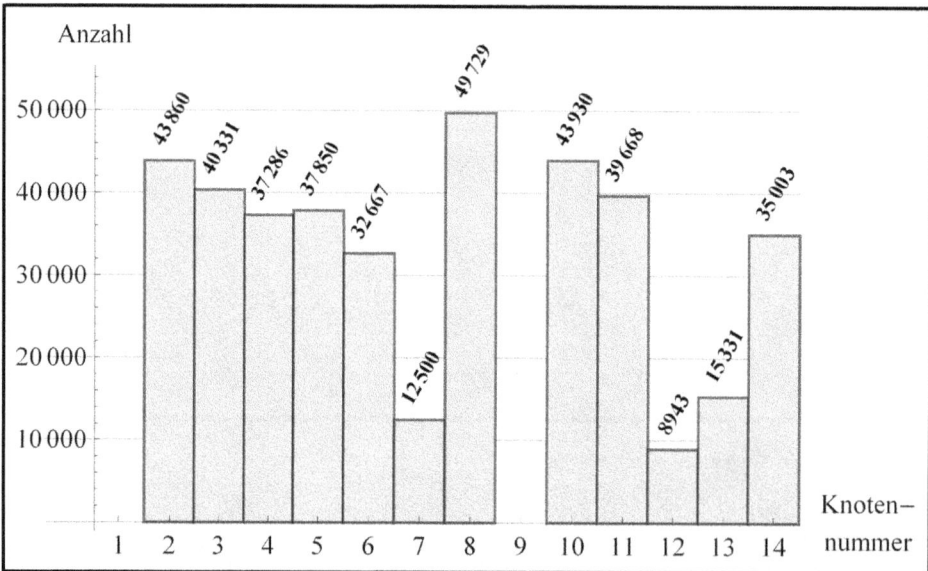

Abb. 9.29:   Anzahl der Wege, in denen die Knoten als Übergangsknoten in einem Weg auftauchen.

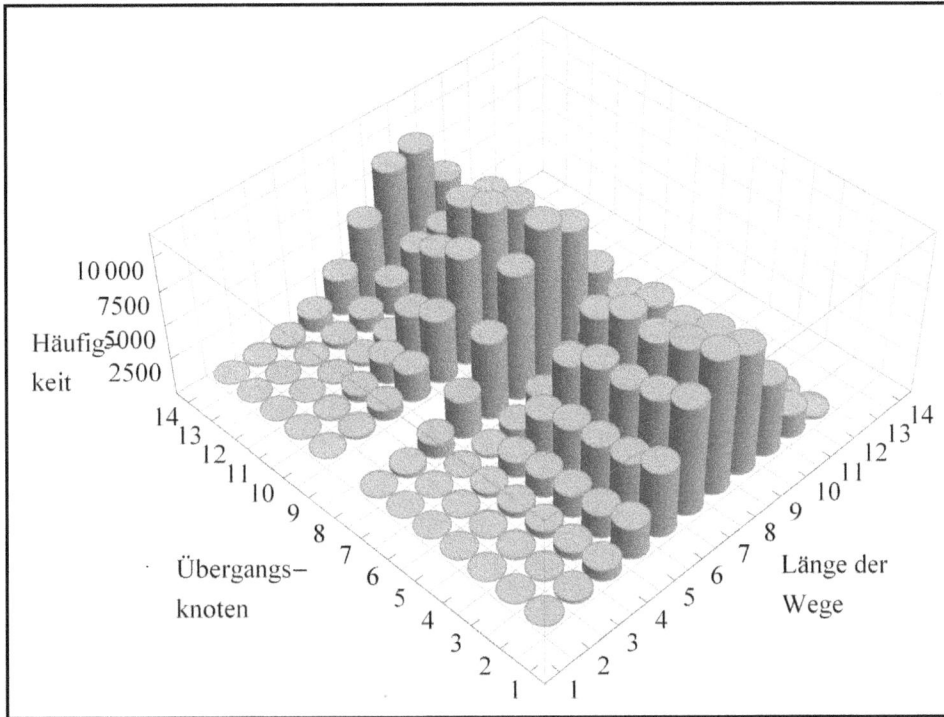

Abb. 9.30:   Häufigkeit, mit der die Knoten als Übergangsknoten in einem Weg auftauchen, geordnet nach der
              Länge der Wege.

Die korrespondierenden Darstellungen entfallen wegen des Umfangs der Datenmengen!

Tab. 9.13:   Einige Wege einschließlich der Informationen über die Vorzeichen und Zeitverzögerungen für jede Verbindung zwischen zwei Variablen als auch für den ganzen Weg. Links oben ist die Nummer des Weges angegeben.

1000	– / 4 Monate

Kosten	-2 $\longrightarrow$ Δt: 1 Monat

Verkehrsvolumen	2 $\longrightarrow$ Δt: 1 Monat

Alternat. Verkehrsangebot	2 $\longrightarrow$ Δt: 1 Monat

Schnelligkeit	2 $\longrightarrow$ Δt: 1 Monat

Auslastung

5000	– / 5 Monate

Techn. Fortschritt	3 $\longrightarrow$ Δt: 1 Monat

Schnelligkeit	2 $\longrightarrow$ Δt: 1 Monat

Auslastung	2 $\longrightarrow$ Δt: 1 Monat

Infrastuktur	1 $\longrightarrow$ Δt: 1 Monat

Kosten	-2 $\longrightarrow$ Δt: 1 Monat

Alternat. Verkehrsangebot

10 000	+ / 6 **Monate**
Einkommen	2 ⟶ Δt: 1 Monat
Steuern	2 ⟶ Δt: 1 Monat
Benzinpreis	−1 ⟶ Δt: 1 Monat
Verkehrsvolumen	2 ⟶ Δt: 1 Monat
Infrastuktur	1 ⟶ Δt: 1 Monat
Kosten	−2 ⟶ Δt: 1 Monat
Alternat. Verkehrsangebot	

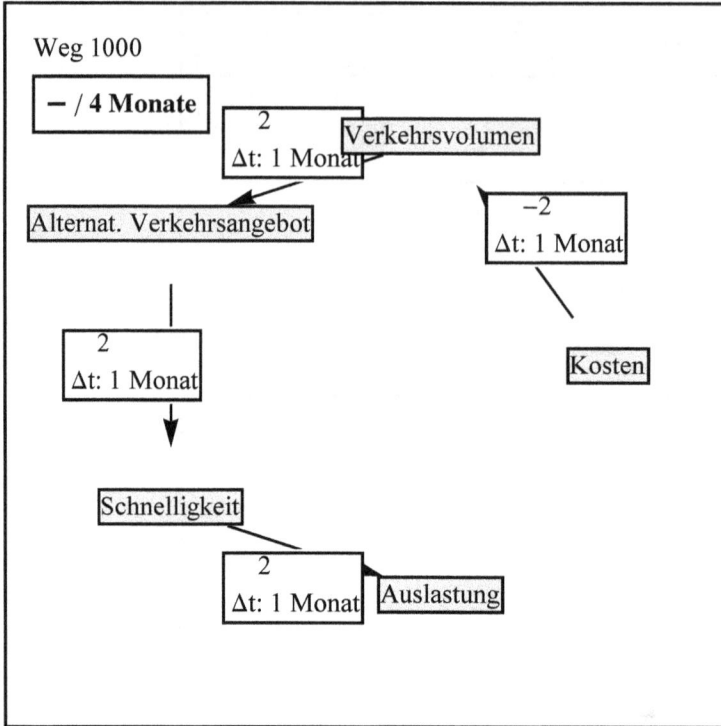

Abb. 9.31:   Darstellung eines Weges.

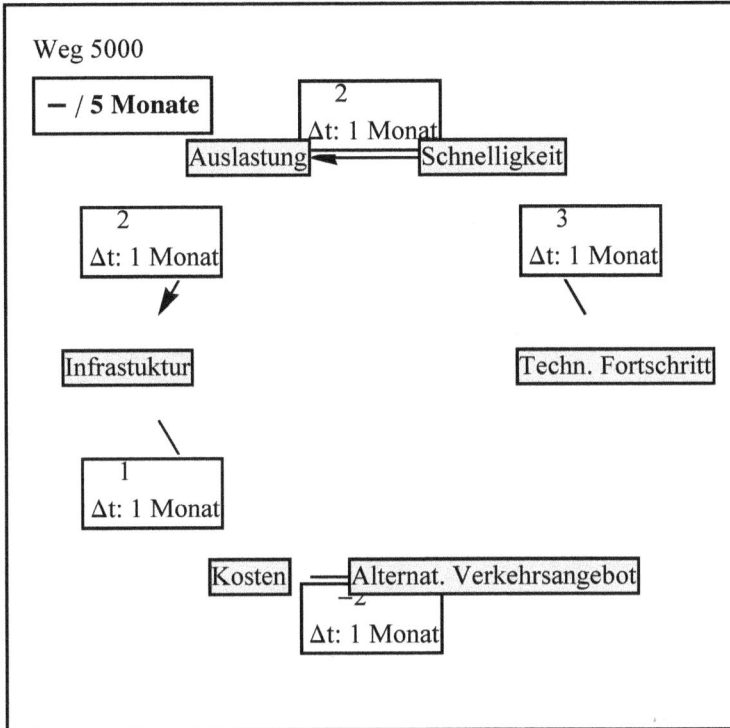

Abb. 9.32:   Darstellung eines Weges.

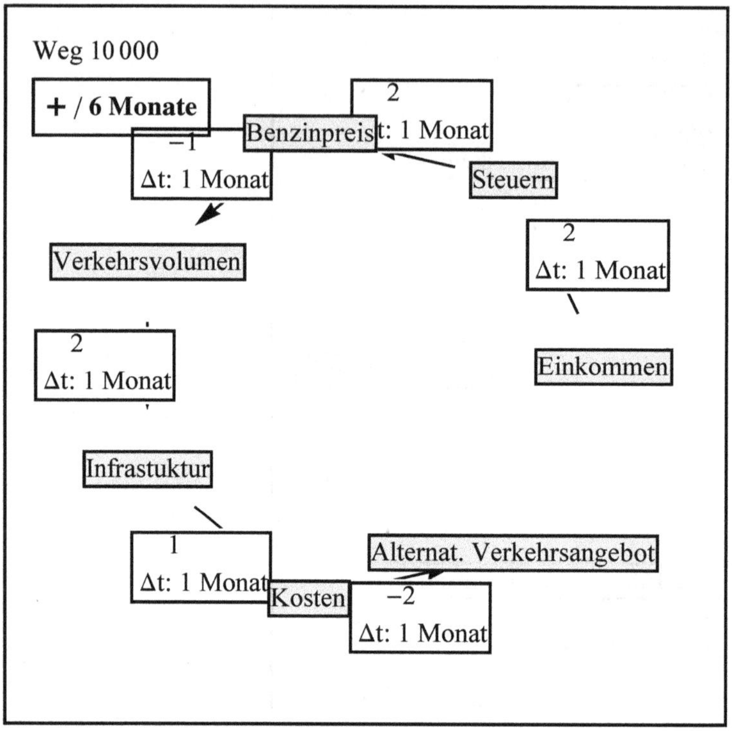

Weg 10 000

+ / 6 Monate
                    Benzinpreist: 1 Monat [2]
              −1
         Δt: 1 Monat   Steuern

    Verkehrsvolumen   [2]
                                    Δt: 1 Monat

    [2]
Δt: 1 Monat   Einkommen

  Infrastuktur

    1   Alternat. Verkehrsangebot
Δt: 1 Monat Kosten   −2
                    Δt: 1 Monat

Abb. 9.33:   Darstellung eines Weges.

9.13   Literatur

Fitzke, Christian, Christoph Knecht, Jochen Claus Müller und Kathrin Siegle, Straßenverkehrsentwicklung, in: Hub, Hans (Hrsg.), Praxisbeispiele zum Ganzheitlich-vernetzten Denken – mit einem Methodik-Leitfaden am praktischen Fall, 1. Aufl., DMG-Verlag, Nürtingen, 2002, S. 74–75

www.ingramcontent.com/pod-product-compliance
Lightning Source LLC
Chambersburg PA
CBHW081054220326
41598CB00038B/7095